W0084843

Oldenbourg

Perl

Grundlagen und effektive Strategien

von
Prof. Dr. Jürgen Schröter
Fachhochschule Landshut

Unter Mitwirkung von
Helmut Seidel

Oldenbourg Verlag München Wien

Die Titelabbildung „Perl-Katze" von Peter Kornherr gibt einen Vorgeschmack auf die zahlreichen lustigen Katzen-Beispiele im Kapitel „Reguläre Ausdrücke".

Ebenfalls bei Oldenbourg erscheint von den Autoren Seidel und Schröter der weiterführende Band „Perl – Anwendungen und fortgeschrittene Techniken", ISBN: 3-486-25902-4. Im zweiten Band werden aufbauend auf dem vorliegenden Buch Pakete, Module, Datenbanken, graphische Oberflächen mit Perl/Tk und die CGI-Programmierung behandelt.

Bibliografische Information Der Deutschen Bibliothek

Die Deutsche Bibliothek verzeichnet diese Publikation in der Deutschen Nationalbibliografie; detaillierte bibliografische Daten sind im Internet über <http://dnb.ddb.de> abrufbar.

© 2003 Oldenbourg Wissenschaftsverlag GmbH
Rosenheimer Straße 145, D-81671 München
Telefon: (089) 45051-0
www.oldenbourg-verlag.de

Das Werk einschließlich aller Abbildungen ist urheberrechtlich geschützt. Jede Verwertung außerhalb der Grenzen des Urheberrechtsgesetzes ist ohne Zustimmung des Verlages unzulässig und strafbar. Das gilt insbesondere für Vervielfältigungen, Übersetzungen, Mikroverfilmungen und die Einspeicherung und Bearbeitung in elektronischen Systemen.

Lektorat: Irmela Wedler, Christian Kornherr
Herstellung: Rainer Hartl
Umschlagkonzeption: Kraxenberger Kommunikationshaus, München
Gedruckt auf säure- und chlorfreiem Papier
Druck: R. Oldenbourg Graphische Betriebe Druckerei GmbH

ISBN 3-486-25889-3

Inhalt

Vorwort

Als Leiter des Rechenzentrums der University of Applied Sciences Landshut halte ich Perl besonders im administrativen Bereich für eine unverzichtbare Skriptsprache. Unter Unix/Linux wird sie vor allem eingesetzt für Systempflege, Skripting auf Servern, für dynamisches Webcontent, Erstellung von CGI (**C**ommon **G**ateway **I**nterface), für Programme im Web-Umfeld, Datenbankanbindung, grafische Benutzerschnittstellen (GUI – **G**raphic **U**ser **I**nterface), um nur einige Aufgabenbereiche zu nennen. Besonders schätze ich ein weiteres Highlight von Perl, nämlich die regulären Ausdrücke, die ein flexibles Suchen nach Mustern und ein leistungsfähiges Ersetzen ermöglichen.

Ebenso haben mich die reichhaltigen Spracheigenschaften von Perl überzeugt. Zu nennen sind hier die einfache Verarbeitung von wirklich großen Datenmengen, die umfangreiche Bearbeitung von Strings, die Verwaltung und Bearbeitung von Hashes (assoziative Arrays) sowie die einfache Verwendung von Arrays. Nicht vergessen möchte ich die objektorientierte und die funktionale Programmierung. Für entsprechende Operationen brauchen Sie in Perl nur die entsprechenden Befehle einzusetzen, statt umfangreiche Funktionen neu zu erstellen.

Weitere Pluspunkte, die vor allem Studentinnen und Studenten hoch bewerten werden, ist der kostenlose Bezug von Perl und Debugger sowie die außergewöhnliche Hilfsbereitschaft der großen Perl-Fan-Gemeinde.

Ich würde mir wünschen, dass beim Lesen dieses Buches der Funke der Begeisterung für Perl bei Ihnen ebenso überspringt wie bei mir, der immer noch begeistert von Perl ist.

Dank

An dieser Stelle möchte ich allen jenen danken, die mich beim Schreiben dieses Buches unterstützt haben:

Zuallererst danke ich meinem Mitstreiter Helmut Alfons Seidel, M.A., für die engagierte Zusammenarbeit bei unseren Projekt Perl. Seine konstruktiven Anregungen und Ideen gaben wichtige Impulse für dieses Buch.

Ebenfalls danken möchte ich Prof. Dr. Udo Müller von der University of Applied Sciences Karlsruhe für die Überlassung einiger Skriptseiten. Diese und weitere Hinweise von ihm waren besonders in der Planungsphase des Buches eine große Hilfe für mich.

Ich danke den äußerst engagierten Studierenden meiner PG (Perl Group) Frau Manuela Gilch, Frau Petra Merkel, Frau Johanna Kasberger, Frau Martina Voglmeier, Herrn Friedrich Gais, Herrn Markus Mayer, Herrn Andreas Muntean und Herrn Georg Mösenlechner. Dabei möchte ich besonders Herrn Dipl.-Ing. Tim Bragulla und Herrn Dipl.-Ing. Tobias Fritz erwähnen, die sich mit faszinierender Kreativität und Lebendigkeit in Perl eingearbeitet haben.

Mein aufrichtiger Dank gilt Irmela Wedler, Lektorin Informatik/Mathematik der Oldenbourg Wissenschaftsverlag GmbH, die dieses Projekt intensiv und engagiert betreut und stets ein offenes Ohr für Wünsche und Änderungen hatte.

Last but not least danke ich meiner Frau Heidemarie Schröter die mein Vorhaben immer unterstützt hat, obwohl viele private Aktivitäten dabei zu kurz gekommen sind.

Sie hat mich vor allem dazu ermutigt komplizierte Inhalte möglichst einfach wiederzugeben und Einfaches nicht zu kompliziert auszudrücken.

Jürgen Schröter   Landshut

1 Einstieg in Perl

Falls Sie kein System besitzen, auf dem Perl installiert ist, müssen Sie eine Perl-Umgebung (Perl-Distribution) laden und installieren. Die Distributionen enthalten wichtige, detaillierte Installationsanweisungen.

1.1 Installation unter Unix/Linux-Systemen

Die Installation einer binären Version (ausführbare EXE-Datei) brauchen Sie nicht kompilieren. Sie können gleich nach dem Entpacken mit Perl beginnen.

Für die Installation des Quellcodes benötigen Sie die zusätzlichen Tools tar und gzip, um das Quell-Archiv zu entzippen, und einen C-Compiler.

Den Quellcode finden Sie unter *http://www.perl.com*, wo sich unter *http://www.perl.com/CPAN/src/stable.tar.gz* die neueste Version von Perl befindet.

1.2 Installation unter Win32-Systemen

Auch hier können Sie zwei Wege einschlagen. Zum einen können Sie den Quellcode herunterladen, den Sie anschließend kompilieren müssen, zum anderen können Sie die ausführbare Version – auch ActivePerl genannt – von ActiveState herunterladen.

Mit dem Herunterladen des Quellcodes besitzen Sie immer den neuesten Perl-Stand. Sie müssen jedoch zum Kompilieren über einen neuen C++-Compiler (Visual C++, Borland C++ usw.) verfügen. Ferner müssen noch Win32-Module (libwin32) vorhanden sein, um Zugriffe auf Windows-Optionen, wie OLE und Prozesse, zu ermöglichen.

Die neueste Version von Perl finden Sie bei ActiveState (*http://www.activestate.com*), wo Sie noch ein Perl Developer Kit, einen Perl Debugger mit grafischer Oberfläche und ein Plug-in zur Verbesserung von CGI finden.

Den Quellcode von Perl finden Sie unter *http://language.perl.com/CPAN/src/*, wo Sie unter *stable.tar.gz* wieder die neueste stabile Version finden.

Der Perl-Quellcode ist wie bereits erläutert im Unix-Format in tar-Archiven gespeichert und mit GNU Zip komprimiert. Haben Sie dieses Archiv auf Ihrer Festplatte gespeichert, können Sie die Quellcode-Dateien mit WinZip problemlos dekomprimieren und dearchivieren.

2 Warum Perl?

Perl steht für **P**ractical **E**xtraction and **R**eport **L**anguage und ist von Larry Wall entwickelt worden.

Zunächst ist es Larry Wall gelungen, eine extrem ausdrucksstarke Sprache zu entwickeln. Weiterhin ähnelt Perl mehr einer lebendig gesprochenen Sprache im Vergleich zu den Programmiersprachen, die einen genau definierten Wortschatz und eine an der Hardware ausgerichtete Grammatik besitzen. Somit ist Perl nicht so starr wie andere Sprachen. Auf Grund der Vielschichtigkeit verschiedener Sprachkonzepte und Sprachkulturen ist Perl eine Heimstätte für viele Programmierer geworden, egal von welcher Sprache sie beeinflusst worden sind. Sie können unter Perl Ihren persönlichen Programmierstil weiter fortführen.

In Perl können Sie objektorientiert programmieren, da die benötigten Mechanismen vorhanden sind. Somit können Sie nicht nur große Projekte sinnvoll strukturieren. Mit der Vererbung lässt sich z. B. viel Programmcode einsparen.

Des Weiteren profitiert Perl von den vielfältigen Einsatzgebieten, besonders im Internet und Web. Client-Server Interaktionen, z. B. SQL-Anweisungen, die an einen Datenbankserver gesendet werden, und die vom Server zurücklaufenden Ergebnisse, werden in Perl realisiert. Ebenfalls können Textprotokolle wie CGI (**C**ommon **G**ateway **I**nterface) mit Perl durchgeführt werden. Ferner führt Perl Internetsites aus, die dynamisch generierte Inhalte oder Suchfunktionen zur Verfügung stellen. Natürlich lassen sich außer HTML-Codes auch C-Codes über Stubs in Perl einbetten. Somit lassen sich geschriebene C-Programme und Bibliotheken mit Perl aufrufen. Auch die Automation der Systemadministration und die Datensicherung gehören zu den Aufgaben von Perl, ebenso wie das weite Feld der Textverarbeitung mit Dateibehandlung.

Für Einsteiger ist Perl eine leicht verständliche Sprache und bietet noch weitere Besonderheiten, wie z. B. die Verwendung von regulären Ausdrücken, mit denen Sie einen Text nach Wörtern, Textpassagen oder Zeichenmustern durchsuchen können. Mit diesen regulären Ausdrücken können Sie Ihre Perl-Programme schneller, kürzer, einfacher und somit wesentlich effektiver schreiben.

Um für das entsprechende Problem das richtige Modul zur Lösung zu finden, können Sie auf das CPAN (**C**omprehensive **P**erl **A**rchive **N**etwork) zugreifen. So zum Beispiel ist Perl eigentlich nicht dazu ausgelegt, schwerpunktmäßig eine Verarbeitung und Handhabung von numerischen Daten vorzunehmen. Aber auch hier existieren Module für beliebig große Ganzzahlen und Gleitpunktzahlen sowie das PDL-Modul für die Berechnung von großen Matrizen.

Perl gilt als mächtige Sprache, da eine große Anzahl von Unix-Tools auf Perl angepasst worden sind. Sie können Anwendungen beispielsweise mit wenigen Zeilen Perl-Programmcode (Hashes, regulären Ausdrücken, Referenzen usw.) auszuführen, während Sie in anderen Sprachen dazu mehrere Seiten schwer verständlichen Programmcode benötigen. Weiterhin können Sie einen konfortablen Perl-Debugger verwenden, der Ihnen alle Möglichkeiten bietet, Fehler professionell zu beheben.

Perl ist eine frei verfügbare Sprache. Weder für den Interpreter noch für die vielen frei verfügbaren Module aus dem CPAN brauchen Sie etwas zu bezahlen. Sie finden Perl bzw. die entsprechenden Module auf den gut organisierten FTP-Servern, die im Anhang angegeben sind.

Um Ihnen weitere positive Merkmale an die Hand zu geben, die für Perl sprechen, sollen im folgenden Abschnitt neben Perl die interpretierenden Sprachen wie Java, Tcl und VisualBasic dargestellt werden.

Interpreter und Compiler

Neben den interpretierten Sprachen gibt es auch noch kompilierte Sprachen. Bei den interpretierenden Sprachen wird jede Anweisung des Programms von einem Interpreter gelesen und in den entsprechenden Maschinencode übersetzt. Fehler werden während der Programmausführung erkannt. Manche Interpreter interpretieren den Quelltext zeilenweise, somit wird Anweisung für Anweisung eingelesen, interpretiert und ausgeführt. Wie arbeitet nun der Perl-Interpreter **perl**? Wenn Sie Ihren Quellcode (Skript) ausführen wollen, wird zunächst Ihr gesamtes Programm eingelesen (eingebundene Module werden mit berücksichtigt) und optimiert in einen internen Pseudo-Maschinencode (Bytecode) übersetzt (kompiliert). Etwaige Syntax- und Semantikfehler werden sofort angezeigt. Danach erfolgt ein effizientes Interpretieren mit Ausführung. Gegenüber dem zeilenweisen Übersetzen mit Ausführung hat dies den Vorteil, dass einerseits die Qualität besser und anderseits die Ausführung schneller ist.

Bei den Sprachen, die kompiliert werden, wird das Programm von einem Compiler gelesen und in Maschinencode übersetzt, den dieser in eine ausführbare Datei abspeichert. Letztere lässt sich dann aufrufen und ausführen. Vom Compiler wird somit ein plattformspezifischer Maschinencode erzeugt. Fehler werden vor der Ausführung erkannt.

Auch bei Perl wird das ganze Programm vom Interpreter übersetzt, bevor es ausgeführt wird. Somit läuft hier die Ausführung ähnlich schnell ab wie die Ausführung eines kompilierten Programms. Ein Wermutstropfen ist aber beim Interpretieren gegenüber dem Kompilieren vorhanden: Sie müssen jedesmal den Quelltext Ihres Perl-Skriptes neu übersetzen.

Wie sieht es nun mit den oben genannten Programmiersprachen aus?

Java übersetzt seinen Quellcode per Compiler und speichert den Bytecode in eine ausführbare Datei. Dieser wird dann von einer sogenannten Virtual Machine ausgeführt. Hier ist wieder der Vorteil vorhanden, dass das Programm fehlerfrei ist, bevor es ausgeführt wird. Da der Bytecode von der Virtual Machine ausgeführt wird, lässt sich eine hohe Sicherheit erzielen.

Da aber erhebliche Anforderungen an die Hardware gestellt werden, erfolgt die Ausführung nicht allzu schnell.

Tcl interpretiert seinen Quellcode Zeile für Zeile und führt ihn auch so aus. Diese Vorgehen ist äußerst langsam. Eine deutliche Verbesserung erreichen Sie, wenn Sie übersetzte Tcl-Programme in C-Code übersetzen lassen.

VisualBasic verfolgt zwei Ansätze: Zum einen kann der Quellcode in einen P-Code übersetzt werden. Dieser Zwischencode – zwischen Quellcode und Binärcode – wird vom Interpreter ausgeführt. Zum anderen kann der Quellcode in einen Nativen Maschinencode (quasi Binärcode) übersetzt und dann ausgeführt werden.

Plattformunabhängigkeit
Perl ist auf jeder Unix-Version – vom PC bis hin zum Großrechner – ablauffähig. Auch Win32-Systeme und reine MS-DOS-PCs können Perl ausführen. Zusätzlich bietet Perl aber noch eine Reihe von Zusatzmodulen, die ganz gezielt die Stärken des jeweiligen Betriebssystems ausnutzen können. So gibt es eine Reihe von Modulen, welche die Stärken von Microsoft-Windows ausnutzen, wie ODBC, ADO, OLE, um nur einige zu nennen.

Wie sieht nun die Plattformunabhängigkeit bei den oben genannten Sprachen aus?

Java erreicht die Plattformunabhängigkeit durch die Verwendung der Virtual Machine. Durch die enorme Vielzahl an Werkzeugen sind Sie in der Lage, in sich geschlossene Systeme zu erstellen.

Tcl erreicht die Plattformunabhängigkeit dadurch, dass in vielen Bereichen der kleinste gemeinsame Nenner der verschiedenen Betriebssysteme gefunden wurde. Dies führt dazu, dass diese sehr spartanisch wirken, sofern Sie portable Programme schreiben möchten.

Gegenüberstellung von Programmen
Die Einführung einer neuen Programmiersprache wurde auf Grund langer Tradition immer mit der berühmten Ausgabe "Hello World" begonnen. In der folgenden Gegenüberstellung wird selbstverständlich auch daran festgehalten. Es wird aber zusätzlich noch Ihr Name eingegeben, der dann mit dem Gruß "Hallo" wieder ausgegeben wird.

Java:

```
import java.io.* ;public class Hello {
      public static void main (String[] args) {
      String zeile = "";System.out.print("Geben Sie bitte
      Ihren Namen ein: ")try {
              BufferedReader in = new BufferedReader(new
              InputStreamReader(System.in));
              zeile = in.readLine();in.close();
        }catch (IOException err) {
              System.out.println("Fehler: "+
              err.getMessage());
```

```
        }System.out.println("Hallo " + zeile + "!");
    }
}
```

Tcl:

```
puts "Geben Sie bitte Ihren Namen ein:"
gets stdin name
puts "Hallo $name!"
```

VisualBasic:

```
' Funktioniert mit VB.NETImports SystemPublic Modul modmain

Sub Main()
    dim strName as StringConsole.Write("Geben Sie bitte
    Ihren Namen ein. ")strName = Console.ReadLine()
    Console.WriteLine("Hallo " & strName & "!")
End Sub
End Module
```

Perl:

```
#!/usr/bin/perl -w

print "Geben Sie bitte Ihren Namen ein: ";
$name = <STDIN>;
print "Hallo $name!";
```

Wie Sie deutlich sehen können, besticht das Perl-Programm in seiner Kürze und Einfachheit. In Perl existieren viele Programme nur mit einem Einzeiler. Es wird nur eine Zeile zur Berechnung benötigt. Perl fordert kein Objektmodul. Im Gegensatz zu Java sind Sie nicht verpflichtet, Klassen zu verwenden. Sie können Ihre Skripte weiterhin OO-frei schreiben. Perl verlangt auch keine Festlegung seiner Variablen. Sie können nicht nur das obige Programm leicht lesen und verstehen. Sie werden feststellen, dass Sie Perl schnell erlernen und anwenden können. Bereits die Kenntnisse der nächsten zwei Kapitel reichen aus, um nützliche Programme zu schreiben. In den weiteren Kapiteln können Sie Ihren Wissensstand erweitern und mit den vorhandenen Features mächtige Programme schreiben.

Möchten Sie Perl-Programme auf einem Unix-System laufen lassen, brauchen Sie nur `#!/usr/bin/perl -w` an die erste Zeile setzen. Diese erste Zeile `#!/usr/bin/perl -w` wird nur für Unix-Systeme benötigt und ist die Shebang-Zeile ("sh" für Sharp, "bang" für das Ausrufezeichen). Wie bei einem Shell-Skript unter Unix legt die erste Zeile den Interpreter perl fest, der auf dem verwendeten Rechner unter dem Verzeichnis `/usr/bin/` zu finden ist. Das Flag `-w` ist für die Ausgabe von Warnungen gedacht.

Wenn Sie unter Windows oder Mac arbeiten, benötigen Sie diese Zeile nicht. Sie stört aber nicht, da das #-Zeichen von Perl als ein Kommentar gewertet wird und auf anderen Plattformen als Unix ignoriert wird. Sie sollten diese Zeile also trotzdem verwenden, wenn Ihr Programm eventuell einmal unter Unix ablaufen sollte.

3 Grundlagen

In diesem Kapitel werden die wichtigsten Kategorien von Variablen dargestellt und die Gültigkeitsbereiche von benutzerdefinierten Variablen erläutert. Nicht vergessen werden die zwar unsichtbaren, aber immer präsenten Spezial-Variablen von Perl. Im Anschluss erfahren Sie alles über das Thema Kontext. Ebenso wichtig ist der Begriff Wahrheitswert.

3.1 Variablen

Um Werte in Ihrem Programm zu speichern, benötigen Sie Variablen. Perl hat drei Datentypen von Variablen:

- Skalare Werte wie Zahlen, Strings (Zeichenketten) und Referenzen lassen sich in skalaren Variablen speichern:

```
# Zahlen
$wert_1 = 4711;                   # Ganze Zahl(integer)
$wert_2 = 3.14159;                # Gleitkommazahl

# Strings
$string_1 = "Hello World!";       # Zeichenkette
$string_2 = 'Ein String';         # Zeichenkette

# Referenzen
$ref_1 = \$wert_1;                # Referenz von $wert_1
```

- Listen als geordnete Sammlung von skalaren Variablen lassen sich in Array-Variablen speichern:

```
# Listen
@array_1 = (123, 4711);              # Homogene Liste
@array_2 = (1.3, \$ref, 'string');   # Heterogene Liste
```

- Schlüssel-Wert-Paare (Key-Values) werden in Hash-Variablen (assoziative Arrays) gespeichert:

```
# Hashes
%hash_1 = (ilse => 26, ida => 32);
# Homogenes Hash
%hash_2 = (skalar => $wert_1, %hash_1);
# Heterogenes Hash
```

Die Variablen, in denen diese Datentypen repräsentiert werden, unterscheiden sich durch vorgestellte Kennungen oder Präfixe ($, @, %).

In Perl müssen Variablen vor ihrer Verwendung im Gegensatz zu anderen Programmiersprachen nicht deklariert werden. Nicht deklarierte Variablen sind undefiniert.

Variablen können innerhalb des Programms ihren Typ wechseln (sie sind schwach typisiert). So kann eine skalare Variable zunächst eine Zahl, dann einen String oder später sogar eine Referenz enthalten.

3.1.1   Variablen-Namen

Ein gültiger Name für Variablen besteht aus Buchstaben, Zahlen und Unterstrichen. Am Anfang der Variablen muss immer ein Buchstabe oder ein Unterstrich stehen. Anschließend können beliebig viele Buchstaben, Ziffern oder Unterstriche folgen. Umlaute sowie Sonderzeichen sind im Namen verboten. Vor diesem Namen befindet sich der entsprechende Präfix des jeweiligen Typs. Große und kleine Buchstaben werden in der Namensgebung unterschieden (case-sensitive). Um Programmfehler durch ungewollte Neueinrichtung von Variablen zu vermeiden, empfiehlt es sich, das Pragma **use strict** zu verwenden.

3.1.2   Zustand und Gültigkeitsbereiche von Variablen

In diesem Abschnitt sollen einige Funktionen genannt werden, die Ihnen den Zustand bzw. den Gültigkeitsbereich einer Variablen bekannt geben.

Die Funktion `defined()`
`defined` *ausdruck*

Die Funktion `defined()` liefert den Booleschen Wert `true` zurück, wenn der Ausdruck *ausdruck* definiert ist. Wenn kein Ausdruck angegeben ist, wird die Spezial-Variable $_ ausgewertet.

Die Funktion `undef()`
`undef` *ausdruck*

Die Funktion `undef()` setzt den Ausdruck *ausdruck* – der links vom Gleichheitszeichen stehen muss (*lvalue*) – auf einen undefinierten Wert und gibt `undef` zurück.

Die Funktion my ( )

my *variable*

Die Funktion my ( ) deklariert eine oder mehrere private Variablen, die nur bis zum nächsten umschließenden Block, nächsten Modul oder bis zur nächsten Funktion gültig sind. Beim Aufruf einer Funktion aus einer Funktion haben Sie keinen Zugriff mehr auf die zurückliegenden Variablen. Technisch gesehen haben my-Variablen einen lexikalischen Gültigkeitsbereich.

Die Funktion local ( )

local *variable*

Die Funktion local ( ) deklariert eine oder mehrere globale Variablen. Ihre Gültigkeit endet mit dem Ende des dazugehörigen Blocks, Moduls oder der zugehörigen Funktion. Mit der Funktion local ( ) deklarieren Sie die lokalen Variablen, auf die Sie auch von anderen Funktionen aus zugreifen können. Technisch gesehen haben local-Variablen einen dynamischen Gültigkeitsbereich.

3.2   Spezial-Variablen

Perl kennt eine Reihe von speziellen Variablen, die nicht deklariert werden müssen, sondern bereits vorhanden sind. Sie geben nicht nur Informationen über den aktuellen Zustand des Systems bekannt, sondern können auch zur Steuerung von Abläufen dienen. Dies können sowohl skalare Variablen als auch Arrays und Hash-Variablen sein. Bei den meisten dieser Spezial-Variablen existiert eine Kurzform, bestehend aus zwei bis drei Zeichen, und eine Langform, bestehend aus aussagekräftigen Namen in Großbuchstaben. Wenn Sie die Langform verwenden möchten, müssen Sie das Pragma **use English** aktivieren. An dieser Stelle sollen nachfolgend nur die wichtigsten aufgeführt werden. Umfangreiche Informationen hierzu finden Sie unter PERLVAR-Dokumentation.

Die Spezial-Variable $_

Die wohl meist gebrauchte Spezial-Variable ist $_. Für viele Perl-Funktionen wird sie als Default-Argument eingesetzt, wenn kein Argument beim Funktionsaufruf übergeben wird. Zum anderen wird sie für Datei-Testoperationen, oder für Operationen in der Mustersuche verwendet. Vor allem findet sie ihren Einsatz in foreach-Schleifen, wenn keine Schleifenvariable angegeben ist.

Die Spezial-Variable $!

Sollte eine Perl-Durchführung nicht erfolgreich sein, enthält die Spezial-Variable $! die genauere Beschreibung des Fehlers. Im numerischen Kontext wird die entsprechende Fehlernummer der System-Variablen errno zurückgegeben. In einem Stringkontext wird die jeweilige Zeichenkette zurückgeliefert. Ausführlichere Informationen erhalten Sie durch die System-Variable `$^E`.

Die Spezial-Array-Variable `@_`

Eine ebenso wichtige Rolle wie `$_` spielt die Spezial-Array-Variable `@_`. Das Array enthält alle Parameter, die beim Aufruf einer Funktion übergeben werden. Die Skalare von `@_` lassen sich wiederum über die Spezial-Variable `$_` mit entsprechenden Indizes ansprechen. So ist das erste Element durch `$_[0]`, das zweite durch `$_[1]` usw. ansprechbar.

Das Spezial-Array `@ARGV`

Das Spezial-Array `@ARGV` enthält die Kommandozeilen-Argumente, die beim Aufruf des Programms übergeben wurden. Die Argumente stehen dann in der entsprechenden Eingabereihenfolge im Array `@ARGV` zur Verfügung.

Das Spezial-Hash `%ENV`

Das Spezial-Hash `%ENV` enthält sämtliche aktuellen Umgebungsvariablen des verwendeten Systems. Dabei ist der Schlüssel der Name der Umgebungsvariablen, der Wert ihr aktueller Inhalt.

Reservierte Variablen für allgemeine Informationen

Mit weiteren reservierten Spezial-Variablen lassen sich Informationen über verschiedene Systemzustände ermitteln. So gibt die Spezial-Variable `$]` (alternativ `$PERL_VERSION`) die Perl-Versionsnummer an. Mit `$0` (alternativ `$PROGRAM_NAME`) erhalten Sie den Name der Datei, die das ausgeführte Programm enthält. Durch Verwendung der Spezial-Variable `$^O` (alternativ `$OSNAME`) erfahren Sie den Name des Betriebssystems.

Wie bereits erwähnt, sollte hier nur eine kleine beschränkte Auswahl von Spezial-Variablen dargestellt werden.

3.3   Kontext

In Perl definieren Operatoren und Funktionen einen bestimmten Kontext. Variablen sind kontext-sensitiv, da sie Werte mit verschiedene Kontexten liefern, die auch unterschiedlich interpretiert werden. Von einer Variablen in einem skalaren Kontext wird nur ein einzelner Wert erwartet. Im Listenkontext wird eine ganze Liste erwartet. Möchten Sie einen Wahrheitswert bei einer Entscheidung erfahren, entspricht dies einem Booleschen Kontext. Ebenso können Sie skalare Werte in einen numerischen Kontext (Zahl) bzw. Stringkontext (Zeichenkette) umwandeln.

Funktionen können im Skalar- und Listenkontext unterschiedliche Ergebnisse zurückliefern. Im folgenden Beispiel wird zunächst eine einzige Zeile eingelesen:

```
$zeile = <STDIN>;                    # Skalarer Kontext
```

Im nächsten Beispiel werden so lange Zeilen eingelesen, bis das Dateiende erreicht ist:

```
@liste = <STDIN>,                    # Listenkontext
```

Es existieren in Perl Funktionen, bei denen der Kontext unterschiedliche Ergebnisse zurückliefert. Die Funktion `localtime()` liefert z. B. im Listenkontext eine Liste von unformatierten Datums- und Zeitinformationen zurück, während durch den Operator `scalar` ein skalarer Kontext erzwungen wird, was eine formatierte Datums- und Zeitinformation bedeutet. Der Zeilenvorschub (New-Line \n) in der jeweiligen `print`-Anweisung dient der übersichtlicheren Ausgabe. Jede Ausgabezeile enthält das entsprechende Ergebnis. Zur Kontrolle können Sie die Ergebnisse vergleichen, die bei Ihnen auf dem Bildschirm und als Kommentar (#) im Programm angegeben wurden:

```
#!/usr/bin/perl -w

print localtime,"\n";                # 9714721013640
print scalar localtime,"\n";         # Wed Mar 7 14:07:09 2001
```

In der folgenden Tabelle sind die Kontexte aufgeführt.

Tabelle 3.3: Kontexte

Kontext	Bedeutung
Skalarer Kontext	Es wird ein einziger skalare Wert erwartet
Listenkontext	Es wird eine Liste erwartet
Boolescher Kontext	Wahrheitswert true oder false
Numerischer Kontext	Es wird eine Zahl erwartet
Stringkontext	Es wird ein String erwartet
Void Kontext	Es wird kein Wert erwartet

3.4   Wahrheitswert

Perl kennt keinen eigenen Booleschen Datentyp; somit stellen Wahrheitswerte eine besondere Form von Skalaren dar. Skalare Werte gelten als logisch wahr (true), wenn eine Zahl ungleich 0 ist oder ein String (Zeichenkette) kein leerer String ist. Also gelten eine Zahl 0, ein leerer String und ein undefinierter Wert als false. Jeder andere skalare Wert gilt als true. Sie können alle skalaren Daten auf wahr (true) oder falsch (false) prüfen.

4   Skalare

Perl-Variablen können in Form von Skalaren auftreten, die entweder numerische Daten oder Strings (Zeichenketten) oder auch beides enthalten können. Einer skalaren Variablen können Sie jeden Wert zuweisen, der sich in Perl darstellen lässt. Perl wandelt je nach Bedarf Werte automatisch von der numerischen Darstellung in die String-Darstellung um oder umgekehrt. Strings, die Oktal- oder Hexadezimalwerte darstellen, werden nicht automatisch umgewandelt. Hier müssen Sie die Funktionen oct() und hex() verwenden. Sie können Zahlen wie 4711 oder 3.14159e00 oder auch Zeichenketten beliebiger Länge verwenden. Die Länge der Daten ist beliebig; somit kann es sich um ein Zeichen oder auch um eine Datei von mehreren Megabytes handeln.

4.1   Zahlen

- In Perl können Sie Zahlen (Literale) sowohl als Ganzzahlen (integer) als auch als Gleitpunktzahlen (floating point) darstellen.
- In Perl existieren Zahlen intern als doppelt genaue Gleitpunktzahlen (entspricht dem double bei C/C++). Mit dem Pragma (Hilfsmodul) **use integer** erzeugen Sie Integer-Zahlen.
- Zahlen können auch als String eingegeben werden. Diese werden solange als String behandelt, bis die erste mathematische Operation ansteht. Es erfolgt dann eine Umwandlung in eine Zahl, um die mathematische Operation auszuführen.
- Mit speziellen Operatoren können Sie eine Bitmanipulation vornehmen, um einzelne Bits zu manipulieren oder entsprechende Bit-Masken zu setzen.
- Durch Einsatz von Standardmodulen sind Sie in der Lage, mit Zahlen beliebiger Größe und Genauigkeit sowie mit komplexen Zahlen zu rechnen.
- Um große Zahlen übersichtlicher zu schreiben, bietet Ihnen Perl die Besonderheit an, beliebige Unterstriche in Zahlen einzufügen.
- Zahlen werden als Oktal- oder als Hexadezimalzahlen betrachtet, wenn sie mit einer 0 bzw. 0x beginnen. Mit den Funktionen oct() und hex() können Oktal- bzw. Hexadezimalzahlen als äquivalente Dezimalzahlen dargestellt werden.

4.1.1   Ganze Zahlen

Zahlen werden als Folge von Ziffern mit eventuellen Vorzeichen dargestellt:

```
123, -34
```

Zur übersichtlichen Darstellung lassen sich Zahlen auch wie folgt darstellen:

```
56_789
```

Ebenso können Sie Zahlen aus einem anderen Zahlensystem darstellen:

```
024                          # Oktalzahl
0x14                         # Hexadezimalzahl
```

Um die Konvertierung einer Zahl aus einem Quellsystem (mit der Basis B) in ein Zielsystem zu realisieren, bietet sich für die Berechnung das *Hornerschema* an, denn in dieser Darstellung treten keine Potenzen auf.

Darstellung ganzer Zahlen nach dem Hornerschema
Das Hornerschema für ganze Zahlen Z_B lautet:

```
Z_B  = ±((Z_{n-1} x B + Z_{n-2}) B + ... + Z_1) B + Z_0
```

Konvertierung einer Oktalzahl in eine Dezimalzahl
```
234_8   = (2 x 8 + 3)8 + 4 = 2 x 8^2 + 3 x 8^1 + 4 x 8^0
        = 156_10
```

Konvertierung einer Hexadezimalzahl in eine Dezimalzahl
```
234_16  = (2 x 16 + 3)16 + 4 = 2 x 16^2 + 3 x 16^1 + 4 x 16^0
        = 564_10
```

Zahlensysteme und deren Konvertierung
Perl besitzt zwei Funktionen, mit denen Sie Zahlen aus dem Oktal- bzw. Hexadezimal-Zahlensystem in das Dezimal-Zahlensystem umwandeln können. Die Funktionen oct() und hex() übernehmen Strings und liefern Dezimalzahlen zurück. Hierbei sollten Sie beachten, dass die Funktion oct() nicht überprüft, ob der String wirklich in Oktal-Darstellung vorliegt. Sie müssen überprüfen, ob der String tatsächlich mit einer 0 beginnt.

Oktaldarstellung
Im Oktalsystem wird 8 als Basis verwendet. Mit acht verschiedenen Ziffern (0, 1, 2, 3, 4, 5, 6 und 7) werden die Zahlen dargestellt. Wie in C/C++ werden diese mit einer führenden Null gekennzeichnet. Hierbei sollten Sie berücksichtigen, dass eine führende 0 unterschiedliche Bedeutung hat. Im Programm selbst wird die Zahl als oktale Konvertierung aufgefasst. Als

Eingabewert erfolgt keine oktale Konvertierung, so dass der Eingabewert als Dezimalzahl gewertet wird:

```
#!/usr/bin/perl -w

print 024;                        # 20  Dezimalzahl
print -077;                       # -63 Dezimalzahl
```

Im folgenden Beispiel erfolgt die Eingabe 024, also Dezimalzahl:

```
#!/usr/bin/perl -w

$ein = <STDIN>;                   # Eingabe z. B. 024
print $ein;                       # 24 Dezimalzahl
```

Die Funktion oct()

oct *oktalzahl*

Die Funktion oct() gibt den oktalen Zahlenwert als Dezimalwert zurück. Beginnt das Argument *oktalzahl* mit 0x, erfolgt eine Konvertierung der hexadezimalen Zahlendarstellung in eine dezimale Zahlendarstellung. Beginnt das Argument *oktalzahl* mit 0b, wird die duale Zahlendarstellung ebenfalls in eine äquivalente dezimale Zahl konvertiert. Sie können nur ganze Zahlen größer oder gleich 0 konvertieren. Wenn Sie die Funktion oct() zur Konvertierung einsetzen, müssen Sie *oktalzahl* als String angeben. Die Funktion oct() kann aus dem Kontext schließen, ob es sich im String um eine Oktal-, Hexadezimal- oder Binärzahl handelt:

```
#!/usr/bin/perl -w

print oct "024";                  # Oktalzahl
# 20 Dezimalzahl
print oct "0x14";                 # Hexadezimalzahl
# 20 Dezimalzahl
print oct "0b10100";              # Binärzahl
# 20 Dezimalzahl
```

Im obigen Beispiel konvertiert jeweils der Oktal-, Hexadezimal- und der Binärwert in einen Dezimalwert.

Hexadezimaldarstellung

Im Hexadezimalsystem wird zur Zahlendarstellung die Basis 16 gewählt, so dass 16 verschiedene Ziffern zum Aufbau von Hexadezimalzahlen benötigt werden; neben den Ziffern 0 bis 9 sind dies üblicherweise die ersten sechs Buchstaben des Alphabeths a .. f oder A .. F. Hierbei entsprechen a .. f oder A .. F den Ziffern 10 .. 15. Hexadezimalzahlen sind in Perl durch vorangestelltes 0x gekennzeichnet:

```
#!/usr/bin/perl -w

print 0x14;                              # 20   Dezimalzahl
print -0x3f;                             # -63  Dezimalzahl
print 0xab;                              # 171  Dezimalzahl
```

Die Funktion hex()

hex *hexzahl*

Die Funktion hex() gibt den Dezimalwert einer Hexadezimalzahl an. Die Hexadezimalzahl muss dabei als String angegeben werden. Tun Sie dies nicht, wird zunächst intern die Funktion oct() ausgeführt. Dieser konvertierte Zahlenwert wird anschließend intern mit der Funktion hex() vom Hexadezimal- ins Dezimal-System überführt. Sie können auch hier nur Zahlen größer oder gleich 0 konvertieren:

```
#!/usr/bin/perl -w

print hex "0x14";                        # 20   Dezimalwert
print hex 0x14;                          # 32   Dezimalwert
```

Es folgt das Beispiel als Ablauf ohne String-Angabe:

```
#!/usr/bin/perl -w

print hex 0x14;                          # 32   Dezimalzahl

# erste Konvertierung:
print oct "0x14";                        # 20   Dezimalzahl

# zweite Konvertierung:
print hex "20";                          # 32   Dezimalzahl
```

4.1.2   Gleitpunktzahlen

Wie in anderen Programmiersprachen müssen Sie einen Dezimalpunkt setzen, wenn Sie Stellen hinter dem Komma verwenden wollen. Ein Komma in der Zahlendarstellung ist nicht erlaubt. Perl bricht dort die Zahlendarstellung ab:

```
1.23, -3.4, 5.678_9, 0.321, .543, 7., 7.0
```

Sie können auch die wissenschaftliche Notation von Zahlen ausführen. Der dabei verwendete Exponent E kann sowohl klein als auch groß vor der restlichen Zahl geschrieben werden.

E bzw. e steht für Exponent (10 hoch ...). Die obligatorische Null vor dem Dezimalpunkt kann auch hier entfallen, der Dezimalpunkt natürlich nicht:

```
.4395E2, -12.345e2, 5.2e-2
```

Selbstverständlich können Sie – wie im obigen Beispiel dargestellt – auch negative Exponenten verwenden.

4.2   Operatoren

In Perl existieren eine Reihe von Operatoren, zum Beispiel Operatoren für die Grundrechnungsarten, für Tests und Vergleiche, für logische Verknüpfungen oder der häufigste genutzte Operator für Zuweisungen, um nur einige zu nennen.

4.2.1   Zuweisungs-Operator

Mit dem Zuweisungs-Operator, der in Perl aus einem Gleichheitszeichen (in Anlehnung an C/C++) besteht, weisen Sie ganz simpel einer Variablen auf der linken Seite einen Wert der rechten Seite zu. Dabei können auf der rechten Seite verschiedene Arten von Zuweisungen stehen, wie z. B. Aneinanderreihung von Werten, Werte anderer Variablen, Werte von Ausdrücken, Kontextbestimmung, Ergebnisse von Funktionsaufrufen usw.:

```
$a = $b = 4711;
$neu = $a;
@liste = 1..5;
$anzahl = @liste;
$wert = $liste[1];
$last = pop (@liste);
```

Der Ausdruck, der auf der linken Seite des Zuweisungs-Operators steht, wird lvalue (l für left) genannt und gibt den Speicherplatz an. Alles, was auf der rechten Seite des Gleichheitszeichens steht, wird rvalue (r für right) genannt und ausgewertet; der Wert wird dann dem Speicherplatz zugewiesen.

Die Aneinanderreihung von Werten können Sie als einen Ausdruck mit einem Wert interpretieren: Beim Ausdruck $b = 4711 (siehe erste Programmzeile) erhält $b den Wert 4711, dieser Ausdruck, nämlich Wert 4711, wird dann der Variablen $a zugewiesen. Somit erhalten $a, $b allesamt den Wert 4711. Mit Ausnahme von JavaScript beherrscht fast jede Sprache diese Technik.

Außerdem bestimmt die linke Seite den Kontext für die rechte Seite. Im obigen Beispiel zwingen Sie durch eine skalare Variable $anzahl die Liste dazu, dass sie im skalaren Kontext ausgewertet wird und einen skalaren Wert zurückliefert.

Ferner steht für die meisten Operatoren eine abkürzende Schreibweise zur Verfügung:

```
$var = $var + 4711;
```

können Sie kürzer wie folgt schreiben:

```
$var += 4711;
```

Es lassen sich folgende abkürzende Operatoren verwenden. Zwischen Operator und Gleichheitszeichen darf kein Leerzeichen sein.

Tabelle 4.2.1: Zuweisungs-Operator

Arithmetisch	+=	-=	*=	/=	%=	**=	<<=	>>=
Strings	.=							
Logisch	||=	&&=	^=	|=	&=			

4.2.2 Inkrementieren und Dekrementieren

Der In-/Dekrement-Operator erhöht/verringert den Wert des Operanden um 1. Steht der Operator vor der Variablen, so wird zuerst die Inkrementierung/Dekrementierung und anschließend die Auswertung der Variablen durchgeführt; umgekehrt ist es, wenn der Operator hinter der Variablen steht:

```
#!/usr/bin/perl -w

$var = 3.14;
$praefix = ++$var;
print "\$praefix = $praefix\n";        # $praefix = 4.14
$postfix = $var++;
print "\$postfix = $postfix\n";        # $postfix = 4.14
print "\$var = $var\n";                # $var = 5.14
```

Wie Sie am obigen Programm sehen können, lassen sich die Operatoren ++ und -- sogar auf Gleitpunktzahlen anwenden.

4.2.3 Potenzieren

Perl verwendet den **-Operator (die Funktion ist mit der C/C++-Funktion pow() realisiert), zum Potenzieren. Hierbei wird die linke Zahl zur Potenz der rechten Zahl erhoben. Wie das Beispiel unten zeigt, ist der **-Operator rechts-assoziativ. So ist -5**2 gleich -(5**2) und nicht gleich (-5)**2. Wie die meisten gängigen Programmiersprachen erlaubt auch Perl das Rechnen mit gebrochenen Exponenten:

```
#!/usr/bin/perl -w

$var = -5**2; # -(5**2)        print "$var\n";   # -25
$var = (-5)**2;                print "$var\n";   # 25
```

4.2.4 Arithmetischer Operator

Für die Grundrechnungsarten stehen in Perl die in der Tabelle 4.2.4: *Arithmetische Operationen* aufgeführten Operatoren zur Verfügung.

Da Perl – wie bereits erwähnt – intern ganze Zahlen und Gleitpunktzahlen nicht unterscheidet, müssen Sie, wenn Sie eine Integerdivision durchführen möchten, die Funktion int() verwenden.

Tabelle 4.2.4: Arithmetische Operationen

Operatoren	Bedeutung
++, --	Inkrement, Dekrement
**	Potenz
!, ~, \, +, -	Unäre Operatoren
*, /, %, x	Multiplikation, Division, Restbildung (Modulo), Vervielfachung
+, -, .	Addition, Subtraktion, Konkatenation

Die Operatoren werden nach Assoziativität und Priorität abgearbeitet. Die Assoziativität gibt an, in welcher Richtung (z. B. von links nach rechts oder umgekehrt) Operatoren und Operanden zusammengefasst werden. Die Priorität gibt die Rangfolge der Ausführung an. So haben Multiplikation, Division und Restbildung Vorrang vor Addition, Subtraktion und Konkatenation. Operatoren, die auf gleicher Ebene stehen, werden nach den Regeln der Assoziativität behandelt.

4.2.5 Vergleichs-Operatoren

Dieser Abschnitt widmet sich den Wahrheitswerten von Vergleichen. Es gibt Vergleiche zwischen numerischen Werten und Vergleiche zwischen Strings. Das Ergebnis dieser Vergleiche durch einen entsprechenden Operator ergibt den Wahrheitswert: entweder true oder false (siehe Tabelle 4.2.5: *Vergleichs-Operatoren*).

Bei numerischen Größen entscheidet beim Vergleich die Reihenfolge. Bei Vergleichen von Strings ist die Reihenfolge im ASCII-Code maßgebend.

Tabelle 4.2.5: Vergleichs-Operatoren

Numerisch	String	Ergebnis
$x == $y	$x eq $y	True, wenn $x gleich $y
$x != $y	$x ne $y	True, wenn $x ungleich $y
$x > $y	$x gt $y	True, wenn $x größer $y
$x < $y	$x lt $y	True, wenn $x kleiner $y
$x >= $y	$x ge $y	True, wenn $x größer oder gleich $y
$x <= $y	$x le $y	True, wenn $x kleiner oder gleich $y
$x <=> $y	$x cmp $y	-1, 0, 1, wenn $x kleiner, gleich, größer $y

Wie in der obigen Tabelle angezeigt, liefert der Operator <=> beim Vergleich den Wahrheitswert false, wenn beide Argumente gleich sind:

```
#!/usr/bin/perl -w

print 4711 <=> 4711;          # 0
print 4711 <=> 4712;          # -1
print 4711 <=> 4710;          # 1
```

4.2.6   Logische Operatoren

Logische Operatoren dienen dem Verknüpfen Boolescher Ausdrücke. Sie werten ihre Argumente im Booleschen Kontext aus und liefern als Ergebnis den Wahrheitswert true oder false zurück. Sie können zwei Formen logischer Operatoren nutzen, die C-Operatoren (!, ^, &&, ||) und die Perl-Operatoren (not, xor, and, or). Wie in der unten aufgeführten Tabelle ersichtlich, besitzen die C-Operatoren eine höhere Rangfolge (Präzedenz) und werden in Ausdrücken vorrangiger behandelt als die Perl-Operatoren. Dies sollten Sie berücksichtigen, wenn Sie die logische **UND**-Verknüpfung and oder && bzw. die logische **ODER**-Verknüpfung or oder || verwenden wollen.

Diesem Umstand der Rangfolge (wie das folgende Beispiel zeigt) müssen Sie, sollten Sie keine Klammern verwenden, Rechnung tragen, wenn Sie eine Zuweisung einer logischen Verknüpfung vornehmen möchten:

```
$erg = $u || $v;          # $erg = ($u || $v);
$erg = $u or $v;          # Fehler: ($erg = $u) or $v;
```

Im obigen Beispiel bindet im ersten Fall der ||-Operator stärker als der Zuweisungs-Operator =. Im zweiten Fall bindet der Zuweisungs-Operator = stärker als der or-Operator. Diesen Tatbestand sollten Sie berücksichtigen und somit and, or für Bedingungen und &&, || für Berechnungen verwenden.

Tabelle 4.2.6: Logische Verknüpfungsoperatoren

Hohe Rangfolge	Niedrige Rangfolge	Bedeutung
!	not	Logische Negation
^	xor	Exklusives ODER
&&	and	Logisches UND
||	or	Logisches ODER

Short-cut-evaluation

Logische Ausdrücke werden abkürzend ausgewertet (Short-cut-evaluation), d. h. die Vergleichs-Operatoren &&, ||, and und or werden nur solange ausgewertet, bis der Wahrheitswert des gesamten Ausdrucks feststeht. Ein logischer **UND**-Ausdruck braucht nicht weiter ausgewertet werden, wenn der erste Teilausdruck false ergibt. Mit anderen Worten: Ein gesamter logischer **UND**-Ausdruck wird genau dann false, wenn bei einer Auswertung von links nach rechts ein Teilausdruck false ergibt. Ein logischer **ODER**-Audruck braucht nicht weiter ausgewertet werden, wenn der erste Teilausdruck true ergibt. Anders ausgedrückt: Ein gesamter logischer **ODER**-Ausdruck wird genau dann true, wenn bei einer Auswertung von links nach rechts ein Teilausdruck true ergibt.

4.2.7   Bit-Operatoren

Wie in C/C++ existieren auch in Perl bitlogische Operatoren. Mit **UND, ODER,** exklusivem **ODER** und **NICHT** (Komplement) können Sie mit jedem Bit logische Operationen des ganzzahligen Operanden ausführen. Sie können damit gezielt einzelne Bits verändern bzw. Bit-Masken erstellen, um Bit-Werte zu manipulieren bzw. diese zu testen.

Mit den Schiebeoperatoren << und >> verschieben Sie alle Bits des linken Operanden um so viele Stellen nach links oder nach rechts, wie es der rechte Operand angibt. Bevor einige Beispiele hierzu dargestellt werden, sollen zunächst in der folgenden Tabelle die Bit-Operatoren und deren Bedeutung aufgelistet werden.

Tabelle 4.2.7: Bitoperationen

Operator	Bedeutung
&	Bitweises UND
|	Bitweises ODER
^	Bitweises XOR
~	Bitweises Komplement
<<	Bitweise Links-Verschiebung
>>	Bitweise Rechts-Verschiebung

Durch obige Operatoren haben Sie die Möglichkeit, Bit-Masken zu setzen:

Bits gezielt auf 0 setzen

Mit dem &-Operator lassen sich Bits gezielt auf 0 setzen. In den folgenden Beispielen soll eine willkürliche Hexadezimalzahl 0x1C wie folgt maskiert werden:

Im ersten Beispiel werden die letzten 3 Bits der Hexadezimalzahl auf 0 gesetzt:

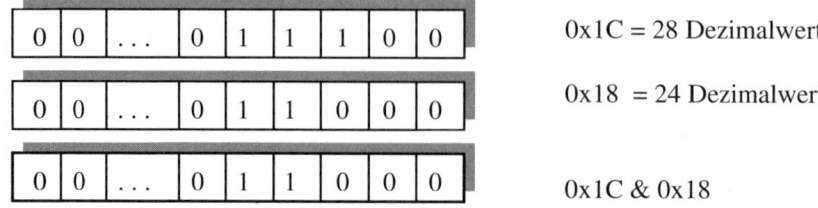

0x1C = 28 Dezimalwert

0x18 = 24 Dezimalwert

0x1C & 0x18

```
#!/usr/bin/perl -w

$bit = 0x1C;                    # 0x1C = 1 1100
$bit = $bit & 0x18;            # 1 1000 = 1 1100 & 1 1000
printf "%X\n",$bit;           # 18, Hexadezimalwert
```

Im zweiten Beispiel wird bei der Hexadezimalzahl 0x1C das vierte Bit auf 0 gesetzt und anschließend wird überprüft, ob das dritte Bit mit einer 1 besetzt ist:

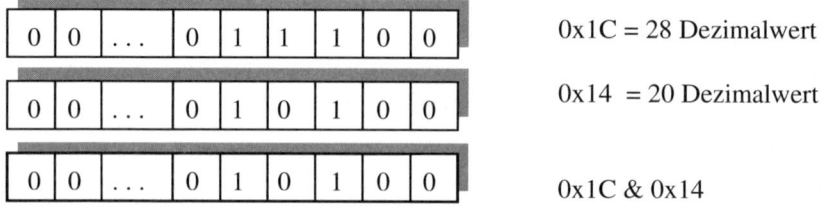

0x1C = 28 Dezimalwert

0x14 = 20 Dezimalwert

0x1C & 0x14

```
#!/usr/bin/perl -w

$bit = 0x1C;                    # 0x1C = 1 1100
$bit = $bit & 0x14;            # 1 0100 = 1 1100 & 1 0100
printf "%X\n",$bit;           # 14, Hexadezimalwert
print "3. Bit 1 gesetzt " if $bit & 0x4; # 3. Bit 1 gesetzt
```

Mit Hilfe der Funktion printf() geben Sie mit einem Formatstring an, wie die Ausgabe zu formatieren ist. Der Formatstring kann aus den folgenden drei Komponenten bestehen:

- **Literaler Text** erscheint genau so in der Ausgabe, wie Sie ihn im Formatstring festlegen.
- **Escape-Sequenzen** bieten besondere Möglichkeiten (z. B. New-Line \n) zur Formatierung.

- **Konvertierungsspezifizierer** bestehen aus einem Prozentzeichen %, gefolgt von einem weiteren Zeichen. Im obigen Beispiel lautet der Konvertierungsspezifizierer %X für Hexadezimalzahlen.

Bits gezielt auf 1 setzen

Mit dem |-Operator lassen sich Bits gezielt auf 1 setzen. Im nächsten Beispiel sollen bei der willkürlich gewählten Hexadezimalzahl 0x1C die letzten zwei Bits auf 1 gesetzt werden:

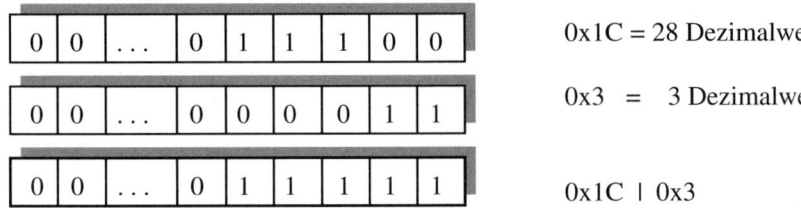

0x1C = 28 Dezimalwert

0x3 = 3 Dezimalwert

0x1C | 0x3

```
#!/usr/bin/perl -w

$bit = 0x1C;              # 0x1C = 1 1100
$bit = $bit | 0x3;        # 1 1111 = 1 1100 | 0 0011
printf "%X\n",$bit;       # 1F, Hexadezimalwert
```

Perl bietet die Möglichkeit, Zahlen binär sowohl nach links << als auch nach rechts >> zu verschieben. Dies wirkt angesichts der Tatsache, dass Zahlen als Gleitpunktzahlen gespeichert und als solche behandelt werden, etwas ungewöhnlich. Perl behandelt aber Zahlen wie Integer, wenn eine der obigen Bit-Operatoren angewendet wird. Mit dem Pragma **use integer** erfolgt die Darstellung als signed integer; mit **no integer** erfolgt eine unsigned integer Darstellung.

Links-Shift

Das Shiften nach links entspricht der Multiplikation mit dem Faktor 2**Shift.

Auch in den folgenden Beispielen soll wieder von der willkürlichen Hexadezimahl 0x1C ausgegangen werden:

0x1C = 28 Dezimalwert

0x1C << 2

```
#!/usr/bin/perl -w

$bit = 0x1C;              # 0x1C = 1 1100
$bitli = $bit << 2;       # 0111 0000 = 1 1100 << 2
```

```
printf "%X\n",$bitli;              # 70, Hexadezimalwert
```

Beim Links-Shift werden entsprechende Nullen nachgezogen. Die Hexadezimalzahl 70 (Dezimalwert 112) ist das Ergebnis der Multiplikation von 1C (Dezimalwert 28) mit 2**2.

Rechts-Shift
Das Shiften nach rechts entspricht einer Division durch 2**Shift.

Hier soll ebenfalls von der Zahl 0x1C ausgegangen werden:

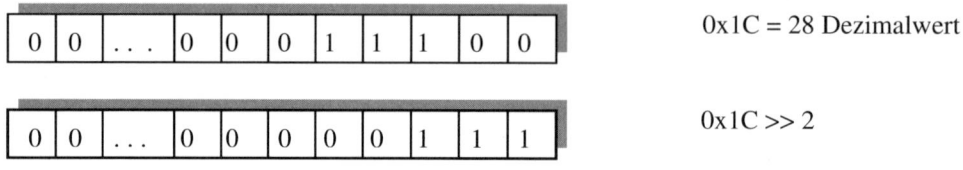

0x1C = 28 Dezimalwert

0x1C >> 2

```
#!/usr/bin/perl -w

$bit = 0x1C;                       # 0x1C = 1 1100
$bitre = $bit  >>  2;              # 0 0111 = 1 1100 >> 2
printf "%X\n",$bitre;              # 7, Hexadezimalwert
```

Auch hier entspricht das Ergebnis 7 (beim Rechts-Shift) der Division von 1C dividiert durch 2**2.

Bitweises Negieren (Einerkomplement)
In Perl bewirkt das monadische Tildezeichen ~ eine Bitweise Negation (B-1-Komplement):

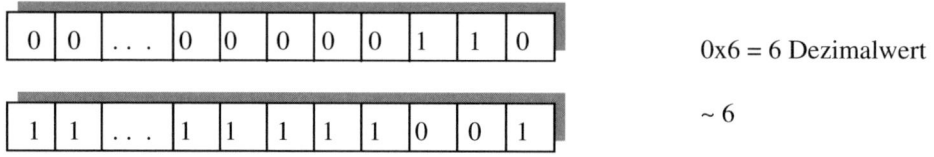

0x6 = 6 Dezimalwert

~ 6

```
#!/usr/bin/perl -w

printf "%X   %d", ~0x6, ~6;              # FFFFFFF9  -7 Dezimal
```

Im obigen Beispiel ergibt die bitweise Negation von 0x6 als Ergebnis FFFFFFF9. Dieses entspricht als Dezimalzahl im B-Komplement dem Wert –7. Bekanntlich wird beim B-1-Komplement eine 0 zu 1 und umgekehrt gebildet. Das B-Komplement erzielen Sie durch eine Addition einer 1 zum (B-1)-Komplement.

4.3   Mathematische Funktionen

Perl bietet in seinem Funktionsumfang auch eine Reihe von wichtigen mathematischen Funktionen. Ferner stehen Ihnen im POSIX-Modul weitere mathematische Funktionen zur Verfügung.

4.3.1   Integrierte mathematische Standardfunktionen

In der nachfolgenden Tabelle erhalten Sie eine Übersicht über die integrierten mathematischen Standardfunktionen von Perl.

Tabelle 4.3.1.: Mathematische Standardfunktionen

Name	Bedeutung
abs *wert*	Absolutbetrag
atan2 *y, x*	Arcustangens y/x (-pi bis +pi)
cos *zahl*	Cosinus (Bogenmaß)
exp *zahl*	Exponentialfunktion
hex *hexzahl*	Umwandlung Hexa- in Dezimalzahl
int *zahl*	Ganzzahl
log *zahl*	Natürlicher Logarithmus (Basis e)
oct *octzahl*	Umwandlung Octal- in Dezimalzahl
rand *zahl*	Zufallswert
sin *zahl*	Sinus (Bogenmaß)
sqrt *zahl*	Quadratzahl
srand *ausdruck*	Zufallsgenerator von rand

Mit Ausnahme der Funktion atan2() können die übrigen Funktionen auch ohne explizites Argument geschrieben werden; sie werden dann auf den jeweiligen Wert der Spezial-Variablen $_ angewandt.

Es sollen nun einige Beispiele folgen, wo mathematische Funktionen verwendet worden sind:

```
#!/usr/bin/perl -w

$_ = -4711;
print abs,"\n";                          # 4711
print abs 4711,"\n";                     # 4711
print atan2(0.5, 0.7),"\n";              # 0.62024...
print exp 1,"\n";                        # 2.71828...
print int 1.9999,"\n";                   # 1
print log 2.71828,"\n";                  # 0.99999...
```

```
print rand 4,"\n";                          # 1.54895...
print sqrt 4711,"\n";                       # 68.63672...
```

4.3.2   Zufallszahlen

Die Perl-Funktion rand() erzeugt Pseudozufallszahlen nach einem einfachen Algorithmus. Ohne Argument liefert sie die Werte zwischen 0 und 1, ansonsten (Gleitpunkt-)Zahlen zwischen 0 und dem Argument. Die Funktion srand() initialisiert automatisch den Zufallsgenerator, falls er nicht vorher schon definiert wurde. Möchten Sie eine ganze Zahl erhalten, brauchen Sie nur eine Umwandlung mit der Funktion int() vornehmen.

Im folgenden Beispiel sollen sechs Integerzahlen ausgegeben werden. Doppelte Integerzahlen werden nicht berücksichtigt:

```
#!/usr/bin/perl -w

for ($i = 0; $i < 6; $i++) {
      $wert[$i] = int (rand 49) + 1;
}
print "Sechs Integer-Zahlen: @wert\n";
```

4.4   Strings

Strings zählen in Perl zu den Grundtypen und bestehen aus Sequenzen aufeinanderfolgender Zeichen. Im Gegensatz zu C/C++ oder anderen Sprachen sind diese bei Perl nicht als Array von Zeichen konzipiert. Diese Eigenschaft vereinfacht den Umgang und die Manipulation von String-Text erheblich. Den Zugriff auf einzelne Zeichen oder Bereiche eines Strings realisieren Sie mit einer Vielzahl von Funktionen.

Im Normalfall können die Zeichen eines Strings alle Werte eines 8-Bit-Zeichens (Byte 0-255) und somit jede Art von ASCII-Daten annehmen. Der Unicode (16-Bit-Zeichen) wird ab Version 5.006 unterstützt.

Typische Strings sind druckbare Sequenzen von Buchstaben, Ziffern usw. Ferner können Strings Escape-Zeichen (Fluchtsymbole) enthalten. Sie können Operatoren für Tests und Vergleiche von Strings sowie für Variableninterpolation, Groß- und Kleinschreibung verwenden.

Die Länge eines Strings ist beliebig und nur durch den zur Verfügung stehenden Speicher begrenzt. Perl kennt zwei grundlegende Arten von Strings. Sie können String-Literale in einfachen Hochkommas (Apostroph, single-quotes) oder in Anführungszeichen (doppeltes Hochkomma, double-quotes) darstellen. Weiterhin existieren noch Strings, die in Gravus oder Backticks eingeschlossen sind. Das entsprechende Präfix qx dient zur Ausführung von Betriebssystemkommandos. Ferner existieren noch Strings, die als HERE-Dokument (aus der Shell-Programmierung bekannt) geschrieben und von zwei identischen, frei wählbaren Tokens eingeschlossen werden.

Zusammenfassend lässt sich Folgendes sagen:

- Strings sind keine Zeichenarrays,
- Strings haben eine unbeschränkte Länge,
- Strings wachsen und verkleinern sich je nach Bedarf automatisch,
- Strings können beliebige Binärdaten enthalten,
- Strings können durch Funktionen einfach manipuliert werden,
- Strings können durch Operatoren miteinander verglichen werden.

4.4.1   Quoting-Regeln

Eine Perl-Variable erhält ihren Typ durch die Zuweisung eines Wertes, dessen Typ sie annimmt.

Bei der folgenden Zuweisung eines Integerwertes wird dieser zum Typ Integer:

```
$var = 4711;
```

Die gleiche Variable können Sie bereits in der nächsten Zeile Ihres Programms zum Typ String machen:

```
$var = "Perl ist spitze";
```

Diese Eigenschaft wird als schwache Typisierung bezeichnet.

Um Strings von anderen Werten zu unterscheiden, werden Strings in Anführungszeichen (quotes) eingeschlossen.

Da Sie in Perl beide Arten, nämlich sowohl Hochkommas (single-quotes) als auch Anführungszeichen (double-quotes), verwenden können, führt dieses zu folgenden Konsequenzen:

Hochkomma
Beim Hochkomma handelt es sich um die "wörtliche" Form. Ein String in dieser Form wird genauso interpretiert, wie Sie ihn angegeben haben. Enthaltene Dollarzeichen mit anschließendem Namen (skalare Variable) werden nicht interpoliert, sondern genauso an Ort und Stelle ausgegeben, wie sie angegeben wurden:

```
#!/usr/bin/perl -w

$pi = 3.14;
print 'Der Wert von $pi ist: ',$pi,'\n';
# Der Wert von $pi ist: 3.14\n
```

Der Text zwischen den Hochkommas wird wörtlich genommen. Escape-Sequenzen mit einfachen Hochkommas bleiben ohne Wirkung.

Es gibt aber zwei Ausnahmen: Um ein Hochkomma bzw. einen Backslash im Text darzustellen, setzen Sie einfach einen Backslash davor:

```
#!/usr/bin/perl -w

print 'Jetzt gibt\'s einen \'Backslash\': \\';
# Jetzt gibt's einen 'Backslash': \
```

Als Alternative zu den Hochkommas können Sie auch das Präfix-Zeichen q, gefolgt von einem beliebigen paarigen Zeichen, verwenden. Paarige Zeichen sind passende öffnende und schließende Klammern oder sonstige Zeichen:

```
#!/usr/bin/perl -w

print q(Jetzt gibt's einen 'Backslash': \\ ),"\n";
# Jetzt gibt's einen 'Backslash': \
print q<Jetzt gibt's einen 'Backslash': \\ >,"\n";
# Jetzt gibt's einen 'Backslash': \
print q|Jetzt gibt's einen 'Backslash': \\ |,"\n";

# Jetzt gibt's einen 'Backslash': \
```

Anführungszeichen

Anführungszeichen unterstützen die Interpolation von Variablen und indizierten Ausdrücken. Jede skalare Variable (mit Präfix $) in Anführungszeichen wird also interpoliert, d. h. durch den aktuellen Wert ersetzt. Das Gleiche geschieht auch mit Array-Variablen (mit Präfix @). Hash-Variablen (mit Präfix %) können in dieser Form nicht interpoliert werden.

Bei einem String in Anführungszeichen erfahren auch spezielle Escape-Sequenzen eine besondere Bedeutung. So rufen Backslash-Interpretationen \n einen Zeilenvorschub, \f einen Seitenvorschub, \t einen Tabulator, \u einen Großbuchstaben als nächsten Buchstaben hervor, um nur einige Sequenzen zu nennen.

Es gibt auch Escape-Sequenzen mit Backslash und Zeichen, bei denen das Zeichen wörtlich interpretiert wird, das heißt es wird keine Aktion ausgeführt.

Möchten Sie obige Präfix-Zeichen $, @ mit nachfolgenden Zeichen in einem String mit Anführungszeichen darstellen, brauchen Sie nur das Zeichen maskieren, d. h. einen Backslash voranstellen. Somit werden nur diese Zeichen dargestellt und es findet keine Interpolation der Variablen statt:

```
#!/usr/bin/perl -w

$pi = 3.14;
print "\n";
print "Der Wert von \$pi ist $pi\n";
# Der Wert von $pi ist 3.14
```

Das obige Programm enthält die Escape-Sequenz \n: Es wird eine Backslash-Interpretation und ein Zeilenvorschub (New-Line) ausgeführt. In der nächsten Zeile wird zunächst \\$pi interpretiert, wörtlich das $-Zeichen dargestellt; anschließend folgt der Text "pi". In der gleichen Zeile wird anschließend interpoliert und wieder New-Line ausgeführt.

Eine wörtliche Interpretation erzielen Sie auch im nächsten Beispiel. Zunächst werden die Anführungszeichen selbst durch Voranstellen des Backslashs dargestellt. Die skalare Variable $var wird aber interpoliert, d. h. ihr Wert "Perl" an dieser Stelle eingesetzt:

```
#!/usr/bin/perl -w

$var = 'Perl';
print "Nur \"$var\"!\n";                                    # Nur "Perl"!
```

Im folgenden Beispiel ist ein Bereichs-Operator im Listenkontext gewählt worden:

```
#!/usr/bin/perl -w

@bereich = (1..5);
print "\@bereich von \"1 bis 5\": @bereich\n";
# @bereich von "1 bis 5": 1 2 3 4 5
print "Teilliste: @bereich[0,2]\n";
# Teilliste: 1 3
```

Auch bei diesem Beispiel erfährt die Array-Variable @bereich zunächst eine Interpretation des Zeichens @. Im Anschluss daran wird die Array-Variable interpoliert. Wie die letzte print-Zeile zeigt, können Sie auch bestimmte Elemente aus einem Array als Slice darstellen.

Als Alternative zu den Anführungszeichen können Sie auch den Präfix qq einsetzen:

```
#!/usr/bin/perl -w

$pi = 3.14;
print qq(Der Wert von \$pi ist $pi\n);
# Der wert von $pi ist 3.14
print qq<Der Wert von \$pi ist $pi\n>;
# Der wert von $pi ist 3.14
print qq<<Der <Wert von \$pi> ist> $pi\n>;
# <Der <Wert von $pi> ist> 3.14
```

Die letzte Zeile gibt eine Schachtelung des Strings an.

Tabelle 4.4.1: Escape-Sequenzen (Backslash-Interpretation)

Sequenz	Bedeutung
`\a`	Alarm (Bell)
`\b`	Rückschritt (Backspace)
`\c`	Escape (ESC)
`\f`	Seitenvorschub (Formfeed)
`\n`	Zeilenvorschub (New-Line)
`\r`	Wagenrücklauf (Carriage Return)
`\t`	Horizontaler Tabulator
`\v`	Vertikaler Tabulator
`\"`	Anführungszeichen
`\\`	Backslash
`\102`	Oktaler Zeichencode (hier für 'B')
`\x43`	Hexadezimaler Zeichencode (hier für 'C')
`\cC`	Control-Darstellung
`\l`	Folgender Buchstabe klein
`\u`	Folgender Buchstabe groß
`\L`	Kleinbuchstabe bis zum `\E`
`\U`	Großbuchstabe bis zum `\E`
`\Q`	Backslash nicht alphanumerisch
`\E`	Ende `\L`, `\U` oder `\Q`

4.4.2   Groß– und Kleinschreibung

Perl bietet zwei Varianten zur Konvertierung in Groß- bzw. Kleinschreibung an. Mit den Funktionen uc() und lc() werden alle Strings in Groß- bzw. Kleinbuchstaben konvertiert. Mittels der Funktionen ucfirst() und lcfirst() wird jeweils nur das erste Zeichen des Strings in einen Groß- bzw. Kleinbuchstaben umgewandelt.

Beispiele mit Funktionen
In den folgenden Zeilen werden einige Beispiele mit den oben genannten Funktionen angeführt:

```perl
#!/usr/bin/perl -w

$text = "strInG";
print uc($text),"\n";                              # STRING
print lc($text),"\n";                              # string
print ucfirst(lc($text)),"\n";                     # String
```

Beispiele mit Backslash-Interpretation

Wie in der obigen Tabelle dargestellt, können Sie mit der Backslash-Interpretation die Umschaltzeichen innerhalb von Stringliteralen nach folgendem Muster verändern:

```
#!/usr/bin/perl -w

$text = "strInG";
print "
\u$text                          # StrInG wie ucfirst()
\l$text                          # strInG wie lcfirst()
\U$text                          # STRING wie uc()
\L$text                          # string wie lc()
\Ustr\E\LInG\E V\LARIA\EBLE      # STRing VariaBLE
\n";
```

Für Umlaute und weitere nicht ASCII-Zeichen wird das entsprechende Pragma eingesetzt.

4.4.3   Konkatenation und Vervielfachen von Strings

Speziell für die Verknüpfung von Strings besitzt Perl einen Operator, den Konkatenation-Operator. Mit dem x-Operator können Sie einen String beliebig oft wiederholen.

Konkatenation

Mit Hilfe des Konkatenations-Operators – ein Punkt "." – lassen sich Strings zu einem neuen String verketten. Der Verkettungs-Operator wird auch als DOT-Operator bezeichnet. Es werden keine Leerzeichen zwischen den verketteten Strings erzeugt. Häufig erfolgt die Verkettung aber auch innerhalb der in Anführungszeichen stehenden Strings:

```
#!/usr/bin/perl -w

$vorname = "ida";
$nachname = "puschkin";
$name = $vorname  .  $nachname;
print "$name\n";                 # idapuschkin
```

Mittels Konkatenation-Operators lassen sich die Variablen $ida, $lisa und $ilse wie folgt verketten:

```
#!/usr/bin/perl -w

$ida   = "Maschen";
$lisa  = "draht";
$ilse  = "zaun";

print "1. Ist der ",$ida.$lisa.$ilse," neu?\n";
```

```
# 1. Ist der Maschendrahtzaun neu?
```

Im nächsten Beispiel werden verschiedene Kombinationen der Verkettung angegeben:

```
#!/usr/bin/perl -w

$ida   = "Maschen";
$lisa  = "draht";
$ilse  = "zaun";

$uwe = "Maschen"  .  "draht"  .  "zaun";
# oder:
$udo = "Ist der " . $ida . $lisa . $ilse . " neu?";
# oder:
$tom = "Ist der $ida"  .  "$lisa"  .  "$ilse neu?";
# oder:
$kai = "Ist der ${ida}${lisa}${ilse} neu?";
print "
2. Ist der $uwe neu?
3. Ist der ",$uwe," neu?
4. Ist der ".$uwe." neu?
5. $udo
6. $tom
7. $kai
\n";


# Die Ausgabe der Kombinationen sieht wie folgt aus:
# 2. Ist der Maschendrahtzaun neu?
# 3. Ist der Maschendrahtzaun neu?
# 4. Ist der Maschendrahtzaun neu?
# 5. Ist der Maschendrahtzaun neu?
# 6. Ist der Maschendrahtzaun neu?
# 7. Ist der Maschendrahtzaun neu?
```

Vervielfachung
Beim Einsatz des dyadischen Operators x in Verbindung mit einer Zahl erfolgt eine Vervielfachung des jeweiligen Strings. Im skalaren Kontext wird dabei der linke Operand so oft
wiederholt, wie es die Zahl des rechten Operanden spezifiziert:

```
print "**Alarm**" x 3,"\n";
# **Alarm****Alarm****Alarm**
```

Vervielfachung durch das HERE-Dokument:

```
#!/usr/bin/perl -w

$doku = <<BILD
* * * * * * * * * * * *
*       Nur     *
*       noch    *
*       Perl!   *
* * * * * * * * * * * *
BILD
x 2;            print "HERE-Dokument:\n",$doku,"\n";
```

Die Ausgabe ist:

```
HERE-Dokument:
* * * * * * * * * * * *
*       Nur     *
*       noch    *
*       Perl!   *
* * * * * * * * * * * *
* * * * * * * * * * * *
*       Nur     *
*       noch    *
*       Perl!   *
* * * * * * * * * * * *
```

4.4.4   Operatoren für Vergleiche

Perl besitzt zwei unterschiedliche Arten von Vergleichs-Operatoren, eine zum Vergleich von Zahlen und eine zum Vergleich von Strings. Strings werden gemäß ASCII-Ordnung verglichen. Mit Gleichheits-Operatoren prüfen Sie, ob zwei Skalare gleich sind. Die relationalen Operatoren geben Auskunft darüber, ob ein Skalar größer ist als der andere. Logische Operatoren verwenden Sie für Bedingungs- und Schleifenoperationen, bei denen als Wahrheitswert ein Boolescher Wert true oder false vorhanden ist.

Tabelle 4.4.4: Operatoren für Vergleiche

Numerisch	String	Ergebnis
`$x == $y`	`$x eq $y`	True, wenn $x gleich $y
`$x != $y`	`$x ne $y`	True, wenn $x ungleich $y
`$x > $y`	`$x gt $y`	True, wenn $x größer $y
`$x < $y`	`$x lt $y`	True, wenn $x kleiner $y
`$x >= $y`	`$x ge $y`	True, wenn $x größer oder gleich $y
`$x <= $y`	`$x le $y`	True, wenn $x kleiner oder gleich $y
`$x <=> $y`	`$x cmp $y`	-1, 0, 1, wenn $x kleiner, gleich, größer $y

Da Perl bei Bedarf Strings in Zahlen und umgekehrt konvertiert, ist besonders darauf zu achten, ob es sich um Strings oder um Zahlen handelt. Das Vergleichen von Zahlen ist einfach, da nur in numerischer Reihenfolge verglichen wird. Beim Vergleich von Strings ist die ASCII-Reihenfolge maßgebend, d. h. Ziffern rangieren vor Großbuchstaben, Großbuchstaben vor Kleinbuchstaben. Für eine korrekte Einordnung der Umlaute verwenden Sie das Pragma **use locale**. Die nächsten Zeilen zeigen einige Beispiele:

```
#!/usr/bin/perl

                                        # Ohne Warmeldung
use locale;                             # Pragma für Umlaute
print "ü" gt "u", "\n";                 # 1, True
print "a" lt "b", "\n";                 # 1, True
print "a" eq "A", "\n";                 # Leerzeichen, False
print "hallo" eq "hallo  ","\n";        # Leerzeichen, False
print "2" gt "10", "\n";                # 1, True ,"1" ist vor "2"
print "abc" == "xyz","\n";              # 1, True ,beide 0
print 4 > "hallo","\n";                 # 1, True ,hallo = 0
print 4 lt "hallo","\n";                # 1, True 4 vor h
print "4.0" != "4","\n";                # Leerzeichen, False
print "4.0" ne "4","\n";                # 1, True 4.0 > 4
```

Bei diesen Vergleichen ist zu berücksichtigen, dass bei den Beispielen `"abc" == "xyz"` und `4 > "hallo"` die Strings numerisch verglichen werden und somit die vorhandenen Strings zum Wert 0 konvertieren.

Bei Vergleichen von einfachen Zeichenketten sind die obigen Vergleichs-Operatoren schneller als reguläre Ausdrücke und deshalb vorzuziehen. Bei einfachen Zeichenkettenoperationen, wie Extraktion von Zeichenketten und Umwandlung von Zeichen, empfehlen sich aufgrund ihrer Effizienz die später beschriebenen Funktionen `index()`, `rindex()` und `substr()`. Reguläre Ausdrücke sind sparsam einzusetzen.

4.4.5   Stringinkrement

Sowohl beim Präinkrement-Operator als auch beim Postinkrement-Operator wird inkrementiert. Der Unterschied liegt jedoch darin, ob der Operator vor einem Operanden (Präfix-Schreibweise) oder dahinter (Postfix-Schreibweise) steht.

Bei der Präfix-Schreibweise wird die Variable inkrementiert, bevor der Wert zurückgegeben wird. Bei der Postfix-Schreibweise wird erst der Wert zurückgegeben und dann inkrementiert. Es lassen sich auch Gleitpunktzahlen inkrementieren. Der Operator "--" (Dekrement) lässt sich nur bei numerischen Argumenten einsetzen, da der String als Wert 0 interpretiert wird und beim Dekrement das Ergebnis um 1 vermindert ist:

```perl
#!/usr/bin/perl -w

$var = "nur";
$praefix = ++$var;
print "\$praefix = $praefix\n";          # $praefix = nus
print "\$var = $var\n";                  # $var = nus

$postfix = $var++;                       # $postfix = nus
print "\$postfix = $postfix\n";          # $postfix = nus
print "\$var - $var\n";                  # $var = nut
```

Wird die Variable nur in einem Stringkonzept verwendet und entspricht der String dem Muster von /^[a-zA-Z]*[0-9]*$/, dann realisiert das Inkrement wieder einen String, wobei jedes Zeichen innerhalb seiner Grenzen bleibt oder eventuell einen Übertrag erzeugt. Hierbei sind folgende Gesetzmäßigkeiten vorhanden:

- Zahlen gelten von 0 bis 9,
- Kleine Buchstaben gelten von a bis z,
- Große Buchstaben gelten von A bis Z.

Die einzelnen Bereiche werden von Anfang bis Ende durchlaufen und der Durchlauf beginnt von Neuem. Erfolgt ein Überlauf bei Buchstaben, entscheidet der erste Buchstabe, ob kleine oder große Buchstaben verwendet werden:

```perl
#!/usr/bin/perl -w

$var = "Izz";
$praefix = ++$var;
print "\$praefix = $praefix\n";          # $praefix = Jaa

$var = "Zzz";
$praefix = ++$var;                       # Ueberlauf
print "\$praefix = $praefix\n";          # $praefix = AAaa
```

```
$var = "z9";
$praefix = ++$var;                      # Ueberlauf
print "\$praefix = $praefix\n";         # $praefix = aa0
```

In den obigen Beispielen wurde das letzte Zeichen des Strings jeweils alphabetisch um ein Zeichen erhöht. Nach Überschreiten der Grenzen des Bereiches wird das davor liegende Zeichen um ein Zeichen erhöht. Bei einem Überlauf hängt es vom vordersten Buchstabe ab, ob der folgende Buchstabe groß oder klein geschrieben wird.

Variablen mit Stringinkrement führen nicht zu den gleichen Ergebnissen wie Variablen im numerischen Kontext:

```
#!/usr/bin/perl -w

$var = "Izz";
$var += 1;                              # "Izz" numerisch 0
print "\$var = $var\n";                 # $var = 1
```

Auch beim Dekrementieren wird der numerische Kontext verwendet:

```
#!/usr/bin/perl -w

$var = "Izz";
$neuvar = --$var;                       # "Izz" numerisch 0
print "\$neuvar = $neuvar\n";           # $neuvar = -1
```

4.4.6   Bestimmung der Stringlänge

Die Funktion `length()`
length [*string*]

Die Funktion `length()` berechnet die Länge der Zeichenkette im *string*. Fehlt das Argument, wird der Inhalt der Spezial-Variablen $\_$ verwendet. Bei Perl brauchen Sie im Gegensatz zu C/C++ das abschließende '\0'-Zeichen eines Strings nicht zu berücksichtigen. Zur Bestimmung der Größe eines Arrays oder eines Hashes ist diese Funktion nicht geeignet. Hierfür bieten sich die Aufrufe `scalar @`*array* bzw. `scalar keys %`*hash* an:

```
#!/usr/bin/perl -w

print length "String-Laenge\n";    # 14
print length "Perl" x 2,   "\n";   # 8
```

Das \n-Zeichen am Zeilenende hat die Länge 1.

Verwenden Sie die Vervielfachung mit einem HERE-Dokument, erhöht sich die Stringlänge um eins. Dies geschieht durch den Einsatz der Escape-Sequenz \n (New-Line) nach dem String in jeder Zeile:

```
$var = <<LANG
Perl
LANG
x 2;
print "Laenge ",length $var,"\n";          # Laenge 10
```

4.4.7   Umdrehen der Stringreihenfolge

Wenn Sie die Umkehrung eines Strings vornehmen wollen, verwenden Sie die Funktion `reverse()` im skalaren Kontext.

Die Funktion `reverse()`
reverse *liste*

Im Skalarkontext wird der String in umgekehrter Richtung ausgegeben:

```
#!/usr/bin/perl -w

print scalar reverse "lese nie";          # ein esel
```

Ob ein String z. B. ein Palindrom ist, lässt sich mittels der Funktion `reverse()` leicht überprüfen:

```
#!/usr/bin/perl -w

$var = "NAFAKIRPAPRIKAFAN";
print "Palindrom: $var\n"      if $var eq reverse $var;
```

Die Ausgabe ist:

```
Palindrom: NAFAKIRPAPRIKAFAN
```

4.4.8   Zerlegen und Verbinden von Strings

In diesem Abschnitt soll das Zerlegen eines Strings mittels der Funktion `split()` und das Verbinden von Listen-Elementen zu einem String mit der Funktion `join()` erläutert werden.

Mit der Funktion `split()` können Sie einen Text an vorgegebenen Trennern in Teilstrings zerlegen. Diese Trenner werden durch ein Muster vorgegeben.

Die Umkehrfunktion von `split` ist die Funktion `join()`. Mit dieser Funktion können Sie mittels Trennern entsprechende Teilstrings wieder zu einem Gesamtstring verketten.

Die Funktion `split()`

`split [muster [, ausdruck [, limit]]]`

Die Funktion `split()` benötigt ein Muster (als erstes Argument) und einen Ausdruck (als zweites Argument). Der Ausdruck (z. B ein String) wird nach dem angegebenen Muster (Trennzeichen) durchsucht. Das Trennzeichen kann ein regulärer Ausdruck sein. Dieses Trennzeichen unterteilt den String in eine Liste aus Teilstrings, die im Listenkontext zurückgegeben werden. Das Trennzeichen können Sie z. B. zwischen zwei Schrägstrichen (Slashes) einsetzen. Es wird aber nicht zurückgeliefert.

Im skalaren Kontext gibt die Funktion `split()` die Anzahl der gebildeten Teilstrings zurück.

Um die Anzahl der Teilstrings zu begrenzen, können Sie als drittes Argument ein sogenanntes Limit angeben. Ist dieses Limit nicht negativ, werden maximal entsprechend viele Teilstrings zurückgegeben. Wird das Limit nicht angegeben, werden Nullfelder am Ende der Liste entfernt.

Ist kein entsprechender Ausdruck vorhanden, wird der Inhalt der speziellen Variablen `$_` aufgesplittet.

Im folgenden Beispiel wird ein Nullmuster verwendet. Dieser leere reguläre Ausdruck bedeutet für die Funktion `split()` "Aufteilung in einzelne Zeichen". Es werden nur die einzelnen Zeichen getrennt. Ist ein Leerzeichen im String enthalten, entfällt es aber nicht. Mit der Funktion `join()` und ihrem Argument, dem Verkettungssymbol +, werden anschließend die einzelnen Zeichen zu einem einzigen String verkettet:

```
#!/usr/bin/perl -w

print join '+', split //, "Per l";
# P+e+r+ +l
```

Im nachfolgenden Programm wird ein Leerzeichen als Trennzeichen verwendet, um den Text in einzelne Worte zu zerlegen:

```
#!/usr/bin/perl -w

print join '+', split / /, "Perl ist spitze";
# Perl+ist+spitze
```

Somit gibt die Funktion `split()` die einzelnen Teilstrings vom Ausdruck zurück; dies sind "Perl", "ist", "spitze". Im Anschluss werden durch die Funktion `join()` mit ihrem Verkettungssymbol + diese Teilstrings zu einem String verkettet.

Das in Schrägstrichen definierte Muster wird auch bei vorausgehenden Leerzeichen des Ausdrucks berücksichtigt. Der Original-String wird durch das angegebene Muster in die jeweiligen Teilstrings zerlegt, die im folgenden Beispiel einem Array zugewiesen werden:

```
#!/usr/bin/perl -w

@liste = split / /, "  Perl ist spitze";
print "@liste\n";
#   Perl ist spitze (vorne 2 Leerzeichen)
```

Die Array-Elemente $liste[0] und $liste[1] besitzen jeweils das Leerzeichen. Das
Element $liste[2] den Inhalt "Perl". Das Element $liste[3] den Inhalt "ist" und
$liste[4] den Inhalt "spitze".

Im anschließenden Beispiel wird der skalare Kontext zurückgeliefert und die Anzahl (nämlich der Wert 3) ausgegeben:

```
#!/usr/bin/perl -w

$zeile = "Perl ist, wie jeder, weiss spitze";
$anzahl = split /,/ ,$zeile;
print "Teilstrings: $anzahl\n";          # Teilstrings: 3
```

Diese Teilstrings können Sie auch direkt einem Array @liste im Listenkontext zuweisen:

```
#!/usr/bin/perl -w

$zeile = "Perl ist, wie jeder, weiss spitze";
@liste = split/,/ ,$zeile;
print @liste,"\n";
# Perl ist wie jeder weiss spitze
```

Das Array @liste enthält folgende Teilstrings:

```
$liste[0] = "Perl ist";
$liste[1] = " wie jeder";
$liste[2] = " weiss spitze";
```

Dieses Ergebnis wird nochmals durch die Ausgabe der Array-Elemente bestätigt:

```
print "$liste[0] $liste[1] $liste[2]\n";
# Perl ist  wie jeder  weiss spitze
```

Das gleiche Ergebnis kann auch durch eine Listen-Zuweisung realisiert werden:

```
#!/usr/bin/perl -w

$zeile = "Perl ist, wie jeder, weiss spitze";
($u,$v,$w) = split /,/ ,$zeile;
print "$u $v $w\n";
# Perl ist  wie jeder  weiss spitze
```

Die Teilstrings des obigen Arrays @liste lassen sich im Anschluss durch die Funktion join() mit dem Verkettungssymbol + wieder zu einem String verketten:

```
#!/usr/bin/perl -w

$zeile = "Perl ist, wie jeder, weiss spitze";
@liste = join '+', split /,/ ,$zeile;
print $liste[0],"\n";
# Perl ist+ wie jeder+ weiss spitze
```

Das Array @liste besteht durch diese Verkettung mit der Funktion join() nur aus einem Element. Die skalare Variable $liste[0] besitzt als einziges Element den Wert "Perl ist+ wie jeder+ weiss spitze".

Möchten Sie die Anzahl der Teilstrings begrenzen, müssen Sie ein drittes Argument, nämlich das Limit, angegeben.

Im folgenden Beispiel wird der bisherige String in zwei Teilstrings zerlegt. Jetzt muss als drittes Argument der Wert des Limits = 2 eingesetzt werden:

```
#!/usr/bin/perl -w

@liste = split/,/ ,"Perl ist, wie jeder, weiss spitze", 2;
print @liste,"\n";
# Perl ist wie jeder, weiss spitze
```

Der String wird von links in zwei Teilstrings zerlegt.

Die beiden Array-Elemente $liste[0] und $liste[1] besitzen als Werte folgende Teilstrings:

```
$liste[0] = "Perl ist";
$liste[1] = "wie jeder, weiss spitze";
```

Dies wird nochmals durch die Ausgabe der Array-Elemente bestätigt:

```
print "$liste[0]\nListe[1]\n";
# Perl ist
# wie jeder, weiss spitze
```

Würden Sie nun folgende Kombination eines Strings wählen: "Perl, ist, wie, jeder, weiss, spitze" und hier nach dem gleichen Muster das Limit auf 2 beschränken, würde die skalare Variable $liste[0] den Wert des Strings "Perl" und die skalare Variable $liste[1] den Wert des Strings "ist, wie, jeder, weiss, spitze" besitzen.

Wie Sie an den obigen Bespielen sehen konnten, ist es mit Perl sehr einfach, umfangreiche Textpassagen zu zerlegen und diese eventuell weiter zu verarbeiten.

Die Funktion `join()`

`join` *ausdruck, liste*

Mit der Funktion `join()` können Sie, wie in den obigen Beispielen gezeigt, alle Teilstrings (Elemente) einer Liste zu einem skalaren String zusammenfassen. Die einzelnen Teilstrings innerhalb dieser Liste werden durch das Trennzeichen – es kann sich dabei um eine beliebige Zeichenfolge handeln – im Ausdruck miteinander zu einem gesamten String verkettet:

```
#!/usr/bin/perl -w

print join '+', qw(Perl ist spitze);
# Perl+ist+spitze
```

Soll die Verkettung zu einem String vor jedem Element erfolgen und nicht nur zwischen den Elementen, wird ein zusätzliches leeres Element `""` verwendet. Eine nachfolgende Verkettung erzielen Sie dadurch, dass Sie das leere Element am Ende der Liste einsetzen. Statt der Anführungszeichen lassen sich auch die Hochkommas verwenden:

```
#!/usr/bin/perl -w

print join '+', "", qw(Perl ist spitze);
# +Perl+ist+spitze

print join '+', qw(Perl ist spitze), ' ';
# Perl+ist+spitze+
```

Soll aber der Ausdruck der Verkettung interpolierend wirken, müssen Sie den Ausdruck in Anführungszeichen setzen:

```
#!/usr/bin/perl -w

print join "\n", qw(Perl ist spitze), ' ';
# Perl
# ist
# spitze
```

Möchten Sie vor bzw. nach dem Array noch Elemente nicht interpolierend verketten, setzen Sie diese in Hochkommas:

```
#!/usr/bin/perl -w

print join "\n" ,'->', qw(Perl ist spitze), '<-';
# ->
# Perl
# ist
# spitze
# <-
```

4.4.9   Teilstring-Manipulationen

Mit den obigen Funktionen konnten Sie Strings manipulieren. Dabei wurde im Wesentlichen die in Perl erlaubte Schreibweise ohne explizite Argumentenklammern verwendet. Eine weitere wichtige Funktion, um einen Teilstring zu extrahieren, ist die Funktion `substr()`.

Die Funktion selbst ist dem entsprechenden regulären Ausdruck vorzuziehen, da sie schneller ist.

Die Funktion `substr()`
`substr` *string, offset* [, *länge* [, *ersatz*]]

In der Funktion `substr()` ist das erste Argument *string* der zu manipulierende String selbst. Das zweite Argument *offset* bestimmt die Startposition, ab der die Extraktion beginnen soll. Geben Sie einen negativen Offset an, wird ab der letzten Position (-1) zurück gezählt.

Ist der Offset größer als die Länge *länge* des Strings, wird ein leerer String zurückgegeben. Geben Sie keine Länge an, werden alle Zeichen vom Offset bis zum Ende des Strings extrahiert.

Das letzte optionale Argument *ersatz* gibt die Anzahl von Zeichen an, die ab dem gewünschten Offset modifiziert werden sollen. Ist eine negative Länge angegeben, werden entsprechend viele Zeichen vom Ende des Strings weggelassen.

Es muss entweder ein Offset oder ein Längenwert angegeben werden, da sonst der entsprechende String zurückgeliefert wird.

Der Originalstring wird durch die `substr`-Funktion nicht verändert.

Im folgenden Beispiel fehlt die Länge, so dass ab der Offset-Position extrahiert und der ganze String zurückgeliefert wird:

```
#!/usr/bin/perl -w

$var = "Alles neu macht der Mai";
print substr ($var, 0),"\n";          # Alles neu macht der Mai
print substr ($var, 10),"\n";         # macht der Mai
print substr ($var, -7),"\n";         # der Mai
```

In der letzten Zeile des Programms ist ein negativer Offset angegeben, was bedeutet, dass vom Ende des Strings aus extrahiert wird.

Im nächsten Beispiel soll der zu extrahierende Teilstring ab der Offset-Position mit der gewünschten Länge zurückgeliefert werden:

```
#!/usr/bin/perl -w

$var = "Alles neu macht der Mai";
print substr ($var, 6, 3),"\n";      # neu
print substr ($var, -3, 3),"\n";     # Mai
```

In der letzten Programmzeile ist wieder vom Ende des Strings aus extrahiert worden.

Teilstring einfügen bzw. ersetzen

Mit der Funktion `substr()` lässt sich nicht nur ein bestimmter Teilstring extrahieren, sondern ein entsprechender Ergänzungs-String *ersatz* in einen vorhandenen String einfügen. Es lässt sich mit dem Ergänzungs-String somit ein Ersetzen vornehmen. Stehen die obigen Argumente *string, offset, länge* der `substr`-Funktion auf der linken Seite der Zuweisung, wird keine Extraktion, sondern ein Einfügen bzw. Ersetzen vorgenommen. Dabei ist es unerheblich, wie lang der Ergänzungs-String ist.

Soll ein Ergänzungs-String ab einer bestimmten Offset-Position eingefügt werden, ohne dass etwas vom vorhandenen String entfernt werden soll, muss das entsprechende Längen-Argument auf 0 gesetzt werden:

```
#!/usr/bin/perl -w

$var = "Alles neu macht der Mai";
substr ($var, -3, 0) = "Monat ";
# Monat ist der Ergänzungs-String
print "$var\n";
# Alles neu macht der Monat Mai
```

Beim Ergänzen werden ab der angegebenen Offset-Position durch entsprechende Längenangabe die vorhandenen Zeichen (Teilstring) gelöscht und anschließend wird ab dieser Offset-Position der definierte Ergänzungs-String eingefügt. Dieser Ergänzungs-String muss – wie bereits erwähnt – nicht mit der Länge des entfernten Teilstrings übereinstimmen:

```
#!/usr/bin/perl -w

$var = "Alles neu macht der Monat Mai";
substr ($var, 6, 3) ="sonniger";
# sonniger Ergänzungs-String
print "$var\n";
# Alles sonniger macht der Monat Mai
```

Im obigen Bespiel wird ab der Offset-Position 6 der Teilstring "neu" mit der Länge 3 entfernt und ab dieser Position der Ergänzungs-String "`sonniger`" eingefügt.

Eine andere Art ist das Ergänzen ohne Längenangabe. Ab der angegeben Offset-Position werden jetzt alle entsprechenden Zeichen (Teilstring) gelöscht und der Ergänzungs-String wird ab dieser Position eingefügt. Wie Sie sehen, ist hier der String länger geworden:

```
#!/usr/bin/perl -w

$var = "Alles sonniger macht der Monat Mai";
substr ($var, 6) = "wird einfacher mit Perl!";
print "$var\n";
# Alles wird einfacher mit Perl!
```

Zunächst wird ab der Offset-Position 6, d. h. nach dem ersten Leerzeichen, im Orginalstring der Ergänzungs-String "wird einfacher mit Perl!" eingefügt.

Mit der Angabe einer negativen Länge (ohne Offset-Wert, aber mit Komma) werden entsprechend viele Zeichen vom Ende des Strings unterdrückt, so dass ein entsprechender Teilstring übrigbleibt. Anstelle der unterdrückten Zeichen (ab der neunten Position vom Ende aus) wird der Ergänzungs-String "und besser mit Perl!" eingefügt:

```
#!/usr/bin/perl -w

$var = "Alles wird einfacher mit Perl!";
substr ($var, , -9) = "und besser mit Perl!";
print "$var\n";
# Alles wird einfacher und besser mit Perl!
```

Setzen Sie den Offset-Wert auf 0 und geben Sie eine negative Länge an – wie im folgenden Beispiel –, werden alle Zeichen bis zur angegeben negativen Länge entfernt (bis zur sechsten Position vom Ende aus) und dafür der Ergänzungs-String "Immer nur" eingesetzt:

```
#!/usr/bin/perl -w

$var = "Alles wird einfacher und besser mit Perl!";
substr ($var, 0, -6 ) = "Immer nur";
print "$var\n";                    # Immer nur Perl!
```

4.4.10   Suchen nach Teilstrings

Es existieren zwei Funktionen, nämlich die Funktion index() und die Funktion index(), um in einem String nach einem Teilstring zu suchen. Die beiden Funktionen unterscheiden sich durch den Startpunkt sowie die Richtung der Suche.

Die Funktion index()

index *string, substring* [, *offset*]

Mit der Funktion index() wird in einem String nach dem entsprechenden Teilstring *substring* gesucht. Die Funktion gibt die Position vom *substring* im *string* an oder nach *offset* zurück. Perl beginnt mit dem Vergleich im *string* ab der Position 0 und gibt eine Ganzzahl zurück, die als Ort für den ersten gefundenen *substring* gilt. Ist ein Offset-Argument angegeben, beginnt ab dieser Position der Vergleich bis zur nächsten übereinstimmenden Position. Wenn der *substring* nicht vorhanden ist, wird eine −1 zurückgeliefert:

```perl
#!/usr/bin/perl -w

$var = "Alles neu macht der Mai";
# Ausgangs-String
print index ($var, "A"),"\n";
# 0, Position gefunden
print index ($var, "b"),"\n";
# -1, b nicht gefunden
```

Um einen *substring* zu finden, lässt sich auch ein *offset*-Argument angeben. Dieses Argument gibt an, ab welcher Position der *substring* gesucht werden soll:

```perl
#!/usr/bin/perl -w

$var = "Alles neu macht der Mai";
# Ausgangs-String
print index ($var, "A", 0),"\n";
# 0, Position gefunden
print index ($var, "a", 1),"\n";
# 11, Position gefunden
print index ($var, "a",12),"\n";
# 21, Position gefunden
$such = "der Mai";
print index($var, $such),"\n";
# 16, Position gefunden
```

Im obigen Beispiel werden die Positionen des gefundenen *substrings* ab der jeweiligen Offset-Position ausgegeben.

Es lassen sich auch die Funktionen index() und substr() miteinander kombinieren:

```perl
#!/usr/bin/perl -w

$var = "Alles neu macht der Mai";          # Ausgangs-String
$such = "der Mai";
substr ($var, index ($var, $such)) = "nur Perl!";
# substr ($var,16) = "nur Perl!"
print "$var\n";
# Alles neu macht nur Perl!
```

Mit der Anweisung index($var,$such), in der die Variable $such als *substring* den String "der Mai" besitzt, wurde beim Vergleich der ersten Übereinstimmung die Offset-Position 16 zurückgeliefert.

Durch die Anweisung `substr($var,16) = "nur Perl!"` werden alle Zeichen im String `$var` ab der Offset-Position 16 entfernt und der Ergänzungs-String `"nur Perl!"` eingefügt.

Die Ausgabe ist:

```
Alles neu macht nur Perl!
```

Die Funktion `rindex()`
`rindex` *string, substring* [, *offset*]

Die Funktion `rindex()` (Boyer-Moore-Algorithmus) ist das Komplement der Funktion `index()`. Es wird die Position des letzten *substrings* im *string* zurückgeliefert. Im Gegensatz zur Funktion `index()` erfolgt das Suchen vom Ende des *strings* her.

Wie bei der Funktion `index()` erfolgt auch bei der Funktion `rindex()` der Rückgabewert −1, falls der *substring* nicht gefunden wurde.

Ist ein Offset-Wert angegeben, ist das die Position, bis zu der gesucht wird. Die am weitesten rechts stehende Position wird zurückgeliefert:

```perl
#!/usr/bin/perl -w

$var = "Alles neu macht der Mai";        # Ausgangs-String
print rindex ($var, "a"),"\n";
# 21, Position gefunden
print rindex ($var, "b"),"\n";
# -1, b nicht gefunden
```

Auch in der Funktion `rindex()` lässt sich ein *offset*-Argument angeben:

```perl
#!/usr/bin/perl -w

$var = "Alles neu macht der Mai";        # Ausgangs-String
print rindex ($var, "A", 0),"\n";
# 0, Position gefunden
print rindex ($var, "a", 22),"\n";
# 21, Position vor offset 22
print rindex($var, "A", 4),"\n";
# 0, Position vor offset 4
$such = "der Mai";
print rindex ($var, $such),"\n";
# 16, Position gefunden
```

Es lassen sich auch hier die Funktionen `rindex()` und `substr()` miteinander kombinieren:

```
#!/usr/bin/perl -w

$var = "Alles neu macht der Mai";
# Ausgangs-String
$such = "der Mai";
substr ($var, rindex ($var, $such)) = "nur Perl!";
# substr ($var,16) = "nur Perl!"
print "$var\n";
# Alles neu macht nur Perl!
```

Wie im vorherigen Beispiel liefert die Anweisung rindex($var, $such) die Offset-Position 16, das heißt der *substring* "der Mai" findet seine erste Übereinstimmung ab der Position 16. Durch die Anweisung substr ($var,16) = "nur Perl!" werden alle Zeichen im String $var ab der Offset-Position 16 entfernt und der Ergänzungs-String "nur Perl!" eingefügt.

Die Ausgabe ist:

```
Alles neu macht nur Perl!
```

4.4.11 Entfernen des letzten Zeichens

Um ein Zeilenende oder das letzte Zeichen zu entfernen, besitzt Perl zwei Funktionen, nämlich die Funktion chomp() und die Funktion chop().

Die Funktion chomp()
chomp *variable*

chomp *liste*

Die Funktion chomp() entfernt vom Ende einer Zeichenkette (z. B. der Variablen *variable* oder aus allen Strings *liste*) die Zeichen, die mit der Spezial-Variablen $/ übereinstimmen. Es wird nicht wie bei chop grundsätzlich jedes letzte Zeichen entfernt. Ist die Spezial-Variable $/ leer, so werden alle New-Lines abgeschnitten. Dabei gibt chomp die (Gesamt-) Zahl der entfernten Zeichen zurück:

```
#!/usr/bin/perl -w

$var = "Perl\n";
chomp ($var);           # entfernt \n
print "$var\n";         # Perl
chomp ($var);
print "$var\n";         # Perl
```

Wie Sie sehen, wird durch die Funktion chomp() nur das \n-Zeichen (New-Line) entfernt.

Im folgenden Beispiel werden in Übereinstimmung mit der Spezial-Variablen $/ die entsprechenden Zeichen vom Ende des Strings entfernt:

```
#!/usr/bin/perl -w

$/ = "";                   # Spezial-Variable $/ ist leer
$var = "Perl\n\n\n\n\n";
chomp ($var);              # 5 Anzahl der entfernten Zeichen
print "$var\n";            # Perl
```

Da im obigen Beispiel die Spezial-Variable $/ leer ist, entfernt die Funktion alle New-Line-Zeichen (Absatzmodus) aus dem String. Die Anzahl der entfernten Zeichen beträgt 5.

Im nächsten Beispiel ist die Spezial-Variable $/ nicht leer, sondern wird auf "rl" als Zeichenende eingestellt:

```
#!/usr/bin/perl -w

$/ = "rl";                 # $/ enthält zwei Zeichen "rl"
$var = "Perl";
chomp ($var);              # entfernt "rl", Rückgabewert 2
print "$var\n";            # Pe
```

Es wurden alle Zeichen entfernt, die der Spezial-Variablen $/ entsprechen.

Die Funktion chop()

chop *variable*

chop *liste*

Die Funktion chop() entfernt das letzte Zeichen einer Zeichenkette (z. B. der Variablen *variable* oder aus allen Strings *liste*) und gibt das zuletzt entfernte Zeichen zurück.

Enthalten alle Zeilen beim Einlesen z. B. einer Datei das New-Line-Zeichen, bereitet der Einsatz der Funktion chop() keine Probleme; aus allen Zeilen, sogar der letzten, wird das \n-Zeichen entfernt. Die letzte Zeile besitzt aber in der Regel kein \n-Zeichen (sonst würde eine weitere folgen). Die Funktion chop() entfernt nun in der letzten Zeile das letzte Zeichen, was bei einer numerischen Darstellung ein gravierender Fehler sein könnte.

Abhilfe kann dadurch erzielt werden, dass nach der letzten Zeile eine Leerzeile angefügt wird. Bei einen String muss zum Schutz ein Leerzeichen angefügt werden.

Bei der Funktion chop() kann das Zeilenende-Zeichen nicht durch die Spezial-Variable $/ ersetzt werden.

Beispiele zur Funktion chop():

```
#!/usr/bin/perl -w

$var = "Perl ";
chop ($var);                    # Leerzeichen entfernt
print "$var\n";                 # Perl
```

Ein Beispiel ohne Leerzeichen am Ende eines Strings:

```
#!/usr/bin/perl -w

$var = "Perl";
chop  ($var);                   # l, Rückgabezeichen
print "$var\n";                 # Per
print chop ($var),"\n";         # r, Rückgabezeichen
print "$var\n";                 # Pe
```

Sie sollten die Funktion chomp() insbesondere gegenüber der Funktion chop() bevorzugen, wenn nicht ganz sicher ist, ob am Ende ein Zeilenvorschub vorhanden ist oder nicht.

4.4.12   ASCII-Zeichensatz

Für die Darstellung von Zeichen aus dem ASCII-Zeichensatz existieren in Perl zwei Funktionen, die Funktion chr() und die Funktion ord().

Die Funktion chr()
chr *zahl*

Die Funktion chr() liefert das Zeichen aus dem ASCII-Zeichensatz zurück, das dem Dezimalcode *zahl* entspricht. Mit der Funktion pack() können Sie mehrere Zeichen gleichzeitig konvertieren:

```
#!/usr/bin/perl -w

print "Wer ",chr(65)," sagt, muss auch ",chr(66)," sagen.\n";
# Wer A sagt, muss auch B sagen.
```

Die Funktion ord()
ord *ausdruck*

Die Funktion ord() gibt den numerischen ASCII-Wert des ersten Zeichens von *ausdruck* zurück. Haben Sie den *ausdruck* weggelassen, wird der Inhalt der Spezial-Variablen $_ verwendet. Wenn Sie alle Zeichen in Zahlen konvertieren wollen, verwenden Sie die Funktion unpack():

```
#!/usr/bin/perl -w

print ord('G')," ist eine Primzahl\n";
# 71 ist eine Primzahl
```

4.5   HERE-Dokumente

HERE-Dokumente stammen aus der Shell-Programmiersprache. Mit diesen Dokumenten können Sie in Perl umfangreiche Texte darstellen. Wie Sie bereits an einigen Programmen sehen konnten, sind mehrfache `print`-Anweisungen mit einer Here-Doc-Syntax ausgegeben worden. Außerdem sind HERE-Dokumente ein probates Mittel, um HTML-Codes in Perl-Programme einzubetten. Mit HERE-Dokumenten lassen sich durch die Verwendung von Backticks (Gravus) Systembefehle zusammenfassen und CGI (**C**ommon **G**ateway **I**nterface)-Skripte erstellen.

Bei einem HERE-Dokument wird ein String gesetzt zwischen zwei frei wählbaren identischen Markierungs- oder Begrenzungszeichen, auch HERE-Token genannt.

Ein HERE-Dokument wird mit dem <<-Operator eingeleitet, gefolgt (**ohne** Leerzeichen!) von dem ersten frei wählbaren HERE-Token.

Der eigentliche String beginnt in der nachfolgenden Zeile und wird so ausgegeben, wie er im Quelltext steht.

Den Abschluss des Textes bildet der zweite HERE-Token. Er muss alleine am Anfang einer neuen Zeile stehen. Die beiden Tokens sind in Großbuchstaben zu schreiben.

Wenn das erste HERE-Token nicht gequotet ist, wird ein HERE-Dokument wie ein doppelt gequoteter String interpoliert. Ist das erste HERE-Token doppelt oder einfach gequotet, erfolgt die Behandlung wie beim doppelten oder einfach gequoteten String:

```
#!/usr/bin/perl -w

$text1 = <<TOKEN;
dies ist
quasi
    ein
sehr langer
   Text!    # sogar mit Kommentar
TOKEN
print "HERE-Dokument\n$text1\n";
```

Im obigen Beispiel wird der String so ausgegeben, wie er dargestellt wurde.

Beim folgenden Beispiel ist das erste HERE-Token doppelt gequotet, somit wird interpoliert. Danach wird nur einfach gequotet, somit handelt es sich wie beim Hochkomma um die wörtliche Form:

```
#!/usr/bin/perl -w

$pi = 3.14;
print "HERE-Dokument\n", <<"DOPPELT";
Ausgabe $pi # interpoliert
wie in
Anfuehrungszeichen!
DOPPELT

print "HERE-Dokument\n", <<'EINFACH';
Ausgabe $pi # woertlich
wie in
Hochkommas!
EINFACH
```

Im ersten Fall wird die Variable `$pi` mit ihrem Wert `3.14` interpoliert. Auch der Kommentar wird als Text-String mit ausgegeben.

Im zweiten Fall wird nur interpretiert und `$pi` wörtlich (ohne Wert) ausgegeben.

Es ist entscheidend, wo das Semikolon steht. Steht es hinter dem ersten HERE-Token, wird nur die Stringanweisung berücksichtigt und nur der Wert `111` ausgegeben. Fehlt das Semikolon nach dem ersten HERE-Token, wird die Zeile bis zum abschließenden Semikolon berücksichtigt:

```
#!/usr/bin/perl -w

print   <<TOKEN_A;
111
TOKEN_A
  *3;      # ergibt 111

print <<TOKEN_B
111
TOKEN_B
  *3;      # ergibt 333
```

Die HERE-Tokens können ganz weggelassen und stattdessen Anführungszeichen (ohne Leerzeichen) gesetzt werden. Nach dem String muss eine Leerzeile folgen:

```
#!/usr/bin/perl -w

print <<"" x 2                          # Anführungszeichen
Immer
Perl!

;
```

Die Ausgabe ist:

```
Immer
Perl!
Immer
Perl!
```

HERE-Dokumente können auch aufeinanderfolgend verbunden werden:

```
#!/usr/bin/perl -w

print"HERE-Stapeltext:\n",<<ENDE_1, "und dann\n",<<ENDE_2;
Zuerst erscheint der erste Text
ENDE_1
erscheint der zweite Text.
ENDE_2
```

Die Ausgabe ist:

```
HERE-Stapeltext:
Zuerst erscheint der erste Text
und dann
erscheint der zweite Text.
```

4.6   Verwendete Funktionen

In der folgenden Tabelle werden die wichtigsten Funktionen aus diesem Kapitel nochmals erläutert.

Tabelle 4.6: Verwendete Funktionen

Funktion	Bedeutung
chomp()	Entfernt Zeilenende \n
chop()	Entfernt das letzte Zeichen
chr()	ASCII in Zeichen
index()	Gibt die Position zurück von *substring* in *string* nach *offset*
join()	Verbindet die einzelnen Strings aus der Liste zu einem einzigen String
length()	Gibt die Länge zurück
ord()	Zeichen in ASCII
reverse()	String bzw. Elemente in umgekehrter Reihenfolge
rindex()	Gibt die Position zurück von *substring* in *string* nach *offset*
split()	Zerlegt einen String in eine Liste
substr()	Extrahieren eines Substrings

5 Listen und Arrays

Neben den bisher genannten Grundtypen, wie z. B. Zahlen, Strings und Referenzen, die aus einzelnen Objekten bestehen, existieren weitere Datenstrukturen, nämlich Listen, sowohl für Arrays als auch für Hashes. Der Unterschied zwischen Liste und Grundtyp besteht darin, dass eine Liste nicht jeweils nur aus einem Objekt besteht; ihr Konstrukt kann vielmehr eine beliebige Folge von verschiedenen Datentypen enthalten – im Gegensatz zu anderen Sprachen.

Arrays sind Variablen, die Listen, bestehend aus skalaren Datentypen, speichern.

5.1 Eigenschaften von Listen

In Perl bestehen Listen aus geordneten Ansammlungen von skalaren Datentypen. Den Elementen dieser Liste lassen sich Werte zuweisen. Des Weiteren können Sie Zugriffe auf diese Listen-Elemente vornehmen und Wertausgaben realisieren. Enthält eine Liste weitere Sublisten, werden diese wiederum als Listen ausgewertet, so dass eine einzige Liste entsteht (flache Liste).

Listen sind dadurch gekennzeichnet, dass sie:

- in Abhängigkeit von der Rechnerausstattung beliebig groß sein können und auch die Größe ihrer Elemente variieren kann,
- nicht wie in anderen Programmiersprachen homogen sein müssen, d. h. nur Werte eines Datentyps – wie z. B. nur Zahlen, nur Strings oder nur Referenzen – enthalten, sondern auch heterogen (polymorph) sein können,
- aus Elementen mit skalaren Werten bestehen,
- nicht geschachtelt werden können,
- im Listenkontext, im skalaren Kontext oder im void Kontext ausgewertet werden können.

5.1.1 Erstellung von Listenliteralen

Von runden Klammern umschlossene Listen und durch Kommas voneinander getrennte skalare Datentypen werden als Listenliterale bezeichnet:

```
(4711, 33, 15);      # homogene Liste mit drei Werten
(44.7, "hallo", 2*3);  # heterogene Liste mit drei Werten
```

```
(3, 7*$var);          # heterogene Liste mit zwei Werten
( );                  # leere Liste Null Elemente
( undef );            # einelementige Liste mit undef
```

Listen können wie im obigen Beispiel statt mit konkreten Werten auch mit beliebigen komplexen Ausdrücken dargestellt werden.

Sublisten innerhalb von Listen werden zu einer einzigen Liste ausgewertet:

```
(1,2,(4711,-123),3)              # entspricht (1,2,4711,-123,3)
```

Skalaren Variablen in Listen können Sie Werte zuweisen:

```
($u, $v, $w) = (6, 7, 8);        # $u = 6, $v = 7, $w = 8
($u, $v, $w) = (6 .. 8);         # wie oben
```

Listenliterale werden häufig durch die Verwendung des qw-Operators (quote word) dargestellt.

Eine homogene Liste sieht folgendermaßen aus:

```
("ida", "ilse", "udo", "uwe");
```

Das gleiche Ergebnis wird durch die Verwendung des qw-Operators erzielt:

```
qw(ida ilse udo uwe);
```

Außerdem können Sie die Liste statt mit runden Klammern auch mit jedem beliebigen paarigen Zeichen umschließen.

Es sind etliche Kombinationen möglich:

```
qw<ida ilse udo uwe>      # oder
qw|ida ilse udo uwe|      # oder
qw/ida ilse udo uwe/
```

Die Schreibweise mit dem qw-Operator ist wesentlich besser lesbar und auch nicht so fehleranfällig.

Mit dem weiter oben beschriebenen Vervielfachungs-Operator lässt sich eine Liste entsprechend oft wiederholen:

```
#!/usr/bin/perl -w

print join '-', (qw (Perl ist spitze)) x 2;
# Perl-ist-spitze-Perl-ist-spitze
```

Die Funktion join() verbindet die einzelnen Elemente mit dem Verkettungssymbol "-" zu einem neuen String.

5.1.2   Ausgabe von Listen

Für die Ausgabe der skalaren Werte einer gesamten Liste (1..8) können Sie die `foreach`-Schleife verwenden:

```perl
#!/usr/bin/perl -w

foreach (1 .. 8) {print}              # 12345678
```

Da automatisch beim Fehlen der Spezial-Variablen `$_` auf sie zugegriffen wird, brauchen Sie diese in der obigen `print`-Anweisung nicht angeben.

Möchten Sie auf ein einzelnes Element einer Liste zugreifen, geben Sie die jeweilige Position (Index) des Elements in eckigen Klammern an:

```perl
#!/usr/bin/perl -w

$wert = (1 .. 8)[3];
print "$wert\n";                      # 4
```

Berücksichtigen Sie, dass das erste Element mit der Position 0 beginnt.

Möchten Sie auf einen Ausschnitt bzw. auf bestimmte Elemente einer Liste zugreifen, können Sie dies mit einem Slice-Aufruf realisieren:

```perl
#!/usr/bin/perl -w

@liste = (1 .. 8)[1,3,6];
print "@liste\n";                     # 2 4 7
```

Auswertung von Rückgabewerten je nach Kontext
Je nachdem, ob Sie eine Funktion im Listenkontext, im skalaren Kontext oder im void Kontext (siehe hierzu Kapitel 3.3 Kontext) aufrufen, werden die entsprechenden Werte zurückgeliefert:

```perl
#!/usr/bin/perl -w

@liste = func(A .. E);

print "@liste\n";                     # E D C B A

    sub func {

        foreach (@_) {
        return wantarray ? reverse @_ : "$_[0]\n"; }
    }
```

Im obigen Beispiel ergibt das Ergebnis der Funktion `wantarray()` den Wahrheitswert `true`, da der Rückgabewert der Funktion `func()` im Listenkontext vorgenommen wird. Für den ternären Operator bedeutet dies, dass die Listenwerte durch die Funktion `reverse()` in umgekehrter Reihenfolge zurückgeliefert und ausgegeben werden.

Bei einem Aufruf der vorgegebenen Funktion z. B. `$wert = func(A .. E)` liefert die Funktion `wantarray()` den Wahrheitswert `false`, da der Rückgabewert der Funktion `func()` im skalaren Kontext ausgeführt werden soll. Durch den ternäre Operator wird somit das erste Element `'A'` zurückgeliefert.

Durch Verwendung des ternären Operators, wird – im obigen Beispiel – je nachdem ob die Funktion `wantarray()` `true` oder `false` liefert, eine Liste oder ein skalarer Wert zurückgeliefert.

5.1.3   Zugriff auf Listen-Elemente

Listen können auf der rechten Seite (*rvalue*) oder auf der linken Seite (*lvalue*) des Zuweisungs-Operators stehen. Im folgenden Beispiel steht auf beiden Seiten jeweils eine Liste:

```
($u, $v) = ($v, $u)            # Vertauschung von $u und $v
```

Werte der skalaren Variablen `$u` und `$v` lassen sich sehr einfach vertauschen.

Wenn auf beiden Seiten eines Zuweisungs-Operators Listen stehen, wird jeder Variablen der linken Seite der jeweilige Wert der rechten Seite zugewiesen. Sind auf der linken Seite mehr Variablen vorhanden, als es auf der rechten Seite Werte gibt, erhalten die übrig gebliebenen Variablen undefinierte Werte `undef` zugewiesen. Gibt es rechts mehr Werte, als es links Variablen gibt, werden die übrig bleibenden Werte nicht berücksichtigt.

Des Weiteren lässt sich eine Liste einem Array zuweisen und auch umgekehrt:

```
#!/usr/bin/perl -w

@array = (1 .. 8);                          # Array-Zuweisung
($u, $v, $w, @rest) = @array;               # Listen-Zuweisung
print " \$u: $u  \$v: $v  \$w: $w";         # $u:1 $v:2 $w:3
print "@rest ";                             # 4..8, Rest
```

Im obigen Beispiel werden die drei Werte 1, 2 und 3 von der rechten Seite den skalaren Variablen `$u`, `$v` und `$w` zugewiesen. Die folgenden Werte 4 bis 8 aus dem Array `@array` enthält das Array `@rest`.

Bei der folgenden Zuweisung erhalten aufgrund der Gierigkeit des linksseitigen Arrays `@gierig` die Variablen `$u`, `$v` und `$w` keine Werte zugewiesen. Sie besitzen somit jeweils `undef`. Das Array `@gierig` verschlingt alle Werte von der rechten Seite, nämlich die Werte 1 bis 8, so dass Variablen, die rechts von `@gierig` stehen, leer ausgehen:

```
#!/usr/bin/perl -w

@array = (1 .. 8);                    # Array
(@gierig, $u, $v, $w) = @array;       # @gierig schluckt alles
print "@gierig\n";                    # 1..8
```

Möchten Sie den Variablen in einer Liste trotzdem entsprechende Werte zukommen lassen, müssen Sie das Array an das Ende einer Liste setzen. An dieser letzten Position kann es gierig sein, da weitere Variablen, die entsprechende Werte benötigen, nicht vorhanden sind.

5.2 Eigenschaften von Arrays

Die Arrays bei Perl besitzen einige positive Aspekte, die andere Programmiersprachen nicht aufweisen:

- Arrays sind eindimensional und enthalten Elemente von skalarer Größe.
- Arrays brauchen in Perl nicht wie in anderen Sprachen vor ihrer ersten Verwendung deklariert werden. Somit wird keine maximale Größe des Arrays verlangt.
- Der Garbage-Collection-Mechanismus von Perl ermöglicht es, mit einem leeren Array zu beginnen und es je nach Bedarf dynamisch zu erweitern. Der benötigte Speicherplatz wird dabei automatisch dem Array zugeführt.
- Skalare Variablen und Arrays werden unabhängig voneinander verwaltet. Sie können aufgrund ihrer eindeutigen Präfixe nicht kollidieren. Somit ist eine Skalar-Variable $wert etwas völlig anderes als eine Array-Variable @wert.
- Möchten Sie auf ein nicht definiertes oder gesetztes Element zugreifen, erhalten Sie eine 0 im skalaren Kontext bzw. einen Leerstring im Listenkontext zurück. Intern besitzt die Variable den Wert undef.
- Perl stört sich nicht an überflüssigen Kommas. Der Ausdruck (A,,, B, C,,) ergibt die Liste (A, B, C).
- Arrays werden automatisch interpoliert, somit wird eine Subliste automatisch in der enthaltenen Liste umgesetzt.
- Arrays können mittels mächtiger Operatoren manipuliert werden.

5.2.1 Erstellung von Arrayliteralen

Ein Array in Perl ist eine benannte Variable, die eine geordnete Liste mit einer Ansammlung von Skalarwerten speichern kann. Zur Kennzeichnung einer Array-Variablen wird das Präfix-Symbol @ verwendet:

```
@array = ($string, "Perl", 4711, \@ref_array);
```

Im folgenden Beispiel enthält das Array @array ein Sub-Array @sub. Da aber in Perl keine Schachtelung möglich ist, wird das Sub-Array in der enthaltenen Liste mit eingebunden. Anschließend wird auf ein Element zugegriffen:

```
#!/usr/bin/perl -w

@sub = (0 .. 2);              # Array @sub enthält 3 Elemente
@array = ("Perl", @sub);
print "@array\n";             # Perl 0 1 2
print "$array[2]\n";          # 1 Wert vom dritten Element
```

Das Array @array enthält vier Elemente mit skalaren Werten ("Perl", 0, 1, 2). Wovon das erste Element ein String und die restlichen Bereichselemente drei numerische Werte sind. Da die Elemente eines Arrays immer skalare Werte sind, erfolgt der Zugriff auf einzelne Elemente auch durch eine Skalar-Variable. Die Angabe einer Position erfolgt über einen Indexwert in eckigen Klammern [ ]. Perl-Arrays beginnen mit dem Index 0. Der Indexwert kann nur eine Integer-Zahl sein. Statt einer ganzen Zahl als Indexwert können Sie auch eine Variable einsetzen. Bei einer Zählvariablen $zaehl = 2 würde mit $array[$zaehl] im obigen Beispiel ebenfalls auf das dritte Element mit dem Wert 1 vom Array @array zugegriffen werden.

In der grafischen Darstellung wird dies nochmals anschaulich verdeutlicht:

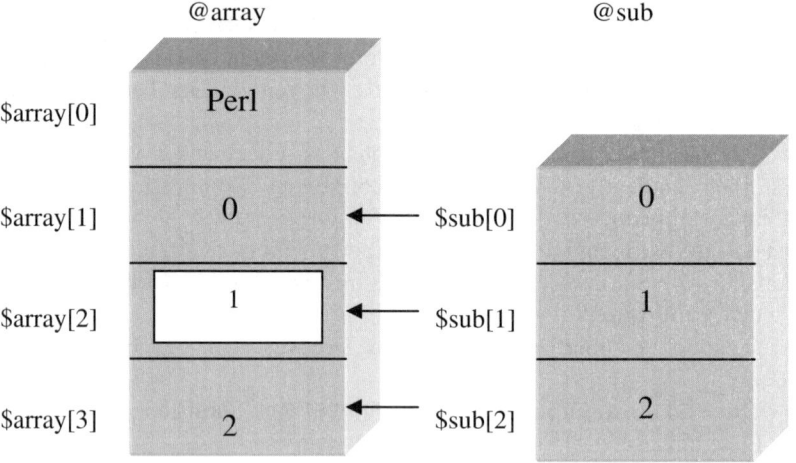

Wie Sie am obigen Beispiel sehen konnten, lassen sich einer Array-Variablen mit dem Zuweisungs-Operator " = " Listen-Elemente zuweisen, wobei der Name einer Array-Variablen auch in einer Liste definiert sein darf.

Mit folgender Zuweisung wird nun das erste Element aus @array entfernt:

```
#!/usr/bin/perl -w

@array = ("Perl", 0, 1, 2);
($skalar, @array) = @array;
print "$skalar\n";            # Perl
print "@array\n";             # 0 1 2
```

Dem Element $skalar auf der linken Seite der Liste ($skalar, @array) wird das erste Element "Perl" der rechten Seite zugewiesen. Die Variable $skalar erhält den skalaren Wert "Perl". Somit besitzt die Array-Variable @array kein Listen-Element "Perl" mehr. Die restlichen Elemente weist sich die Liste selbst zu.

Die Vermutung liegt nun nahe, mittels Konstruktion (@array, $skalar) = @array das letzte Element zu entfernen. Dies geschieht aber nicht, da Listen grundsätzlich aufnahmebereiter, d. h. "gefräßiger" sind. In diesem Fall würde @array alles aufnehmen und alle Elemente rechts davon absorbieren. Die Variable $skalar ginge somit leer undef aus. Folgten weitere skalare Variablen nach dem Array, gingen diese ebenfalls leer aus.

Möchten Sie aber das letzte Element aus einer Liste entfernen (im unteren Beispiel ist es das Element mit dem Wert 2), verwenden Sie die vorweggenommene Funktion pop():

```
#!/usr/bin/perl -w

@array_alt = ("Perl", 0, 1, 2);
print pop @array_alt;                          # 2
print "@array_alt\n";                          # Perl 0 1
```

Nachdem das letzte Element mit dem Wert 2 entfernt wurde, wird das vorhandene Array @array_alt durch ein weiteres Array @array = qw(ida,ilse,udo,uwe) erweitert. Bei der Arrayinitialisierung können Sie statt der aus einem Wort bestehenden Strings den qw-Operator verwenden. Hierbei bestimmt der qw-Operator die durch Leerzeichen gekennzeichneten Grenzen zwischen den Elementen:

```
@array = qw(ida ilse udo uwe);
```

Dieses Array @array wird an das vorhandenen Array @array_alt angehängt:

```
#!/usr/bin/perl -w

@array_alt = ("Perl", 0, 1);
@array = qw(ida ilse udo uwe);
@array_alt = (@array_alt, @array);
print "@array_alt\n";
```

Die Ausgabe ist:

```
Perl 0 1 ida ilse udo uwe
```

5.2.2   Ausgabe von Arrays

Möchten Sie die Ausgabe eines Arrays vornehmen, können Sie dies ohne bzw. mit Interpolation (siehe hierzu Kapitel 4.4.1 Quoting-Regeln) gestalten.

Im folgenden Beispiel ohne Interpolation werden die Werte ohne Leerzeichen (verkettet) ausgegeben:

```
#!/usr/bin/perl -w

@liste = (1 .. 8);
print @liste;                    # 12345678
```

Das nächste Beispiel – mit Interpolation – zeigt, dass die entsprechenden Werte mit vordefiniertem Leerzeichen (durch die Spezial-Variable $") als Trennzeichen zwischen den Arrayelementen ausgegeben werden:

```
#!/usr/bin/perl -w

@liste = (1 .. 8);
print "@liste";                  # 1 2 3 4 5 6 7 8
```

Ausgabe mit Spezial-Variablen

Wie bereits im Kapitel 3.2 Spezial-Variablen beschrieben, existieren in Perl eine Vielzahl von vordefinierten Spezial-Variablen zur Verbindung beliebiger Trennzeichen zwischen den Array-Elementen. Dabei muss nicht zwangsläufig die Funktion join() eingesetzt werden.

Bekanntlich können Sie bei einigen Spezial-Variablen zwei Schreibweisen verwenden, nämlich die Kurzform oder alternativ dazu die aussagekräftige Langform. Außerdem existiert noch eine dritte Form in Anlehnung an die Variablen, die in awk verwendet werden.

Trennzeichen ohne Interpolation

Es werden Trennzeichen zwischen die Elemente geschoben, obwohl keine Interpolation stattfindet.

Zunächst wird die Spezial-Variable $, eingesetzt:

```
#!/usr/bin/perl -w

@array = qw(ida ilse udo uwe);
$, = '::';                       # Element-Trennzeichen
print @array;                    # ida::ilse::udo::uwe
```

Alternativ können Sie $OUTPUT_FIELD_SEPERATOR, $OFS einsetzen:

```
#!/usr/bin/perl -w

use English;                     # Pragma
@array = qw(ida ilse udo uwe);
$OFS=0;
$OUTPUT_FIELD_SEPARATOR = '**';  # Element-Trennzeichen
print @array;                    # ida**ilse**udo**uwe
```

Trennzeichen mit Interpolation

Das entsprechende Trennzeichen verbindet die jeweiligen Elemente, wenn die Ausgabe interpoliert wird:

```perl
#!/usr/bin/perl -w

@array = qw(ida ilse udo uwe);
$" = '++';                     # Element-Trennzeichen
print "@array\n";              # ida++ilse++udo++uwe
```

Alternativ können Sie $LIST_SEPARATOR einsetzen:

```perl
#!/usr/bin/perl -w

use English;                   # Pragma
@array = qw(ida ilse udo uwe);
$LIST_SEPARATOR = '--';        # Element-Trennzeichen
print "@array\n";              # ida--ilse--udo—uwe
```

Neben der Vielzahl von Spezial-Variablen existieren in Perl noch weitere Spezial-Arrays und Spezial-Hashes, die Sie einsetzen können.

5.2.3   Zugriff auf Array-Elemente

Perl stellt einen traditionellen Indexoperator zur Verfügung, um über einen numerischen Index auf einzelne Array-Elemente zuzugreifen.

Um ein entsprechendes Element in der Liste einer Array-Variablen anzusprechen, wird die Position (Index) als ganze Zahl in eckigen Klammern angegeben. Dabei beginnt das erste Array-Element mit dem Wert 0. Jedes weitere Element wird um den Wert 1 erhöht, so dass alle Array-Elemente durchnummeriert und eindeutig spezifiziert sind. Wenn ein spezielles skalares Element aus der Liste angesprochen werden soll, muss der Zugriff auch im skalaren Kontext erfolgen. Das Array-Element muss mit einem Präfix, dem Dollarzeichen $, beginnen.

Perl bietet allerdings die Möglichkeit, den Startindex 0 mit Hilfe der vordefinierten Spezial-Variablen $[zu verändern.

Im folgenden Beispiel beginnt der Startindex bei 3:

```perl
#!/usr/bin/perl -w

$[ = 3;
@array = qw(ida ilse udo uwe);
print "Hoechster Index: $#array\n";       # Hoechster Index: 6
```

Es wird nicht wie bisher mit dem Startindex 0 begonnen, sondern mit dem Startindex 3. Die einzelnen Indizes haben somit die Werte 3, 4, 5, und 6. Der höchste Index hat also den Wert 6.

In den nächsten Beispielen wird wieder das bekannte Array @array = qw(ida ilse udo uwe) verwendet. Zunächst wird das erste Element mit dem Index 0 ausgegeben. Anschließend wird der Indexwert über eine Variable bestimmt. Danach erfolgt die Ausgabe der Elemente durch einen Indexbereich:

```perl
#!/usr/bin/perl -w

$u = 1;
$v = 3;
$index = 2;
@array = qw(ida ilse udo uwe);
print "Erstes Arrayelement: $array[0]\n";
# Erstes Arrayelement: ida
print "$array[$index]\n";                       # udo
print "@array[$u .. $v]\n";                      # ilse udo uwe
```

Wie im obigen Beispiel dargestellt, können Sie anstelle konstanter Werte auch komplexe Ausdrücke als Indexwerte benutzen, die nur ein Element oder einen Listenbereich ausgeben.

In der Folge wird das dritte Array-Element verändert:

```perl
#!/usr/bin/perl -w

@array = qw(ida ilse udo uwe);
print "Drittes Element: $array[2] \n";
# Drittes Element: udo
$array[2] = ++$array[2];
print "Inkrement: $array[2]\n";
# Inkrement: udp
$array[2] = "otto";                   # udp wird zu otto
$array[2] .= " klug";                 # Konkatenation otto klug
$binde = join '-', @array;            # ida-ilse-otto klug-uwe
print "Stringlaenge: ",length $binde,"\n";
# Stringlaenge: 22
```

Zunächst wird das Inkrement des dritten Elements "udo" gebildet mit dem Ergebnis "udp". Danach erhält dieses Element den String (durch Konkatenation) "otto klug". In der folgenden Zeile werden durch den Einsatz der Funktion join() die einzelnen Strings mit dem angegebenen Verkettungsoperator '-' zu einem neuen Sting verkettet. Hierbei müssen Sie berücksichtigen, dass bei einer abschließenden Angabe von \n (New-Line) diese ebenfalls als String angesehen wird und eine Verkettung erfolgt. Bei der Bestimmung der Stringlänge durch die Funktion length() erhöht sich der Längenwert um 2, und zwar durch den Verkettungsfaktor und \n (New-Line):

```
$binde = join '-', @array,"\n";      # ida-ilse-otto klug-uwe-
print "Stringlaenge: ",length $binde,"\n";
# Stringlaenge: 24
```

Wie bereits erwähnt können Array-Variablen sogenannte Leerelemente undef enthalten. Dieser Wert lässt sich wie ein normaler skalarer Wert verarbeiten. Im folgenden Beispiel wird er in einer if-Bedingung als Testwert verwendet.

Das Array @var = qw(ida ilse udo uwe) wird ab dem letzten Element um vier Elemente erweitert, wovon das letzte den String "ende" besitzt:

```
#!/usr/bin/perl -w

@array = qw(ida ilse udo uwe);              # Ursprungs-Array
$array[$#array + 4] = "ende";               # Gewachsenes Array
# (ida ilse udo uwe undef undef undef ende)
print "Anzahl: ", scalar @array, "\n";      # Anzahl: 8
print "Letztes Element: $array[7]\n";
# Letztes Element: ende
foreach (@array) {
      print "$_ \n";
      print "Element ist undefiniert\n" if ! defined $_;
}

# ida
# ilse
# udo
# uwe
# Element ist undefiniert
# Element ist undefiniert
# Element ist undefiniert
# ende
```

An diesem Beispiel erkennen Sie, dass die Variablen $var[4..6] zwar den Speicher belegen, aber den Wert undef besitzen.

Möchten Sie aber die definierten bzw. undefinierten Elemente des Arrays ausgeben, setzen Sie wie oben eine foreach-Schleife ein. Die Spezial-Variable $_ im Anweisungsteil der foreach-Schleife enthält jeweils die einzelnen Elemente des Arrays @array, die mit der ersten print-Anweisung ausgegeben werden. Die zweite print-Anweisung gibt, wenn das Element nicht definiert ist, zusätzlich den String "Element ist undefiniert" aus.

Einfacher lässt sich eine Erweiterung des Arrays durch direkte Angabe eines Indexwertes für ein Array-Element z. B. $array[7] vornehmen:

```
#!/usr/bin/perl -w

@array = qw(ida ilse udo uwe);              # Ursprungs-Array
$array[7] = "ende";
# ida ilse udo uwe undef undef undef ende
```

Damit ist das Array von ehemals vier Elementen auf acht Elemente erweitert worden. Wie Sie sehen, lässt sich eine dynamische Erweiterung sehr einfach vornehmen.

Im Folgenden wird das vierte Element "uwe" mit seinem Indexwert 3 in ein undefiniertes Element umgewandelt. Sie können den if-Modifikator oder die klassische if-Anweisung verwenden:

```
#!/usr/bin/perl -w

@array = qw(ida ilse udo uwe);              # Ursprungs-Array
undef $array[3] if defined $array[3];      # if-Modifikator
# bzw. if (defined $array[3]) {undef ($array[3]);}
print "@array\n";                          # ida ilse udo undef
```

Das Element $array[3] belegt den Speicherplatz mit dem Wert undef .

5.2.4   Zugriff auf eine Liste eines Arrays

Der Zugriff auf eine Liste von Elementen des gleichen Arrays wird als Slice (Ausschnitt) bezeichnet. Dieser Ausschnitt beginnt mit einem @-Zeichen. Die benötigten Indizes werden in eckigen Klammern angegeben.

So entspricht @array[1,2] der Liste ($array[1], $array[2]).

Die folgenden Zeilen zeigen die typische Slice-Anwendung:

```
#!/usr/bin/perl -w

@array = qw(ida ilse udo uwe);              # Array
@liste = ($array[1],$array[2]);
print "@liste\n";                          # ilse udo
print "@array[1,2]\n";                     # Slice
```

Slice-Ausdrücke können auf der linken Seite eines Zuweisungs-Operators stehen:

```
#!/usr/bin/perl -w

@array = qw(ida ilse udo uwe);      # Array
($array[2],$array[3]) = qw(otto tim);
print "array\n";                    # ida ilse otto tim
@array[2,3] = qw(ute tom);
print "@array\n";                   # ida ilse ute tom
```

Da die Array-Elemente skalare Größen sind, muss das $-Zeichen verwendet werden. Die Elemente "udo" und "uwe" lassen sich zunächst mit der Listenschreibweise zu "otto" und "tim" verändern. In der letzten Zeile verändern Sie mit dem Array-Slice @array[2,3] die Elemente qw(otto tim) zu qw(ute tom).

Wie gewohnt kann der Indexoperator auf Listen angewendet werden, um ein oder mehrere Elemente anzugeben:

```
#!/usr/bin/perl -w

$element = qw(ida ilse ute tom)[2];
print "$element\n";                    # ute
```

In den folgenden Zeilen soll eine Zuweisung von mehreren Elementen erfolgen:

```
#!/usr/bin/perl -w

@drei = qw(ida ilse ute tom)[1..3];
print "@drei\n";                       # ilse ute tom
```

Außerdem kann ein Array-Slice entweder *lvalue* oder *rvalue* sein. Sie können somit eine Vertauschung vornehmen:

```
#!/usr/bin/perl -w

@tausch = qw(ida ilse ute tom);
@tausch[0..3] = @tausch[3,2,1,0];
print "@tausch\n";                     # tom ute ilse ida
```

Mit der Funktion reverse() auf der rechten Seite können Sie im Listenkontext nun die Liste in umgekehrter Reihenfolge ausgeben:

```
#!/usr/bin/perl -w

@array = qw(ida ilse ute tom);
@array[0..3] = reverse @array[0..3];
print "@array\n";                      # tom ute ilse ida
```

Mit der Funktion reverse() auf der linken Seite erzielen Sie das gleiche Ergebnis:

```
#!/usr/bin/perl -w

@array = qw(ida ilse ute tom);
@array[reverse 0..3] = @array[0..3];
print "@array\n";                      # tom ute ilse ida
```

Wenn Sie einen negativen Offset einsetzen, bewirkt dies eine Zählung vom Ende der Liste aus.

```
#!/usr/bin/perl -w

@array = qw(ida ilse ute tom);
$array[-1] = 'kai';
print "@array\n";                    # ida ilse ute kai
```

Bei einelementigem Array-Slice (eine Liste!) ist Aufmerksamkeit geboten:

```
#!/usr/bin/perl -w

@array = qw(ida ilse ute kai);
$name = @array[0];
print "$name\n";                     # ida
```

Es wird das erste Element "ida" ausgegeben, da bei dieser Zuweisung des Array-Slices von der rechten Seite im skalaren Kontext ausgewertet wird. Der einelementige Array-Slice verhält sich somit wie bei einer skalaren Zuweisung eines Array-Elements $name = $array[0].

5.2.5   Anzahl der Array-Elemente

Um die Anzahl der Elemente zu bestimmen, muss der skalare Kontext gewählt werden. Der Einsatz der Funktion length() würde an dieser Stelle ein falsches Ergebnis liefern, denn mit der Funktion length() wird die Länge des Strings bestimmt und nicht die Anzahl der Elemente.

Im folgenden Beispiel wird einer Skalar-Variablen eine Array-Variable zugewiesen. Das Ergebnis ist die Länge des Arrays @array, d. h. die Anzahl seiner Elemente:

```
#!/usr/bin/perl -w

@array = qw(ida ilse udo uwe);
$anzahl = @array;
print "\$anzahl: $anzahl\n";          # $anzahl: 4
```

Bei der Zuweisung $anzahl = @array handelt es sich um einen skalaren Kontext.

Erfolgt die Zuweisung in der Listen-Struktur ($anzahl) = @array, dann handelt es sich um einen Listenkontext, so dass dem einzigen Listen-Element $anzahl das erste Element, nämlich $ida, aus dem Array @array zugewiesen wird.

Das nachstehende Beispiel bestätigt dies:

```
#!/usr/bin/perl -w
```

```
@array = qw(ida ilse udo uwe);
($anzahl) = @array;
print "\$anzahl: $anzahl\n";                    # $anzahl: ida
```

Möchten Sie direkt die Anzahl der Elemente bestimmen, muss, wie bereits ausgeführt, ein skalarer Kontext gewählt werden, und zwar durch Einsatz der Funktion `scalar()`:

```
#!/usr/bin/perl -w

@array = qw(ida ilse udo uwe);
print "Anzahl: ",scalar @array,"\n";            # Anzahl: 4
```

Ohne Mitwirkung der Funktion `scalar()` würde die Funktion `print()` die Argumente als Listenkontext auswerten, d. h. es würden die Elemente (ida ilse udo uwe) des Arrays `@array` ausgegeben.

Des Weiteren lässt sich die Anzahl der Elemente einer Liste durch die Spezial-Variable $# ermitteln. Beim Einsatz dieser Spezial-Variablen erhalten Sie den höchsten Indexwert des Arrays. Berücksichtigen Sie, dass bei den Indizes mit 0 zu zählen begonnen wird und somit die Anzahl der Elemente jeweils um 1 größer ist:

```
#!/usr/bin/perl -w

@array = qw(ida ilse udo uwe);
print "Anzahl: ", $#array+1,"\n";               # Anzahl: 4
```

5.2.6   Index des letzten Array-Elements

Durch den Einsatz der Spezial-Variablen $# mit anschließendem Array-Namen wird der höchste Index (das letzte Element) einer Array-Variablen ausgegeben:

```
#!/usr/bin/perl -w

@array = qw(ida ilse udo uwe);
print "Hoechster Index: $#array\n";             # Hoechster Index: 3
```

Verwenden Sie aber die Spezial-Variable $# bei einem leeren Array, wird −1 als Ergebnis zurückgeliefert.

5.3   Array-Manipulation

Perl stellt etliche mächtige Funktionen zur Manipulation von Arrays bereit. Einige wurden von C/C++ übernommen.

5.3.1   Umkehrung und Sortierung von Array-Elementen

In diesem Abschnitt werden die Funktionen `reverse()` sowie `sort()` zur Manipulation von Arrays beschrieben und angewandt.

Die Funktion `reverse()`

reverse *liste*

Die Funktion `reverse()` dreht die Reihenfolge der Elemente um und gibt sie umgekehrt zurück. Im Listenkontext werden die Elemente des Arrays in umgekehrter Reihenfolge zurückgegeben. Im skalaren Kontext werden die Listen-Elemente zu einem String verkettet und der umgekehrte String wird zurückgegeben.

Die Funktion `reverse()` im Listenkontext:

```
#!/usr/bin/perl -w

@array = reverse qw(ich mag Perl);
print "@array\n";                                    # Perl mag ich
```

Die Funktion `reverse()` im skalaren Kontext:

```
#!/usr/bin/perl -w

print scalar reverse "rot nie";                      # ein tor
```

Die Funktion `sort()`

sort [*block*] *liste*

sort [*funktion*] *liste*

Wenn Sie die optionalen Argumente *block* bzw. *funktion* nicht angeben, wird die Liste standardmäßig nach der ASCII-Reihenfolge sortiert und der sortierte Listenwert zurückgegeben.

Dabei sollten Sie Folgendes beachten:

- Sonderzeichen stehen vor Zahlen,
- Zahlen stehen vor Buchstaben,
- Großbuchstaben stehen vor Kleinbuchstaben,
- Sonderzeichen (z. B. Umlaute) stehen hinter allen anderen Zeichen.

Das folgende Beispiel mit der Funktion `sort()` verdeutlicht dies nochmals:

```
#!/usr/bin/perl -w

@array = sort qw(aa FE 345 12 hue ca aac);
print "@array\n";                  # 12 345 FE aa aac ca hue
```

Die Sortierung von Zahlen wird nicht numerisch vorgenommen, sondern nach Stringwerten jeder Zahl:

```perl
#!/usr/bin/perl -w

@num = sort (8, 2, 24, 16, 2345, 6, 1, 64);
print "@num\n";                          # 1 16 2 2345 24 6 64 8
```

Im nächsten Beispiel werden nach der Sortierung der Stringwerte diese mit der `foreach`-Schleife ausgegeben. Es müssen natürlich die gleichen Ergebnisse vorhanden sein wie im obigen Beispiel:

```perl
#!/usr/bin/perl -w

@folge = qw(8 2 24 16 2345 6 1 64);
foreach (sort @folge) {
        print "$_ ";                     # 1 16 2 2345 24 6 64 8
}
```

Soll beim Aufruf der Funktion `sort()` nicht der Vergleich mittels ASCII-Reihenfolge vorgenommen werden, ist eine Vergleichsfunktion zu verwenden. Es wird für den numerischen Vergleich der wegen seines Aussehens sogenannte Raumschiff-Operator `<=>` (Spaceship-Operator) verwendet. Es werden zwei festgelegte globale skalare Variablen `$a` und `$b` im Block *block* bzw. in der Funktion *funktion* verglichen.

Beim numerischen Vergleich `$a <=> $b` wird jeweils –1, 0, bzw. 1 zurückgeliefert in Abhängigkeit davon, ob `$a` **kleiner**, **gleich** oder **größer** als `$b` ist.

Beim alphanumerischen Vergleich von `$a cmp $b` (simulierte C/C++-Funktion `strcmp()`) wird ebenfalls –1, 0, 1 zurückgeliefert in Abhängigkeit davon, ob `$a` **absteigend**, **gleich** oder **aufsteigend** gegenüber `$b` ist. Die Funktion vergleicht somit die Standardvariablen `$a` und `$b`. Diese sollten nicht gleichzeitig für andere Zwecke verwendet werden, da sonst das Sortierungsverfahren nicht mehr funktionieren könnte.

Beispiel für eine aufsteigende numerische Sortierung:

```perl
#!/usr/bin/perl -w

@folge = sort {$a <=> $b} (8, 2, 24, 16, 2345, 6, 1, 64);
print "@folge\n";                        # 1 2 6 8 16 24 64 2345
```

Das gleiche Ergebnis in aufsteigender Reihenfolge, nur kürzer formuliert, ergibt folgender Ausdruck:

```perl
#!/usr/bin/perl -w

print join ' ', sort { $a <=> $b }
(8, 2, 24, 16, 2345, 6, 1, 64);
```

```
# 1 2 6 8 16 24 64 2345
```

Um Werte in absteigender Reihenfolge zu erhalten, brauchen Sie nur $a und $b vertauschen. Dieser Vorgang ist effizienter, als eine Liste erst aufsteigend zu sortieren und sie anschließend mit der Funktion reverse() – wie weiter unten aufgeführt – umzudrehen:

```
#!/usr/bin/perl -w

print join ' ', sort { $b <=> $a }
(8, 2, 24, 16, 2345, 6, 1, 64);
# 2345 64 24 16 8 6 2 1
```

Die Ausgabe der sortierten Liste wird durch die Funktion join() beeinflusst. Diese verbindet die einzelnen Listen-Elemente zu einem einzigen String, wobei als Trennzeichen eine beliebige Zeichenfolge definiert werden kann.

In einem weiteren Beispiel sollen jetzt Listen-Elemente nach ihrer Stringlänge sortiert ausgeben werden, wobei die Funktion join() wiederum die einzelnen Listen-Elemente mit dem Leerzeichen zu einem String verbindet:

```
#!/usr/bin/perl -w

print join ' ', sort {length($a) <=> length($b)}
qw(ABC die Cleo lief im Schnee),"\n";
# im ABC die Cleo lief Schnee
```

Bei gleicher Länge von Strings gilt auch hier wieder Groß- vor Kleinbuchstaben.

Sie können den Vergleich auch in einer Funktion ausführen:

```
#!/usr/bin/perl -w

@folge = sort vergleich (5, 3, 7, 2);
print "Aufsteigend: @folge\n";        # Aufsteigend: 2 3 5 7

    sub vergleich {$a <=> $b}
```

Bekanntlich können Sortierungen nach dem effizienten Quick-Sort-Verfahren erfolgen, welches schneller ist als z. B. Insertion-Sort oder Bubble-Sort. Der Ablauf des Quick-Sorts erfolgt nach dem Schema:

Wähle ein Element des zu sortierenden Arrays (Pivot-Element), teile die anderen in zwei Gruppen:

- *kleine* Elemente, die kleiner als das Pivot-Element sind und
- *große* Elemente, die größer oder gleich dem Pivot-Element sind.

Sortiere jede dieser Gruppen rekursiv:

Der Ablauf vom Quick-Sort-Verfahren mit den obigen Zahlenwerten sieht wie folgt aus:

<u>5</u>	3	3	3	<u>3</u>	2
<u>3</u>	5	<u>5</u>	2	<u>2</u>	3
7	<u>7</u>	<u>2</u>	<u>5</u>	5	5
2	<u>2</u>	7	7	7	7

Es lassen sich Sortierungen von Strings nach obigem Muster vornehmen: Zum Beispiel können Sie alphanumerisch sortieren, ohne auf Groß- oder Kleinschreibung zu achten (wobei die Ursprungs-Liste erhalten bleibt).

Im folgenden Beispiel wird der numerische Operator <=> durch den cmp-Operator ersetzt. Zunächst wird alles in Großbuchstaben sortiert, dann werden die einzelnen ursprünglichen Elemente ausgegeben. Möchten Sie keine Konvertierung in Großbuchstaben mit der Funktion uc() vornehmen, erfolgt die Sortierung der Elemente in Groß- bzw. Kleinbuchstaben:

```perl
#!/usr/bin/perl -w

@array = qw(ABC die Cleo lief im Schnee);
print join ' ', sort {uc ($a) cmp uc ($b)} @array;
# ABC Cleo die im lief Schnee
```

Auch in umgekehrter Reihenfolge (nur Vertauschung von $a und $b) können Sie ausgeben:

```perl
#!/usr/bin/perl -w

@array = qw(ABC die Cleo lief im Schnee);
print join ' ', sort { uc ($b) cmp uc ($a)} @array;
# Schnee lief im die Cleo ABC
```

Die Sortierung einer Liste von Strings können Sie auch in einer Funktion vornehmen:

```perl
#!/usr/bin/perl -w

@array = qw(ABC die Cleo lief im Schnee);
@folge = sort vergleich (@array);
print "Aufsteigend: @folge\n";
# Aufsteigend: ABC Cleo Schnee die im lief
    sub vergleich {$a cmp $b}
```

5.3.2   Suchen und Modifizieren von Array-Elementen

Mit den Funktionen grep() und map() können Elemente eines Array bearbeitet werden. Beide Funktionen werden häufig in Zusammenhang mit regulären Ausdrücken eingesetzt. Der Name grep kommt von **g**lobel **r**egular **e**xpression **p**rint und bezeichnet ein ursprünglich im UNIX-Umfeld beheimatetes Programm, welches Zeilen, auf die ein Muster passt, aus einer Datei extrahiert. Die Funktion `grep()` erlaubt eine komplexe Suche nach bestimmten Array-Elementen. Die Funktion `map()` modifiziert dagegen alle ihr übergebenen Elemente einer Liste.

Die Funktion `grep()`

grep *ausdruck, liste*

grep [*block*] *liste*

Die Funktion `grep()` überprüft die Elemente eines Arrays auf die gewünschte Bedingung. Im Listenkontext wird jeder Eintrag zurückgeliefert, für den der Wahrheitswert `true` ist. Das Ergebnis liefert somit ein neues Array. Im Skalarkontext wird die Anzahl der Treffer zurückgegeben. Dabei überprüft die Funktion `grep()` jedes Element auf die Bedingung hin, die im Ausdruck angegeben wurde. Das Element, das aktuell abgearbeitet wird, ist dabei in der Spezial-Variablen `$_` vorhanden.

Der Ausdruck kann ein Suchmuster darstellen, der die passenden Listen-Elemente zurückgibt. Dieses Suchmuster kann ein regulärer Ausdruck sein.

Im nachfolgenden Programm werden alle Elemente eines Arrays gefunden, deren Länge größer/gleich 4 ist:

```perl
#!/usr/bin/perl -w

@array = qw(ABC die Cleo lief im Schnee);
@liste = grep length $_ >= 4, @array;
print "@liste\n";
# Cleo lief Schnee
```

Im nächsten Beispiel werden alle ungeraden Zahlen von 0 bis 10 mit der Funktion `grep()` ausgegeben:

```perl
#!/usr/bin/perl -w

print join ' ', grep $_ % 2, 0 .. 10;
# 1 3 5 7 9
```

Sie können auch aus einer Liste all jene Elemente herausfinden, die dem String-Vergleichs-Operator `ne` (not equal) entsprechen:

```perl
#!/usr/bin/perl -w

print join ' ', grep $_ ne "ist", qw(Perl ist spitze!);
# Perl spitze!
```

Das Suchmuster des regulären Ausdrucks gibt die entsprechenden Elemente des Arrays zurück:

```
#!/usr/bin/perl -w

@array = qw(katzen koennen nicht nur kratzen);
@liste = grep /^k/, @array;
print "@liste\n";
```

Die Ausgabe ist:

```
katzen koennen kratzen
```

Es wurden alle Elemente gefunden, die mit dem kleinen Buchstaben "k" beginnen.

An der obigen Syntax erkennen Sie, dass zwischen Muster und Array ein Komma stehen muss.

Die Funktion map()
map *ausdruck, liste*

map [*block*] *liste*

Die Funktion map() liefert ein neues Array zurück, das die modifizierten Elemente enthält, während die ursprünglichen Elemente unverändert bleiben. Somit wird der Ausdruck nicht wie bei der Funktion grep() im Booleschen Kontext ausgewertet, sondern im Listenkontext. Ebenso wird das jeweils aktuelle Element mit der Spezial-Variablen $_ angesprochen. Das bedeutet auch, dass jeder Ausdruck, der mit dieser Spezial-Variablen $_ operiert, mit der Funktion map() aufgerufen werden kann.

Im Gegensatz zur Funktion grep() werden hier nicht bestimmte Elemente aus einem Array ausgewählt, sondern es wird der Ausdruck auf jedes Array-Element angewendet:

```
#!/usr/bin/perl -w

@array = (5..8);
@neu = map $_ * 2, @array;
print "@neu\n";
# 10 12 14 16
@neuer = map $_ = sqrt, @neu;
foreach (@neuer) {printf "Wert: %.2f \n", $_;}

# Wert: 3.16
# Wert: 3.46
# Wert: 3.74
# Wert: 4.00
```

Im folgenden Programm findet zunächst mit der Funktion split() eine Aufspaltung und anschließend ein Zusammenfügen mit der Funktion join() statt:

```
#!/usr/bin/perl -w

@neu = map {split /-/, $_} qw(Perl-ist-spitze);
print @neu;                          # Perlistspitze
print join ' ', @neu;                # Perl ist spitze
```

Die Funktion split() (im Block) liefert drei Elemente "Perl", "ist", "spitze" zurück. Die Funktion join() verbindet die einzelnen Listen-Elemente mit dem Trennsymbol (Leerzeichen) zu einem einzigen String. Zwischen Block und Liste darf kein Komma stehen.

Als Nächstes werden mit der Funktion map() Elemente, die dem regulären Ausdruck entsprechen, ausgewertet:

```
#!/usr/bin/perl -w

@array = qw(Perl ist spitze);
@ergebnis = map m/[aeiou]/g, @array;
print "@ergebnis\n";                 # e i i e
```

Da im obigen Beispiel m/[aeiou]/ im Listenkontext ausgewertet wird, liefert @ergebnis die Elemente "e", "i", "i", "e" aus dem Array @array.

Mit der Funktion map() können Sie Zeichen und auch numerische Werte des ASCII-Zeichensatzes ausgeben.

Die Länge der einzelnen Listen-Elemente wird durch die Funktion length() ausgeben:

```
#!/usr/bin/perl -w

print join ' ', map ord, 0 .. 5;     # 48 49 50 51 52 53
print"\n";
print join ' ', map chr, 48 .. 53;   # 0 1 2 3 4 5
print"\n";
print join ' ', map ((length),
qw(ABC die Cleo lief im Schnee));    # 3 3 4 4 2 6
```

Wenn Sie den Ausdruck in Klammern einfassen wollen, müssen Sie auch Klammern für die enthaltene Funktion vorsehen.

In den folgenden Zeilen wird die Funktion uc() (d. h. alles in Großbuchstaben) auf ein HERE-Dokument angewandt. Die Funktion map() ermittelt im Anschluss daran die Anzahl der Zeichen (mit den jeweiligen New-Lines \n) bzw. die Länge des HERE-Dokuments:

```
#!/usr/bin/perl -w

$here = <<token;
Dies kann
```

```
alles Perl,
und noch
viel mehr!
token
print uc ($here);
print "HERE-Laenge = ", map length, $here;

# DIES KANN
# ALLES PERL,
# UND NOCH
# VIEL MEHR!
# HERE-Laenge = 42
```

An Stelle der print-Anweisung print "HERE-Laenge = ", map length, $here; führt die print-Anweisung ohne die map-Funktion zu dem gleichen Ergebnis.

Im nächsten Beispiel filtert der Modulo-Operator (% 2) die ungeraden Zahlen im Wertebereich 1..9 heraus. Die map-Funktion liefert jene Zahlen zurück, die durch den Modulo-Operator einen Rest ungleich 0 (!= 0) entstehen lassen. Dabei wurde auf die Blockschreibweise in geschweiften Klammern verzichtet und als Trennung zur Zahlenliste ein Komma verwendet. Auch bei der Zahlenliste wurden die runden Klammern weggelassen:

```
#!/usr/bin/perl -w

print join ' ', map $_ % 2 != 0, 1..9;
# 1 1 1 1 1 , != 0 bei 1 3 5 7 9
```

Am Ergebnis erkennen Sie, dass nur bei den ungeraden Zahlen die Bedingung != 0 erfüllt ist.

Ferner lassen sich New-Lines oder Textpassagen durch die map-Funktion auf einzelne Listen-Elemente anwenden:

```
#!/usr/bin/perl -w

print map "$_ wie jeder weiss\n", qw(Perl ist spitze);
# Perl wie jeder weiss
# ist wie jeder weiss
# spitze wie jeder weiss
```

Im obigen Beispiel wurde die Textpassage "wie jeder weiss\n" auf jedes Listen-Element angewandt und ausgegeben.

Zwischen Ausdruck und Liste muss ein Komma stehen, während zwischen Block und Liste kein Komma stehen darf.

5.4   Hinzufügen bzw. Entfernen von Array-Elementen

Um Arrays speziell zu bearbeiten (z. B. als LIFO – Last In First Out – oder FIFO – First In First Out), stehen Ihnen in Perl folgende Funktionen zur Verfügung:

- Die Funktion push() fügt ein oder mehrere Elemente an das **Ende** eines Arrays an. Zurückgegeben wird die Anzahl der Elemente der neu zusammengefügten Liste.
- Die Funktion pop() entfernt das **letzte** Element eines Arrays und liefert es zurück. Das Ergebnis undef wird bei einer leeren Liste zurückgeliefert.
- Die Funktion unshift() fügt ein oder mehrere Elemente an den **Anfang** eines Arrays an. Zurückgegeben wird die Anzahl der Elemente der neu zusammengefügten Liste.
- Die Funktion shift() entfernt das **erste** Element eines Arrays und liefert es zurück. Das Ergebnis undef wird bei einer leeren Liste zurückgeliefert.

Die Funktion push()

push *array, liste*

Die Funktion push() fügt ein Element oder Elemente einer Liste an das rechte Ende eines Arrays an. Somit erlaubt es die Funktion push() auch, eine Liste – siehe Beispiel unten – auf einen Stapel zu legen. Dabei ist das erste Argument sowohl bei der Funktion push() als auch bei der Funktion pop() immer ein Array. Die Argumente können auch in Klammern gesetzt werden.

Hinzufügen eines einzelnes Elements

Im folgenden Beispiel wird ein Element ans Ende eines Arrays hinzugefügt:

```
#!/usr/bin/perl -w

@array = qw(10 zehn 11 elf);
push @array, "*Perl*" x 2;
print "$array[4]\n";
# *Perl**Perl*
```

Das Element $array[4] ist das neu hinzugefügte Element "*Perl**Perl*".

Hinzufügen von Array-Elementen

Im diesem Beispiel werden Array-Elemente ans Ende eines bestehenden Arrays angefügt:

```
#!/usr/bin/perl -w

@array = qw(10 zehn 11 elf);        # bestehendes Array
@array1 = qw(nur Perl);             # Array-Elemente
push @array, @array1;
```

```
print "@array\n";
# 10 zehn 11 elf nur Perl
```

Durch das Anfügen verändert sich natürlich die Länge des Arrays @array.

Die Funktion pop()

pop *array*

Die Funktion pop() als Gegenstück zur Funktion push() ermöglicht Ihnen das Entfernen des letzten Elements aus dem Array (Stack-Schema). Es wird das entsprechende Element als Ergebnis zurückgeliefert. Die Funktion pop() gibt bei einer leeren Liste das Ergebnis undef zurück.

Im folgenden Beispiel wird zweimal mit der Funktion pop() das jeweils letzte Element aus dem Array @array entfernt. Im Anschluss daran werden die restlichen Elemente mit der foreach-Schleife ausgegeben:

```
#!/usr/bin/perl -w

@array = qw(10 zehn 11 elf nur Perl);
print pop @array,"\n";                    # Perl, entfernt
print pop @array,"\n";                    # nur, entfernt
foreach (@array){print "$_ ";}
```

Die noch vorhandenen Elemente des Arrays @array sind:

```
10 zehn 11 elf
```

Ein Konstrukt mit den beiden Funktionen push() und pop() wird im nächsten Beispiel dargestellt. Hierbei entsteht der Effekt, dass die Durchläufe der foreach-Schleife in Abhängigkeit der noch vorhandenen Elemente stattfinden:

```
#!/usr/bin/perl -w

@alt = ( A .. F );
foreach (@alt) {push @neu, pop @alt;}
print "@neu\n";
```

Die Ausgabe ist:

```
F E D
```

Beim ersten Durchlauf der foreach-Schleife (bedingt durch das erste Element des Arrays @alt) entfernt die pop-Funktion das letzte Element "F" aus dem Array @alt, welches dann durch die push-Funktion dem zunächst leerem Array @neu zugeführt (angehängt) wird. Das Array @alt besitzt das Element "F" nicht mehr; stattdessen enthält das Array @neu das Element "F".

Im nächsten Durchlauf wird "E" entfernt und angehängt. Das Array @alt besitzt das Element "E" nicht mehr, während im Array @neu das Element "E" an das Element "F" angehängt wird.

Beim dritten Durchlauf wird das Element "D" aus @alt entfernt und in @neu angehängt.

Nach diesem dritten Durchlauf, der von den Elementen (A, B, C) des Arrays @alt bestimmt wurde, sind durch die vorhergegangenen pop-Funktionen keine weiteren Elemente mehr im Array @alt vorhanden. Somit ist die foreach-Schleife beendet und es finden keine weiteren Durchläufe mehr statt.

Mit der anschließenden print-Anweisung werden sämtliche Elemente des Arrays @neu ausgegeben.

Gezieltes Entfernen

Möchten Sie entsprechende Elemente aus einem Array vom rechten Ende aus bis zu einem willkürlich gewählten Element entfernen, lässt sich dies sehr einfach realisieren. Im Anschluss werden die restlichen Elemente des Arrays ausgegeben.

Ab dem Element "die" werden alle folgenden Elemente aus dem Array @array entfernt:

```
#!/usr/bin/perl -w

@array = qw(ABC die Cleo lief im Schnee);
while () {
        last if 'Cleo' eq pop @array;
}
print "@array\n";
```

Die Ausgabe ist:

```
ABC die
```

Wenn Sie gezielt Elemente bis zu einem bestimmten Element entfernen wollen, überprüfen Sie die vom Ende herausgeschobenen Elemente mit einer if-Anweisung. Das zu überprüfende Element steht in der Reihung nach dem Element, bis zu dem Sie die Elemente entfernen wollen. Oder anders gesagt: Das zu überprüfende Element hat einen um 1 höheren Indexwert als das Element, bis zu dem entfernt werden soll. Um ein eindeutiges Ergebnis zu erzielen, sollte das zu überprüfende Element nur einmal in der Liste vorkommen.

Die jeweiligen Elemente werden durch die Funktion pop() vom Ende aus entfernt, bis mit dem last-Operator die Endlos-while-Schleife beendet wird. Das ist dann der Fall, wenn das zu überprüfende Element erreicht ist und der Wahrheitswert der if-Anweisung den Booleschen Wert true ergibt.

Das Array enthält jetzt nur noch die restlichen Elemente.

Der Anweisungsblock der Endlos-while-Schleife kann nur durch den last-Operator verlassen werden, wenn beim Durchlauf die if-Anweisung irgendwann einmal den Wahrheitswert true liefert. Das abzufragende Element muss in der Liste existieren, da sonst eine Endlos-Schleife entsteht.

Besteht das Array nur aus einem Element und wird auf dieses Element abgefragt, entsteht eine leere Liste.

Die Funktion unshift()
unshift *array, liste*

Die Funktion unshift() hat eine ähnliche Wirkung wie die Funktion push(). Hier wird zunächst am Anfang eines Arrays ein Listen-Element hinzugefügt. Wie bei den Funktionen push() und pop() ist auch hier das erste Argument ein Array.

Hinzufügen eines einzelnen Elements
In folgenden Beispiel soll ein Element an den Anfang eines Arrays angefügt werden:

```
#!/usr/bin/perl -w

@array = qw(10 zehn 11 elf);
unshift @array, "*Perl*" x 2;
print "$array[0]\n";
# *Perl**Perl*
```

Das Element $array[0] ist das neu hinzugefügte Element *Perl**Perl*.

Hinzufügen von Array-Elementen
In diesem Beispiel werden Array-Elemente an den Anfang eines bestehenden Arrays angefügt:

```
#!/usr/bin/perl -w

@array = qw(10 zehn 11 elf);          # Bestehendes Array
@array1 = qw(nur Perl);               # Array-Elemente
unshift @array, @array1;
foreach (@array) {print "$_ ";}       # oder print "@array\n";
# nur Perl 10 zehn 11 elf
```

Durch das Hinzufügen ist der Array @array länger geworden.

Die Funktion shift()
shift *array*

Die Funktion shift() ist das Gegenstück zur Funktion unshift() und ermöglicht das Entfernen des ersten Elements aus einem Array. Es wird das entsprechende Element als Ergebnis zurückgeliefert. Die Funktion shift() gibt bei einem leeren Array das Ergebnis undef zurück.

In dem folgenden Beispiel wird ebenfalls zweimal mit der Funktion shift() jeweils das erste Element aus dem Array @array entfernt und im Anschluss daran werden die restlichen Elemente ausgegeben:

```perl
#!/usr/bin/perl -w

@array = qw(nur Perl 10 zehn 11 elf);
print shift @array,"\n";             # nur, wird entfernt
print shift @array,"\n";             # Perl, wird entfernt
foreach (@array){print "$_ ";}       # oder print "@array\n";
```

Die noch vorhandenen Elemente des Arrays @array sind:

```
10 zehn 11 elf
```

Gezieltes Entfernen

Ebenso einfach wie das Entfernen der Elemente vom Ende eines Arrays ist auch der umgekehrte Weg, nämlich das Entfernen der Elemente vom Anfang eines Arrays.

Im folgenden Beispiel werden alle Elemente vom Anfang des Arrays @array bis zum Element "lief" entfernt. Im Anschluss daran werden die restlichen Elemente ausgegeben:

```perl
#!/usr/bin/perl -w

@array = qw(ABC die Cleo lief im Schnee);
while () {
     last if 'Cleo' eq shift @array;
}
print "@array\n";
```

Die Ausgabe ist:

```
lief im Schnee
```

Möchten Sie Elemente vom Anfang einer Liste entfernen, muss das zu überprüfende Element in der if-Anweisung stehen. Es werden alle Elemente, auch das zu überprüfende, entfernt. Oder anders gesagt: Das zu überprüfende Element hat einen um 1 geringeren Indexwert als das Element, bis zu dem entfernt werden soll. Wegen der Eindeutigkeit sollte das zu überprüfende Element nur einmal in der Liste vorkommen.

Die Funktion splice()

splice *array*, *offset* [, *länge* [, *liste*]]

Die universelle Funktion `splice()` ermöglicht nicht nur die Manipulation von Arrays mit einem bzw. mit mehreren Elementen. Mit ihr können Sie einen beliebigen Teil eines Arrays verändern. Außerdem können Sie sowohl einen Bereich von Elementen entfernen als auch ein neuen einfügen.

Bei Verwendung aller oben bezeichneten Argumente bedeutet das, dass die *länge* oder auch Anzahl der Elemente von *array*, beginnend mit dem angegebenen Argument *offset*, durch die vorhandenen Elemente der *liste* ersetzt werden. Dabei ist zu beachten:

- Wird kein Array angegeben, werden nur die Elemente entfernt.
- Wird keine Länge angegeben, werden alle Elemente ab dem Offset entfernt.
- Das neu einzufügende Array muss von der Länge her nicht mit der Anzahl der Elemente, die entfernt wurden, übereinstimmen. Das Ergebnis-Array wächst oder schrumpft je nach Bedarf.
- Ein negativer Offset meint das letzte Element oder die letzten Elemente.

Mit dem folgenden Array werden die einzelnen Fälle durchgespielt:

```
#!/usr/bin/perl -w

@array = A..L;
print "\@array = @array\n";
# @array = A B C D E F G H I J K L
```

Perl zeigt sich großzügig, wenn der Bereichs-Operator mit großen Buchstaben ohne Hochkommas dargestellt wird, und gibt keine Warnung aus.

Die Funktion `splice()` mit vier Argumenten
Im folgenden Beispiel enthält die Funktion `splice()` vier Argumente:

```
#!/usr/bin/perl -w

@array = A..L;
@liste = 'u' .. 'w';
$entfernt = splice @array, 4, 3, @liste;
print "$entfernt\n";          # G
print "@array\n";             # A B C D u v w H I J K L
```

Das erste Argument ist das Array `@array` selbst, aus dem extrahiert werden soll.

Das zweite Argument *offset* gibt den Index an, ab dem extrahiert werden soll. Der Indexwert 4 gibt den Startwert (Buchstabe "E") an, bei dem das Entfernen der Elemente beginnt.

Das dritte Argument *länge* gibt an, wie viele Elemente entfernt werden sollen. Der Wert 3 als Länge bedeutet, dass die Elemente "E", "F" und "G" entfernt werden.

Das letzte Argument fügt an dieser Stelle ein neues Array (@liste) ein, wobei das neu
einzufügende Array nicht mit der Anzahl der Elemente, die entfernt wurden, übereinstimmen
muss. Mit @liste = 'u'..'w' werden an dieser Stelle die Elemente "u", "v" und "w"
eingefügt.

Wird im skalaren Kontext zugewiesen, und zwar mit $entfernt = splice @array,
4, 3, @liste, wird das letzte Element "G" des zu extrahierenden Bereichs [E..G]
ausgegeben.

Die Funktion splice() mit drei Argumenten

Im folgenden Beispiel besteht die Funktion splice() aus drei Argumenten:

```
#!/usr/bin/perl -w

@array = qw(A B C D u v w H I J K L);
$entfernt = splice @array, 8, 2;
print "$entfernt\n";          # J
print "@array\n";             # A B C D u v w H K L
```

Bei diesem Beispiel wird das Array beginnend ab dem achten Indexwert (zweites Argument)
gelöscht. Dies ist das Element "I". Das dritte Argument (*länge* = 2) gibt an, wie viele Elemente gelöscht werden sollen. Die zwei Elemente, die entfernt werden, heißen "I" und "J".

Im vorherigen letzten Abschnitt wurde bereits erläutert, dass bei einer Zuweisung im skalaren Kontext das letzte Element der gelöschten Liste (Bereich) zurückgeliefert wird. Mit der
print-Anweisung wird somit das letzte Element "J" des zu löschenden Bereichs [I..J]
ausgegeben.

Die Funktion splice() mit zwei Argumenten

In diesem Beispiel werden zwei Argumente verwendet:

```
#!/usr/bin/perl -w

@array = qw(A B C D u v w H K L);
$entfernt = splice @array, 4;
print "$entfernt\n";          # L
print "@array\n";             # A B C D
```

Das erste Argument gibt wieder das Array an, aus dem extrahiert werden soll. Anschließend
wird durch das zweite Argument festgelegt, ab welchem Index (beginnend) gelöscht werden
soll. Somit werden alle Elemente, von "u" beginnend, gelöscht. Der skalare Ausdruck gibt
das letzte Element der gelöschten Liste zurück. Das letzte Element der gelöschten Liste (u,
v, w, H, K, L) ist das Element "L".

Die Funktion `splice()` mit negativem Argument
Das folgende Programm verwendet ein negatives Argument:

```
#!/usr/bin/perl -w

@array = qw(A B C D);
$entfernt = splice @array, -3;
print "$entfernt\n";            # D
print "@array\n";              # A
```

Durch das negative Argument -3 wird vom Ende des Arrays aus extrahiert. In der nächsten Programmzeile wird wieder im skalaren Kontext das letzte Element – nämlich "D" – aus der gelöschten Liste (B, C, D) zurückgeliefert. Mit der letzten `print`-Anweisung wird der Inhalt des Arrays @array ausgegeben. Dieses enthält nach dem Extrahieren von drei Elementen nur noch das Element "A".

Wie Sie deutlich sehen, wird durch die Verwendung der Funktion `splice()` ein Schrumpfen bzw. ein Wachsen des Arrays hervorgerufen. Es lassen sich ein oder mehrere Elemente z. B. in der Mitte eines Arrays sehr einfach einfügen.

In der folgenden Tabelle werden die entsprechenden Äquivalenzen aufgelistet.

Tabelle 5.4: Äquivalenzen

splice-Funktion	Array-Funktion
splice (@array,$#array+1,0,@neu);	push (@array, @neu);
splice (@array, -1);	pop (@array);
splice (@array, 0, 0, @neu);	unshift (@array, @neu);
splice (@array, 0, 1);	shift (@array);
splice (@array, $i,1, $x);	$array[$i] = $x;

Mit der Funktion `splice()` können Sie alles das tun, was die Funktionen `push()`, `pop()`, `unshift()` und `shift()` auch leisten, und noch einiges mehr. Es lässt sich ein Teil eines Arrays durch einen anderen ersetzen, der nicht die gleiche Länge zu besitzen braucht.

In der nächsten Anweisungsfolge wird ein Perl-Cocktail gemixt. Dieser wirkt aber nur dann anregend, wenn die Zutaten die Menge eines Likörglases nicht überschreiten! Als Basis wird kalter, gesüßter "Kaffee" verwendet. Die Ausgangselemente des Arrays @mixdrink bestehen aus "Kaffee", "Weinbrand" und einem "Mixbecher":

```
@mixdrink = qw(Kaffee Weinbrand Mixbecher);
```

Jetzt soll der "Weinbrand" durch einen guten "Cognac" ersetzt und weitere Zutaten durch die Funktion `splice()` hinzugefügt werden:

```
splice (@mixdrink, 1, 1, qw(Milch Cognac Wasser Eigelb));
# Kaffee Milch Cognac Wasser Eigelb Mixbecher
```

Das Element "Wasser" würde den Cocktail verdünnen und wird entfernt; stattdessen wird ein Likörglas "Mokkalikör" hinzugefügt:

```
splice (@mixdrink,-3, 1, Mokkalikoer);
# Kaffee Milch Cognac Mokkalikoer Eigelb Mixbecher
```

Da jetzt der Cocktail fertig ist und keine Zutaten mehr benötigt oder entfernt werden müssen, ist auch die Länge des Arguments Null. Die Syntax für den Perl-Cocktail lautet:

```
@Perl_Cocktail = splice (@mixdrink, 0);          # Prost
# Kaffee Milch Cognac Mokkalikoer Eigelb Mixbecher
```

In der obigen Funktion splice() wurde als erstes Argument das Array @mixdrink angegeben, das eventuell verändert werden sollte. Die splice-Funktion beschreibt ferner den Bereich, der im Array @mixdrink entfernt und verändert wurde. Der Bereich wird durch den Anfangsindex und die Länge angegeben. Negative Indizes werden vom Ende des Arrays gezählt. Wird die Länge Null angegeben, bleibt das Array mit seinen Elementen erhalten.

Im folgenden Bild wird die Entstehung des Perl-Cocktails grafisch dargestellt:

1. @mixdrink = qw(Kaffee Weinbrand Mixbecher);

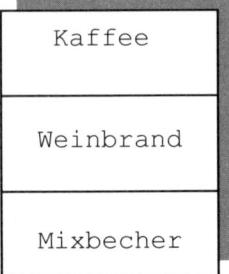

2. splice (@mixdrink, 1, 1, qw(Milch Cognac Wasser Eigelb));

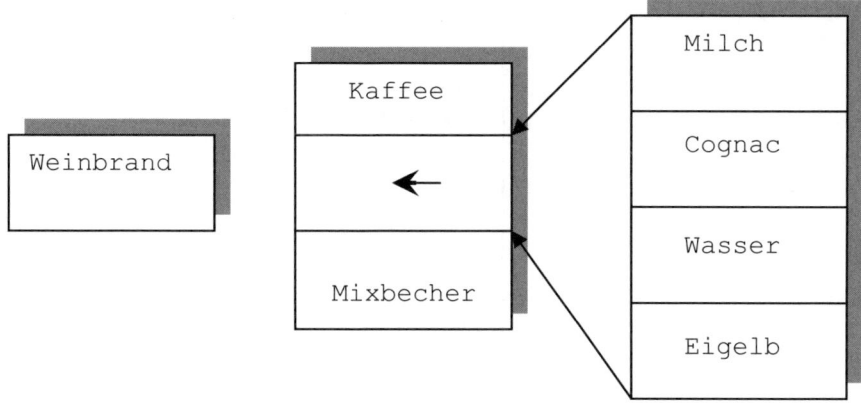

3. splice (@mixdrink, -3, 1, Mokkalikör);

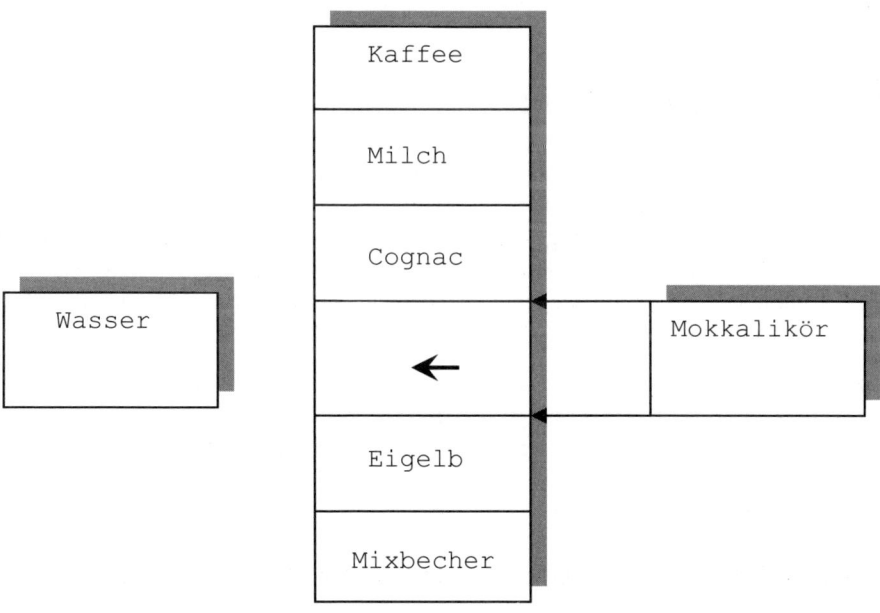

4. @Perl_Cocktail = splice (@mixdrink, 0);

Prost!

5.5 Bereichs-Operator

Um aufsteigende Zahlen oder Strings bzw. Untermengen in einem Array zu erstellen, lässt sich der Bereichs-Operator ".." verwenden. Hierbei wird ein skalarer Start- und Endwert, getrennt durch zwei Punkte, eingesetzt. Dieser Operator erzeugt eine Liste zwischen den angegebenen Start- und Endwert-Argumenten, wobei jeweils um 1 hochgezählt wird. Die beiden Argumente werden als Integer-Werte behandelt. Ist das linke Argument größer als das rechte, erfolgt eine leere Liste:

```
@bereich1 = 12 .. 15;          # (12, 13, 14, 15)
@bereich2 = 'a' .. 'e';        # qw(a b c d e)
@bereich3 = $von .. $bis;      # Verwendung von Variablen
@bereich4 = 3.2 .. 5.2;        # (3, 4, 5)
@bereich5 = 5.9 .. 7.9;        # (5, 6, 7)
```

Ebenso lässt sich der Bereichs-Operator effektiv als Zählschleife einsetzen:

```
foreach ( 1 .. 4711 ) {print;}
```

Wird statt des Listenkontextes der Skalarkontext beim Bereichs-Operator verwendet, wird ein Boolescher Wert in der Form zurückgeliefert, dass der berechnete Wert `false` ist, solange das linke Argument `false` ist; im anderen Fall wird das rechte Argument ausgewertet.

5.6 Vordefinierte Arrays

In Perl existieren neben einigen Spezial-Variablen auch vordefinierte Arrays und Hashes. In ihnen sind Eigenschaften und Einstellungen vorgegeben.

@ARGV Kommandozeile

Beim Array @ARGV werden die Argumente für ein Perl-Programm in der Kommandozeile übergeben. Im Unterschied zu C/C++ ist das erste Argument hier nicht der Name des Skriptes. Der Name des Skriptes steht in Perl in der Spezial-Variablen $0. Die beim Aufruf eingegebenen Argumente stehen dann in der Reihung im Array @ARGV zur Verfügung:

```
#!/usr/bin/perl -w

print "\n";
print "@ARGV";
```

Alles, was Sie beim Aufruf Ihres Programms anschließend in der Kommandozeile mit eingeben, wird ausgedruckt.

Im folgenden Beispiel werden durch die `while`-Schleife sämtliche von Ihnen eingegebenen Argumente, die im Array @ARGV vorhanden sind, ebenfalls ausgegeben:

```
#!/usr/bin/perl -w

while ($ein = shift(@ARGV)) {
      print "$ein\n";
}
```

Im nächsten Programm können Sie eine Multiplikation ausführen, indem Sie beim Aufruf Ihres Programms gleich die entsprechenden Argumente mit angeben, um das Produkt zu berechnen. Im Anschluss an diese Multiplikation werden die eingegeben Werte und das Ergebnis ausgegeben:

```
#!/usr/bin/perl -w

$a = $ARGV[0];
$b = $ARGV[1];
$c = $a * $b;
print " $a multipliziert mit $b ergibt: $c\n";
$i = 0;
while (defined ($ARGV[$i])) {print "$ARGV[$i++] ";}
```

@_ Argumentenliste

In diesem vordefinierten Spezial-Array @_ sind alle Argumente gespeichert, die an eine Funktion übergeben werden:

```perl
#!/usr/bin/perl -w

sub func {
    foreach (@_) {
        print "$_ ";               # 1 2
    }
}

func (1, 2);
```

@INC Suchpfade

Wenn Sie Ihre Datei mittels der Funktion require() oder use() in das aktuelle Programm einbinden wollen, werden entsprechende Verzeichnisse nach dieser Datei durchsucht:

```perl
#!/usr/bin/perl -w

foreach (@INC) {
    print "$_\n";
}
```

Die Ausgabe ist z. B.:

```
C:/Perl/lib
C:/Perl/site/lib
.
```

Der Punkt in der letzten Ausgabezeile gilt als aktuelles Verzeichnis, aus dem das Programm gestartet wurde.

5.7 Verwendete Funktionen

In der folgenden Tabelle werden die wichtigsten Funktionen aus diesem Kapitel nochmals erläutert.

Tabelle 5.7: Verwendete Funktionen

Funktion	Bedeutung
defined()	True, wenn Variable definiert wurde
delete()	Entfernt Wert(e) aus der Liste
grep()	Überprüft jedes Element aus der Liste und liefert bei true eine Liste zurück
join()	Verbindet die einzelnen Strings der Liste zu einem einzigen String
map()	Überprüft jedes Element aus der Liste und liefert bei true eine Liste zurück
pop()	Entfernt das letzte Element aus der Liste
push()	Fügt Elemente ans Ende der Liste an
reverse()	Verändert die Liste in umgekehrter Reihenfolge
scalar()	Gibt die Anzahl der Elemente der Liste zurück
shift()	Entfernt das erste Element aus der Liste
sort()	Gibt eine sortierte Liste zurück
slice()	Ersetzt Elemente ab Offset durch die Liste
unshift()	Fügt Elemente an den Anfang der Liste ein

6   Hashes (Assoziative Arrays)

Neben Listen für Arrays gibt es in Perl noch eine weitere Datenstruktur, es sind dies Listen für Hashes oder auch assoziative Arrays genannt. Ein Hash ist eine Array-ähnliche Speicherstruktur, deren Werte (values) über sogenannte Schlüssel (keys) adressiert werden, d. h. die Schlüssel werden mit den dazugehörigen Werten assoziiert.

Gekennzeichnet wird ein Hash durch ein Prozentzeichen (%) vor dem Variablennamen. Hashes besitzen ihren eigenen Namensraum, so dass %variable, @variable und $vaiable verschiedene Variablen sind.

Hashes können Sie – ähnlich wie structs in C oder classes in C++ – dazu verwenden, um komplizierte Datenstrukturen darzustellen.

Praktisches Hash-Beispiel

Im folgenden Programm wird ein Betrag in einer bestimmten Landeswährung in Euro umgerechnet. Zunächst wird die Landeswährung gefordert und anschließend der umzurechnende Betrag. Bei falscher Eingabe der Landeswährung erfolgt ein Abbruch des Programms mit der String-Ausgabe "Waehrung ist nicht vorhanden":

```
#!/usr/bin/perl -w

use diagnostics;

%tabelle = (DM => 1.95583, FRF => 6.55957, ATS => 13.76030,
            GRD => 340.7500, NGL => 2.20371, ESP => 166.386);

print "\nFolgende Waehrungen stehen zur Umrechnung bereit:\n";

while(($key,$wert) = each %tabelle) {
     print "1 EUR = $wert\t$key\n";
}
print "\n
Bitte waehlen Sie eine obige Waehrung in Grossbuchstaben
\n\n";
$ein = <STDIN>;
chomp($ein);
print "\n
```

```
Bitte geben Sie Ihren Betrag ein\n" if (exists $tabelle{$ein})
or die "Waehrung ist nicht vorhanden\n";

$betrag=<STDIN>;
chomp($betrag);
$euro = $betrag/$tabelle{$ein};

print "*" x 80,"\n";
printf "\n\tDer Betrag von %.2f %s ergibt: %.2f EUR\n\n",
$betrag,$ein,$euro;
print "*" x 80,"\n";
```

Im obigen Hash %tabelle können Sie weitere Landeswährungen aufnehmen. Außerdem erfolgt eine formatierte Ausgabe mit der printf()-Anweisung. Die verkürzte if-Anweisung (Modifikator) liefert nur dann den Wahrheitswert true, wenn die Funktion exists() signalisiert, dass die Eingabe der Landeswährung, d. h. der Schlüssel im Hash, existiert.

6.1   Unterschiede zu Arrays

Anders als bei einem Array enthält das Hash eine ungeordnete Liste, die aus Schlüssel-Wert-Paaren (key-value) besteht. Jeder Datensatz besteht aus einem Schlüssel mit korrespondierendem Wert. So wie Sie Indexwerte beim Array in eckigen Klammern [] angeben, geben Sie Indexwerte (Schlüssel) beim Hash in geschweiften Klammern { } an. Um auf einen Wert in einem Hash zuzugreifen, setzen Sie den Schlüssel in besagte geschweifte Klammern ein. Die Verwendung von eckigen Klammern beim Hash oder von geschweiften Klammern beim Array führt zu Fehlern.

Da beim Hash die Liste der Datensätzen aus Schlüssel-Wert-Paaren besteht, erfolgt auch die Suche nach einem Datensatz über einen String-Index als Schlüssel. Da der String-Index dem jeweiligen Wert zugeordnet ist, erklärt sich somit auch der Name assoziatives Array.

Im Gegensatz zu einem Array, wo Sie den Zugriff auf ein bestimmtes Element über Array-Namen und Indexnummer (numerische Indizes) erreichen, benutzen Sie hier zwar den Hash-Namen, setzen aber statt einer Indexnummer gleich den zutreffenden Schlüssel ein. Hier empfiehlt es sich, treffende Namen für alle Variablen zu verwenden.

Bei der Hash-Speicherung von gleichnamigen Schlüsseln mit unterschiedlichen Werten wird nur der in der Reihung letzte Schlüssel mit seinem Wert gespeichert; die vorherigen gleichnamigen Schlüssel mit ihren Werten gehen verloren. Beim Array hingegen bleiben sämtliche doppelten Elemente erhalten.

Sie können beim Hash den zum Schlüssel gehörenden Wert manipulieren oder einen neuen Datensatz (Schlüssel-Wert) hinzufügen. Jedoch existieren hier nicht die bekannten Array-

Funktionen, wie z. B. `push()`, um Elemente ans Ende hinzuzufügen, bzw. `shift()`, um ein Element vom Anfang zu entfernen.

Eine weitere Eigenart des Hashs ist, dass nach der Hash-Speicherung die Reihenfolge der Schlüssel-Wert-Paare nicht erhalten bleibt. Es gibt nicht wie beim Array eine durch Index-nummer definierte Ordnung mit einem ersten oder einem zweiten usw. Element. Beim Hash erfolgt die Speicherung der Schlüssel-Wert-Paare in einer Reihenfolge, die unabhängig von der Reihenfolge ist, die ursprünglich von Ihnen aufgestellt wurde.

Möchten Sie aber die Ausgabe in der gleichen Reihenfolge wie die Eingabe realisieren, ver-wenden Sie das CPAN-Modul **Tie::IxHash**. Das Modul sorgt dafür, dass die Funktionen `keys()`, `each()` sowie `values()` die Datensätze in der Reihenfolge ausgegeben, wie sie eingegeben wurden.

6.2   Hashvariable

Hashes sind bei der Erstellung und im Gebrauch ähnlich wie Listen und Arrays. Kennzei-chen eines Datensatzes ist die Paarung von jeweils zwei Elementen zu einem Schlüssel-Wert (key-value). Somit besitzt jeder Schlüssel seinen korrespondierenden Wert.

Allgemein lässt sich eine Liste aus Schlüssel und Wert wie folgt darstellen:

(Schlüssel_a, Wert_1, Schlüssel_b, Wert_2, . . .);

Ein nicht existierender Wert liefert, wie bei fehlenden Array-Elementen oder undefinierten Skalar-Variablen, auch hier den undefinierten Wert `undef` zurück.

Aufbau einer Hash-Variable mit Schlüssel-Wert-Paaren:

```
%paare = ("ilse", 26, "ida", 32, "udo", 40, "tom", 44);
```

Statt der durch Kommas getrennten Liste bietet Perl die Alternative, den doppelten Pfeil-Operator (comma arrow) => zwischen Schlüssel und Wert einzusetzen. Dieser Operator funktioniert wie das Komma, nur brauchen Sie dabei die linke Seite (den Schlüssel) nicht in Anführungszeichen zu setzen. Der Einsatz des Operators fördert die deutlichere Darstellung von Hash-Zuordnungen:

```
%paare = (ilse => 26, ida => 32, udo => 40,tom => 44);
```

Die Listen der Hash-Variablen können heterogen sein; die Werte der Listen können aus Strings, Zahlen und weiteren Hashes bestehen:

```
#!/usr/bin/perl -w

%h1 = (a => 1, b => 2);
$neu = 'Perl';
```

```
%verschieden = (neu => $neu, wert => 4711, %h1);
print %verschieden,"\n";
```

Die Ausgabe ist:

```
Wert4711neuPerla1b2
```

Bei der Ausgabe des Hashs führen Anführungszeichen nicht zum gewünschten Erfolg, da eine Interpolation nur bei Arrays möglich ist. Wie die Ausgabe mit Leerzeichen zwischen den Elementen vonstatten geht, wird im folgenden Abschnitt beschrieben.

Datensätze können Sie direkt mit einer Liste oder über ein Array initialisieren oder aber die entsprechenden Werte einzeln dem Hash zuweisen.

6.2.1   Initialisierung

Im folgenden Beispiel wird ein Hash %paare direkt mit einer Liste initialisiert. Hierbei kann der Schlüsselbegriff, wenn er nur aus Buchstaben, Ziffern und Unterstrich besteht, auch ohne Anführungszeichen definiert werden. Die Datensätze werden jeweils durch ein Komma getrennt. Zwischen Schlüssel und Wert wird der Pfeil-Operator => eingesetzt. Sogar hinter dem letzten Datensatz erlaubt Perl ein Komma:

```
%paare = (ilse => 26, ida => 32, udo => 40, tom => 44,);
```

Auch über eine Listen-Zuweisung lässt sich ein Hash initialisieren:

```
#!/usr/bin/perl -w

($ilse, $ida, $udo, $tom) = (26, 32, 40, 44);
%paare = (ilse => $ilse, ida => $ida, udo => $udo,
tom => $tom);
print %paare;                    # udo40ilse26tom44ida32
```

Ähnlich wie bei LISP, Python oder funktionalen Sprachen wird bei der Zuweisung von Listen an ein Hash auch bei Perl der obigen skalaren Variablen $ilse der Wert 26, der skalaren Variablen $ida der Wert 32 usw. zugewiesen.

Die grafische Darstellung der gespeicherten Datensätze des obigen Hashs sieht wie folgt aus:

%paare

Wie oben dargestellt, lässt sich ein Hash direkt durch eine Liste bestehend aus Schlüssel-Wert-Paaren initialisieren.

Eine andere Möglichkeit, ein Hash zu initialisieren, geschieht durch die Zuweisung eines Arrays. Da Arrays bzw. Hashes den Typ Liste als Inhalt aufweisen, lassen sich beide jeweils in die andere Datenstruktur konvertieren. Somit lässt sich ein Hash auch durch ein Array initialisieren und umgekehrt. Berücksichtigen Sie, dass bei der Zuweisung vom Array zum Hash die Identität verloren geht, da bei der Hash-Speicherung die Reihenfolge der Schlüssel-Wert-Paare nicht erhalten bleibt.

Hash durch ein Array initialisieren
Die nächsten Programmzeilen zeigen, wie ein Hash durch ein Array initialisiert wird:

```
#!/usr/bin/perl -w

@array = qw(ilse 26 ida 32 udo 40 tom 44);
print @array,"\n";            # ilse26ida32udo40tom44
%paare = @array;
print %paare,"\n";            # udo40ilse26tom44ida32
```

Die Ausgabe des Arrays @array ist:

```
ilse26ida32udo40tom44
```

Die Ausgabe des Hashs %paare ist:

```
udo40ilse26tom44ida32
```

Wie Sie sehen, geht durch die Hash-Speicherung die Identität verloren, die Reihenfolge
bleibt nicht erhalten.

Array durch ein Hash initialisieren

Anders sieht es bei einer Zuweisung eines Hashs an ein Array aus. Hier bleibt die Identität
erhalten:

```
#!/usr/bin/perl -w

%paare = (ilse => 26, ida => 32, udo => 40, tom => 44);
print %paare,"\n";              # udo40ilse26tom44ida32
@array = %paare;
print @array,"\n";              # udo40ilse26tom44ida32
```

Die Ausgabe des Hashs `%paare` ist:

```
udo40ilse26tom44ida32
```

Die Ausgabe des Arrays `@array` ist:

```
udo40ilse26tom44ida32
```

Nach erfolgter Hash-Speicherung wird die veränderte Reihenfolge der Schlüssel-Wert-Paare
dem Array zugewiesen. Somit bleibt die Identität vom Hash zum Array erhalten.

Was passiert bei einer Zuweisung an ein Hash, wenn das Array (strukturmäßig einem Hash
ähnlich) gleiche Schlüssel, aber unterschiedliche Werte besitzt?

In den folgenden Zeilen besitzt im paarigen Array das Listen-Element "ida" jeweils unterschiedliche Werte:

```
#!/usr/bin/perl -w

@array = qw(ilse 26 ida 4711 ida 123 udo 40 tom 44 ida 32);
%paare = @array;
print %paare;                   # udo40ilse26tom44ida32
```

Die Ausgabe ist:

```
udo40ilse26tom44ida32
```

Werden dem Hash Datensätze aus einem Array mit Kombinationen aus gleichnamigen
Schlüssel-Werten zugewiesen, entfallen diese bis auf den letzten Datensatz in der Reihung
bei der Hash-Speicherung.

Generell gilt bei der Hash-Speicherung von gleichnamigen Schlüsseln, die gleiche bzw.
unterschiedliche Werte besitzen, dass nur der in der Reihung letzte Schlüssel mit seinem

Wert maßgebend ist. Alle vorherigen gleichnamigen Schlüssel mit ihren Werten werden
nicht gespeichert:

```
#!/usr/bin/perl -w

%paare = (ilse => 26, ida => 4711, udo => 40, ida => 123,
tom => 44, ida => 32);
print %paare;                    # udo40ilse26tom44ida32
```

Sie sehen, dass nur das letzte Schlüssel-Wert-Paar ida => 32 gespeichert wird. Alle vorherigen Werte des Schlüssels "ida" werden nicht berücksichtigt.

Einzelwert-Initialisierung

Die einzelne Wert-Zuordnung zum entsprechenden Schlüssel erfolgt durch die Angabe des
Variablennamens $paare. Da skalare Größen zugewiesen werden sollen, muss wieder ein
Dollarzeichen $ als Typ vor dem Variablennamen stehen. Nach dem Variablennamen wird
in geschweiften Klammern der jeweilige Schlüssel (Index-String) angegeben, der den zugehörigen Wert zugewiesen bekommt:

```
#!/usr/bin/perl -w

$paare {ilse} = 26;
$paare {ida}  = 4711;
$paare{udo}   = 40;
$paare{tom}   = 44;
$paare{ida}   = 32;

print %paare,"\n";
```

Die Ausgabe ist:

```
udo40ilse26tom44ida32
```

Wie Sie sehen, ist die Einzelwert-Zuordnung identisch mit der Listenwert-Initialisierung, bei
der die Schlüssel-Wert-Paare in Form einer Liste realisiert werden. Das Beispiel zeigt eindeutig, dass bei gleichnamigen Schlüsseln nur der letzte Wert von Bedeutung ist.

6.2.2   Ausgabe von Hashes

In diesem Abschnitt werden die verschiedenen Möglichkeiten der Ausgabe dargestellt.

Ausgabe eines Hashs

Ein Hash lässt sich in der klassischen Form ausgeben:

```
print %paare;                    # udo40ilse26tom44ida32
```

Bei der Ausgabe des Hashs %paare werden die gesamten Datensätze, bestehend aus den
Schlüssel-Wert-Paaren, ausgegeben. Die Reihenfolge der Ausgabe muss, wie bereits erwähnt, nicht identisch mit der Reihenfolge sein, die bei der Initialisierung vorgenommen
wurde.

Ferner lassen sich die Datensätze eines Hashs per Iteration über die jeweiligen Schlüssel-
Wert-Paare ausgeben:

```
#!/usr/bin/perl -w

%paare = (ilse => 26, ida => 32, udo => 40, tom => 44);
while (($key, $wert) = each %paare) {
     print " $key => $wert";
}
# udo => 40 ilse => 26 tom => 44 ida => 32
```

Ebenso können Sie die gesamte Ausgabe eines Hashs mit der Funktion map() durchführen:

```
#!/usr/bin/perl -w

%paare = (ilse => 26, ida => 32, udo => 40, tom => 44);
print map {"$_ => $paare{$_} "} keys %paare;
# udo => 40 ilse => 26 tom => 44 ida => 32
```

Das obige Hash mit seinen Datensätzen lässt sich auch über ein Array ausgeben, mit der
Ausnahme, dass die Interpolation nur bei Arrays (Listenkontext) möglich ist. Ein Hash in
Anführungszeichen führt aber nicht zum gewünschten Ergebnis:

```
#!/usr/bin/perl -w

%paare = (ilse => 26, ida => 32, udo => 40, tom => 44);
@array = %paare;
print "@array\n";
# udo 40 ilse 26 tom 44 ida 32
```

Möchten Sie die Interpolation auch beim Hash vornehmen und Leerzeichen zwischen den
Elementen erhalten, geschieht dies über anonyme Arrays bzw. anonyme Hashes.

Der obige Ausdruck lässt sich dann wie folgt schreiben:

```
#!/usr/bin/perl -w

%paare = (ilse => 26, ida => 32, udo => 40, tom => 44);
print "Hash-Elemente: @{ [ %paare ] } \n";
# Hash-Elemente: udo 40 ilse 26 tom 44 ida 32
```

Zuerst erfolgt eine Überführung des Hashs in ein anonymes Array (z. B. Array-Referenz, `ARRAY(0x655b70)`). Anschließend wird über den Konstrukt `@{...}` diese Array-Referenz dereferenziert, was zum gewünschten Ergebnis führt. Dieses Verfahren ist zwar ineffizient, aber die einzige Möglichkeit, Schlüssel-Wert-Paare eines Hashs direkt im Listenkontext auszuführen.

Weitere Ausgabemöglichkeiten werden in den folgenden Abschnitten dargestellt.

Ausgabe sämtlicher Schlüssel eines Hashs
Die jeweiligen Schlüssel, die im Hash `%paare` enthalten sind, können Sie sich speziell durch die Funktion `keys()` ausgeben lassen:

```
#!/usr/bin/perl -w

%paare = (ilse => 26, ida => 32, udo => 40, tom => 44);
foreach (keys %paare){
      print "$_ ";
}
```

Die Ausgabe ist:

```
udo ilse tom ida
```

Auch hier werden die Schlüssel nicht in der gleichen Reihenfolge ausgegeben, wie sie im Hash definiert wurden.

Möchten Sie eine umgekehrte (inverse) Reihenfolge von Schlüsseln ohne Sortierung ausgeben, können Sie dies mit einer `reverse`-Funktion wie folgt realisieren:

```
#!/usr/bin/perl -w

%paare = (ilse => 26, ida => 32, udo => 40, tom => 44);
foreach (reverse keys %paare){
      print "$_ ";
}
```

Die Ausgabe mit der Funktion `reverse()` ist:

```
ida tom ilse udo
```

Möchten Sie aber die Schlüssel alphabetisch sortiert ausgeben, brauchen Sie nur die Funktion `sort()` einsetzen, so dass die `foreach`-Schleife für die Ausgabe des Hashs jetzt wie folgt lautet:

```
#!/usr/bin/perl -w

%paare = (ilse => 26, ida => 32, udo => 40, tom => 44);
```

```
foreach (sort keys %paare){
      print "$_ ";
}
```

Die Ausgabe mit der Funktion `sort()` ist:

```
ida ilse tom udo
```

Soll die Ausgabe in umgekehrter Reihung und sortiert ausgegeben werden, muss die Funktion `reverse()` davor stehen:

```
#!/usr/bin/perl -w

%paare = (ilse => 26, ida => 32, udo => 40, tom => 44);
foreach (reverse sort keys %paare) {
      print "$_ ";
}
```

Die Ausgabe mit den Funktionen `reverse()` und `sort()` ist:

```
udo tom ilse ida
```

Ausgabe einzelner Werte

Bei der Ausgabe einzelner Werte, die zum entsprechenden Schlüssel gehören, wird der jeweilige Schlüssel in geschweiften Klammern angegeben (ähnlich Indexwert bei Arrays). Die Hash-Variable wird durch Voranstellen eines Dollarzeichens $ gekennzeichnet:

```
#!/usr/bin/perl -w

%paare = (ilse => 26, ida => 32, udo => 40, tom => 44);
print "$paare{ilse}\n";              # 26
print "$paare{ida}\n";               # 32
```

Schlüsselbegriffe sind in der Regel Strings. Für Perl ist es ohne Bedeutung, wenn diese Strings aus Zahlen bestehen. Besitzt der Schlüssel keinen entsprechenden Wert, erfolgt hier die Ausgabe `undef`.

6.3 Funktionen für Hashes

Für die Bearbeitung von Hashes bietet Perl eine Reihe von Funktionen an. Da Sie die entsprechenden Elemente, im Gegensatz zu den einfachen Arrays, nicht mit Hilfe eines Zahlen-Index ermitteln können, brauchen Sie Funktionen, um die Elemente, d. h. Schlüssel bzw. Werte, ermitteln und bearbeiten zu können.

Die Funktion delete()

delete *hash* [*schlüssel*]

Um einen bestimmten Datensatz zu entfernen, verwenden Sie die Funktion delete(). Sie hat als Argument den zu entfernenden Schlüssel bzw. es lassen sich durch Angabe mehrerer Schlüssel des Hashs die entsprechenden Datensätze entfernen:

```perl
#!/usr/bin/perl -w

%paare = (ilse => 26, ida => 32, udo => 40, tom => 44);
print delete $paare {'udo'},"\n";
# 40, entfernt den Datensatz $udo => 40
print delete @paare{'ilse','ida'},"\n";
# 26 32, Datensatz $ilse => 26 und $ida => 32 werden entfernt
print %paare,"\n";          # tom44
```

Nach Einsatz der Funktionen delete() enthält im obigen Beispiel das Hash %paare nur noch den Datensatz (tom => 44);

Die Funktion delete() liefert den Wert des Schlüssels zurück, den sie gelöscht hat. Im Gegensatz zum Array – wo beim Löschen sogenannte Löcher entstehen – kann hier jeder Datensatz effizient gelöscht werden.

Die Funktion undef()

undef *ausdruck*

Mit der Funktion undef() können Sie den korrespondierenden Wert zum Schlüssel löschen. Das heißt, nur sein Wert wird undef, die Kombination Schlüssel-Wert existiert weiterhin. Damit Sie überprüfen können, ob der zugehörige Wert zum Schlüssel undef wurde, ist im unten stehenden Beispiel die foreach-Schleife verwendet worden. Mit der Funktion sort() sollen noch die Schlüssel sortiert ausgegeben werden:

```perl
#!/usr/bin/perl -w

%paare = (ilse => 26, ida => 32, udo => 40, tom => 44);
undef $paare {'ida'};               # 32 wird entfernt
foreach (sort keys %paare) {
    print " $_ => $paare{$_}";
# ida =>    ilse => 26 tom => 44 udo =>40
}
```

Durch die Funktion undef() ist der ehemals korrespondierende Wert 32 zum Schlüssel "ida" jetzt zu undef geworden.

Die Funktion keys()

keys *hash*

Um die Ausgabe aller Schlüssel zu erhalten, liefert die Funktion `keys()` jeweils die Schlüssel des Hashs. Hierbei kann die Klammer für das Argument wieder optional verwendet werden.

Im Anweisungsblock der `foreach`-Schleife könnte die Spezial-Variable `$_` entfallen, so dass nur die `print`-Anweisung ohne Argument vorhanden wäre. Der besseren Übersicht wegen wurde sie jedoch bei der Ausgabe verwendet. Da die Reihenfolge der Schlüssel bei der Ausgabe bei der Hash-Speicherung willkürlich ist, werden sie im nächsten Beispiel sortiert ausgegeben:

```perl
#!/usr/bin/perl -w

%paare = (ilse => 26, ida => 32, udo => 40, tom => 44);
foreach (sort keys %paare) {print "$_ ";}
# ida ilse tom udo
```

Möchten Sie die Werte absteigend ausgeben, verwenden Sie die Vergleichsfunktion `<=>` mit den Standardvariablen `$a` und `$b`:

```perl
#!/usr/bin/perl -w

%paare = (ilse => 26, ida => 32, udo => 40, tom => 44);
foreach (sort {$paare{$b} <=> $paare{$a}} keys %paare) {
     print "$_ => $paare{$_} ";
}
```

Die Ausgabe ist:

```
tom => 44 udo => 40 ida => 32 ilse => 26
```

Um die Anzahl der Datensätze (Schlüssel-Anzahl) eines Hashs zu bestimmen, wird der skalare Kontext gewählt:

```perl
#!/usr/bin/perl -w

%paare = (ilse => 26, ida => 4711, udo => 40, ida => 123,
tom => 44, ida => 32);
$anzahl = keys %paare;
print "Anzahl der Datensaetze: $anzahl\n";
```

Die Ausgabe ist:

```
Anzahl der Datensaetze: 4
```

Sollten gleichnamige Schlüssel – wie im obigen Beispiel – in Ihrem Hash vorhanden sein, werden sämtliche gleichnamige Schlüssel nur als ein Schlüssel gezählt.

Die Funktion `values()`

values *hash*

Die Funktion `values()` ist das Gegenstück zu der Funktion `keys()`. Sie liefert eine Liste aller aktuellen Werte eines Hashs. Wie bei der Funktion `keys()` ist die Reihenfolge der Werte zufällig:

```perl
#!/usr/bin/perl -w

%paare = (ilse => 26, ida => 32, udo => 40, tom => 44);
@array = values %paare;
print "@array\n";                          # 40 26 44 32
```

Im Beispiel sind die vorhandenen Werte des Hashs einem Array zugewiesen worden.

Die Werte eines Hashs können auch sortiert mit der `foreach`-Schleife ausgegeben werden:

```perl
#!/usr/bin/perl -w

%paare = (ilse => 26, ida => 32, udo => 40, tom => 44);
foreach (sort values %paare) {print "$_ ";}
# 26 32 40 44
```

Bei einer sortierten Wert-Ausgabe mit gleichen Werten kann allerdings keine Zuordnung zu den Schlüsseln erfolgen.

Die Funktion `each()`

each *hash*

Diese Funktion liefert im Listenkontext bei jedem Aufruf den nächsten Datensatz, so lange, bis der letzte Datensatz ausgegeben ist. Dabei werden die Datensätze in einer zufälligen Reihenfolge ausgegeben. Nachdem alle Datensätze angezeigt sind, wird eine leere Liste zurückgegeben:

```perl
%paare = (ilse => 26, ida => 32, udo => 40, tom => 44);
```

Die Hash-Speicherung bei diesem Beisspiel ist: `udo40 ilse26 tom44 ida32`

Durch die Hash-Speicherung wird beim erstmaligen Aufruf der `each`-Funktion das erste Schlüssel-Wert-Paar ausgegeben; mit einem weiteren Aufruf der `each`-Funktion erfolgt die Ausgabe des nächsten Schlüssel-Wert-Paares der Hash-Speicherung usw.:

```perl
#!/usr/bin/perl -w

%paare = (ilse => 26, ida => 32, udo => 40, tom => 44);
print each %paare;                         # udo40
print " $key => $wert\n",
if ($key,$wert) = each %paare;             # ilse => 26
```

Im obigen Beispiel werden jeweils die beiden ersten gespeicherten Datensätze ausgegeben, zunächst der Datensatz udo40 und anschließend in der Hash-Darstellungsform (if-Modifikator) – mit der zweiten print-Anweisung – der Datensatz ilse => 26.

Mit einer while-Schleife können Sie die restlichen Schlüssel-Wert-Paare des Hashs ausgeben:

```
while (($key, $wert) = each %paare) {
        print "$key => $wert ";
}
```

Die restlichen Schlüssel-Wert-Paare des Hashs %paare lauten:

```
tom => 44 ida => 32
```

Möchten Sie alle Datensätze des Hashs ausgeben – wie schon dargestellt –, können Sie dies mit der Zuweisung an ein Array erzielen:

```
#!/usr/bin/perl -w

%paare = (ilse => 26, ida => 32, udo => 40, tom => 44);
while (@array = each %paare) {
        print "$array[0] => $array[1] ";
}
# udo => 40 ilse => 26 tom => 44 ida => 32
```

Durch diese Zuweisung an ein Array @array lassen sich sämtliche Datensätze des Hashs, sowohl Schlüssel als auch Wert, durch den Index 0 für den Schlüssel und Index 1 für den Wert ausgeben.

Erfolgt die Zuweisung eines Hashs an eine skalare Variable (hier Spezial-Variable $_), liefert die Funktion each() nur die jeweiligen Schlüssel des Hashs.

Im folgendem Programm werden somit nur die Schlüssel ausgegeben:

```
#!/usr/bin/perl -w

%paare = (ilse => 26, ida => 32, udo => 40, tom => 44);
while ($_ = each %paare) {
        print "$_ ";
}
```

Die Ausgabe ist:

```
udo ilse tom ida
```

Die Funktion `exists()`

exists *hash* [*schlüssel*]

Diese Funktion liefert als Ergebnis den Booleschen Wert `true` zurück, wenn der entsprechende Schlüssel im Hash existiert. Der Wahrheitswert `true` wird ebenfalls zurückgeliefert, wenn der entsprechende Wert des Schlüssels undefiniert ist:

```
#!/usr/bin/perl -w

%paare = (ilse => 26, ida => 32, udo => 40, tom => 44);
print "Der Wert von 'udo' ist: ", $paare{udo},
if exists $paare{udo};  # Der Wert von 'udo' ist: 40
```

Da im obigen Beispiel der Schlüssel "udo" existiert, lässt sich auch der korrespondierende Wert, nämlich 40, ausgeben.

6.4 Manipulation eines Hashs

Wie in den vorherigen Abschnitten gezeigt wurde, lassen sich einzelne Datensätze – Schlüssel-Wert-Paare – eines Hashs bearbeiten. Im folgenden Abschnitt werden ganze Hashes behandelt.

6.4.1 Löschen eines Hashs

Anstatt wie mit der Funktion `delete()` durch Angabe von Schlüsseln entsprechende Datensätze zu entfernen, lässt sich mittels Zuweisung einer leeren Liste der gesamte Hash löschen, wobei die Hash-Variable noch vorhanden ist. Diese können Sie anschließend durch die Funktion `undef()` löschen:

```
#!/usr/bin/perl -w

%paare = (ilse => 26, ida => 32, udo => 40, tom => 44);
%paare = ();
# Hash %paare enthält keine Datensätze mehr.
undef %paare;
# Hash-Variable %paare ist gelöscht.
print %paare, if %paare or die "Hash nicht vorhanden!\n";
# Hash nicht vorhanden!
```

Selbst die Hash-Variable `%paare` existiert nicht mehr, was mit der `if`-Anweisung überprüft wurde.

6.4.2   Zuweisung eines Hashs

Die Zuweisung eines Hashs an ein beliebiges anderes Hash ist ebenso einfach zu realisieren wie die eines Arrays an ein Hash:

```
#!/usr/bin/perl -w

%postleitzahl = (altstadt => 84028, trausnitz => 84036,
                 heuweg => 84034);
print %postleitzahl;
# trausnitz84036altstadt84028heuweg84034
```

Nachstehend erfolgt eine Zuweisung des Hashs %postleitzahl zum Hash %neu:

```
#!/usr/bin/perl -w

%postleitzahl = (altstadt => 84028, trausnitz => 84036,
                 heuweg => 84034);
%neu = %postleitzahl;
print %neu;
# trausnitz84036altstadt84028heuweg84034
```

Die Ausgabe der Datensätze des Hashs %neu muss denen des Hashs %postleitzahl entsprechen.

Das Hash %neu ist eigenständig, so dass Sie sämtliche bereits genannten Funktionen darauf anwenden können.

6.4.3   Hash-Slices

Wie bei Arrays gibt es auch ein Hash mit Slices, um z. B. auf eine Reihe von Datensätzen zuzugreifen. Ein Slice ist eine Auswahl von Datensätzen, die anhand einer Subliste von Schlüsseln angegeben wird.

Es lassen sich mit Slices weitere Initialisierungen von Datensätzen (hier am Beispiel Hash %postleitzahl) über eine Liste vornehmen:

```
#!/usr/bin/perl -w

%postleitzahl = (altstadt => 84028, trausnitz => 84036,
heuweg => 84034);
($postleitzahl {berlin}, $postleitzahl {bonn}) =
(10629, 53111);
```

Im Hash %postleitzahl sind nun weitere Schlüssel-Wert-Paare vorhanden:

```
bonn53111berlin10629trausnitz84036altstadt84028heuweg84034
```

Im Weiteren können Sie sich wieder mit der Funktion each() den gesamten Hash %post-leitzahl ausgeben lassen:

```perl
#!/usr/bin/perl -w

%postleitzahl = (altstadt => 84028, trausnitz => 84036,
heuweg => 84034);
($postleitzahl {berlin}, $postleitzahl {bonn}) =
(10629, 53111);
while (($key,$wert) = each %postleitzahl) {
    print "$key => $wert ";
}
# bonn => 53111 berlin => 10629 trausnitz => 84036
# altstadt => 84028 heuweg => 84034
```

Außerdem haben Sie die Möglichkeit, sehr effizient mehrere Schlüssel-Wert-Paare aus dem Hash zu entfernen:

```perl
#!/usr/bin/perl -w

%postleitzahl = (altstadt => 84028, trausnitz => 84036,
heuweg => 84034);
($postleitzahl {berlin}, $postleitzahl {bonn}) =
(10629, 53111);
@entferne = qw(heuweg trausnitz altstadt);
delete @postleitzahl{@entferne};
```

Die noch verbleibenden Datensätze des Hashs %postleitzahl werden wie folgt ausgegeben:

```perl
print %postleitzahl;              # bonn53111berlin10629
```

Es sind nur noch zwei Schlüssel-Wert-Paare (bonn => 53111, berlin => 10629) im Hash vorhanden.

6.4.4   Inverse Schlüssel-Wert-Paare

Mit der Funktion reverse() lassen sich bei Hashes die Datensätze invertieren, und zwar Schlüssel in Werte und Werte in Schlüssel.

An den restlichen Datensätzen des obigen Hashs %postleitzahl werden mit der Funktion reverse() die Schlüssel mit ihren Werten vertauscht:

```perl
#!/usr/bin/perl -w

%postleitzahl = (berlin => 10629, bonn => 53111);
```

```
%dreh = reverse %postleitzahl;
foreach (keys %dreh) {
     print "$_ => $dreh{$_} ";
}
```

Mit der foreach-Schleife erhalten Sie folgende inverse Datensätze:

```
53111 => bonn 10629 => berlin
```

Wie bereits ausführlich erläutert, existiert in einem Hash bei gleichnamigen Schlüsseln mit unterschiedlichen Werten in der Reihung nur das letzte Schlüssel-Wert-Paar:

```
#!/usr/bin/perl -w

%hash = (a => 22, b => 2, a => 'perl', c => 3, a => 3);
print %hash;
# a3b2c3 Ausgabe der Hash-Speicherung
%dreh = reverse %hash;               # 3c2b3a nach reserve
print %dreh,"\n";
# 2b3a Ausgabe der Hash-Speicherung
```

Wie Sie am obigen Beispiel sehen, ist bei der Funktion reverse() mit Hashes darauf zu achten, dass die Werte eindeutig sind, da eventuell Schlüssel-Wert-Paare entfallen könnten.

Bei den gleichnamigen Schlüsseln "a" bleibt in der Reihung nur der Datensatz a => 3 übrig, während die Datensätze a => 22 und a => 'perl' entfallen. Mit der ersten print-Anweisung werden die Datensätze a3b2c3 ausgegeben.

Die Funktion reverse() erzeugt neben dem Vertauschen von Schlüsseln und Werten auch eine Inversion der Schlüssel, so dass aus den Datensätzen a3b2c3 die Datensätze 3c2b3a entstehen.

Letztere werden dem Hash %dreh zugewiesen. Die Hash-Speicherung des Hashs %dreh speichert wiederum bei gleichnamigen Schlüsseln nur den letzten (mit Wert) in der Reihung. so dass nur folgende Schlüssel-Wert-Paare im Hash %dreh vorhanden sind:

```
2 => b, 3 => a.
```

Der gedrehte Datensatz 3c ist nicht gespeichert worden, so dass das ursprüngliche Schlüssel-Wert-Paar c => 3 nicht mehr vorhanden ist.

6.5   Verwendete Funktionen

In der folgenden Tabelle werden die wichtigsten Funktionen aus diesem Kapitel nochmals erläutert.

Tabelle 6.5: Verwendete Funktionen

Funktion	Bedeutung
delete()	Löscht das oder die Schlüssel-Wert.Paar(e)
die()	Verlässt das Programm mit Fehlercode
each()	Liefert das nächste Schlüssel-Wert-Paar
exists()	Überprüft, ob der Hash-Schlüssel existiert
keys()	Gibt eine Liste aller Schlüssel zurück
map()	Gibt die Liste der Ergebnisse zurück
undef()	Gibt den Wert als undefinierten Wert
reverse()	Gibt die Liste in ungekehrter Reihenfolge zurück
sort()	Sortiert die Liste
values()	Gibt die Werte einer Liste zurück

7 Kontrollstrukturen und Bedingungen

Kontrollstrukturen bestimmen die Abfolge der jeweiligen Anweisungen. Eine Anweisung ist ein beliebiger gültiger Perl-Ausdruck, der mit einem Semikolon abgeschlossen wird. Ein Ausdruck ist eine Aneinanderreihung von Zeichen unter Berücksichtigung einer vorgegebenen Syntaxform.

Ein Ausdruck ist beispielsweise:

```
$var = 3.14 + 23 - $x[2];
```

Der Ausdruck besteht aus Variablen wie $var, $x[2], Arithmetische-Operatoren wie +, -, einem Zuweisungs-Operator = und Konstanten wie 3.14 und 23.

Anweisungen können in Perl in geschweiften Klammern zu einem Anweisungsblock zusammengefasst werden. In einem Perl-Programm stellen sie nach den Anweisungen die kleinste funktionelle Einheit dar. Die folgenden Beispiele zeigen eine Block-Darstellung:

```
#!/usr/bin/perl -w

{                             # Blockanfang
++$var;
print " $var ";               # 1 2 3 4 5
redo if $var < 5;
}                             # Blockende
```

Es werden die Zahlen 1..5 ausgegeben. Mit dem Präinkrement-Operator ++ vor der Variablen $var erhöht sich jeweils der Wert um 1, so dass die Variable $var beim ersten Durchlauf den Wert 1 besitzt, welcher auch ausgegeben wird. Mit der Funktion redo() wird der Block vom Anfang an so lange wiederholt – und somit der Wert der Variablen $var jeweils um 1 erhöht –, bis die Bedingung der if-Anweisung als Ergebnis den Booleschen Wert false liefert. Der Wert der Variablen $var ist also nicht mehr kleiner als 5. Das Semikolon am Ende der letzten Anweisung ist eine Kann-Bestimmung.

In der Folge wird das gleiche Programm mit einer **Marke** verwendet:

```
#!/usr/bin/perl -w

BLOCK:                                    # Marke
{                                         # Blockanfang
++$var;
print "$var ";                            # 1 2 3 4 5
redo BLOCK if $var < 5;

}                                         # Blockende
```

Hier wird wie im vorherigen Beispiel zunächst der Variablenwert um 1 erhöht. Mittels der Funktion redo() wird das Programm jeweils bei der Marke Block begonnen, und zwar so lange, bis die if-Anweisung den Wahrheitswert false ergibt.

Ausführung von Kontrollstrukturen
Die Kontrollstrukturen lassen sich in zwei Hauptbereiche unterteilen. Der erste Bereich sind die **Bedingungsanweisungen**, die abhängig von entsprechenden Bedingungen ausgeführt werden. Die einfachste bedingte Anweisung ist z. B. die if-Anweisung.

Der zweite Bereich sind die **Wiederholungsanweisungen** (Schleifen). Hier wird z. B. in einer Schleife mittels Anzahl festgelegt, wie oft die Wiederholungen stattfinden sollen. Als eine wiederholte Anweisung gilt z. B. die klassische for-Anweisung.

Alle beide Arten erzielen als Ergebnis der Bedingung einen skalaren Wahrheitswert im Booleschen Kontext. Je nach Wahrheitsgehalt des Booleschen Ausdrucks, der true oder false sein kann, wird entschieden, welcher Zweig bei der bedingten Anweisung durchlaufen wird; bei einer Schleife wird entschieden, ob diese nochmals durchlaufen werden soll.

Bezüglich Wahrheit ist alles true, was nicht false ist. Weiterhin gilt ein Wert dann als true, wenn er ungleich Null ist; jeder String, der nicht leer ist, gilt als true.

Der Wert undef gilt als false.

Die Auswertung der Bedingung kann sowohl bei logischen als auch bei regulären Ausdrücken vorgenommen werden. Des Weiteren können Sie wie bei manchen Assemblern an Statements einen Modifikator anhängen:

```
#!/usr/bin/perl -w

$var = 0.001;
$var > 0 and print" $var ist groesser als 0\n";
# 0.001 ist groesser als 0
```

Als regulärer Ausdruck lässt sich die Abfrage einer positiven Zahl wie folgt realisieren:

```
#!/usr/bin/perl -w

$_ = "+0.001";
print "'$&' ist eine positive Zahl\n" if /[+-]\d\.\d*/
or die "Fehler\n";
# '+0.001' ist eine positive Zahl
```

Der Anweisungsblock, der aus einer Anweisung oder mehreren Anweisungen bestehen kann, wird in geschweiften Klammern geschrieben. Jede dieser Anweisungen im Anweisungsblock wird ausgeführt. Das Semikolon nach der letzten Anweisung ist optional. Sie können es hinzufügen (wie in C/C++), müssen es aber nicht hinzufügen (wie in Pascal).

7.1   Bedingungen

Sie können nicht nur den Wahrheitswert einer Variablen bestimmen, sondern können diese Variable mit einer anderen vergleichen, um festzustellen, ob sie gleich, größer, kleiner usw. ist. Für solche Vergleiche stehen relationale Operatoren zur Verfügung, die in der folgenden Tabelle aufgeführt sind. Mit diesen Operatoren lassen sich Vergleiche zwischen numerischen Werten und String-Werten vornehmen.

Tabelle 7.1: Relationale Operatoren

Bedeutungen	Numerischer-Operator	String-Operator
Gleichheit	==	eq
Ungleichheit	!=	ne
Kleiner als	<	lt
Kleiner oder gleich	<=	le
Größer als	>	gt
Größer oder gleich	>=	ge

Bedingungen zählen zu den grundlegendsten Kontrollstrukturen jeder Programmiersprache. Wie Sie an der unten stehenden Syntax einer einfachen bedingten `if`-Anweisung sehen können, besteht diese aus einem Bedingungsteil und einem Anweisungsblock.

Je nach Auswertung der Bedingung wird entschieden, welcher Anweisungsblock zur Ausführung kommt. Ergibt die Auswertung im skalaren Kontext den Booleschen Wahrheitswert `true`, wird der zugehörige Anweisungsblock ausgeführt, im anderen Fall kommt dieser Block nicht zur Ausführung. Er wird übersprungen und es wird im nächsten Block oder im Programm weiter fortgefahren. Hierbei muss, im Gegensatz zu C/C++ oder Java, auf die Bedingung (auch bei `elsif` und `else`) immer ein Anweisungsblock in geschweifter Klammer folgen, sogar wenn keine bzw. nur eine Anweisung im Block vorhanden ist.

7.1.1   if-elsif-else-Anweisung

Eine einfache Entscheidungsstruktur liefert folgende if-Anweisung:

if (Bedingung) {Anweisungsblock}

Bei dieser einfachen if-Anweisung wird, wenn die Bedingung als Ergebnis im Booleschen Kontext den Wahrheitswert true liefert, der Anweisungsblock ausgeführt. Im anderen Fall, nämlich beim Wahrheitswert false, geschieht nichts mit diesem Anweisungsblock (er wird übersprungen) und Perl führt die eventuell vorhandenen weiteren Anweisungen nach dem Anweisungsblock aus:

```
#!/usr/bin/perl -w

$var = 0.001;
if ($var > 0) {                                      # true
     print "$var ist groesser als 0.\n";}
print "Hier geht es weiter.\n";
```

Die Ausgabe ist:

```
0.001 ist groesser als 0.
Hier geht es weiter.
```

Liefert der Boolesche Kontext der Bedingung den Wahrheitswert false, z. B. wenn Sie der skalaren Variablen den Wert 0 zuweisen, lautet die Ausgabe:

```
Hier geht es weiter.
```

Wie in der untenstehenden Struktur dargestellt, können Sie in Perl etliche bedingte Ausdrücke als elsif-Blöcke (elsif-Zweige) verwenden. Der an letzter Stelle stehende else-Block benötigt keine eigene Bedingung, da er als Alternative für die vor ihm liegenden, nicht zutreffenden Ereignisse verwendet wird. Sowohl die genannten bedingten Ausdrücke als auch die else-Anweisung, müssen aber nicht vorhanden sein.

Die Syntax einer verschachtelten if-elsif-else-Anweisung könnte folgende Struktur aufweisen:

if (Bedingung) {

     Anweisungsblock

}

[elsif (Bedingung) {

     Anweisungsblock

}

elsif (Bedingung){

        Anweisungsblock

}

elsif . . .

]

[else {

        Anweisungsblock

}

]

Diese etwaig vorhandenen bedingten Ausdrücke werden alle mit dem `elsif`-Schlüsselwort eingeleitet. Optionale Anweisungen sind in eckigen Klammern eingefasst. Als Alternative ohne Bedingung könnten Sie den letzten `else`-Anweisungsblock verwenden.

Der Ablauf der obigen Struktur geschieht wie folgt:

Zunächst wird die erste Bedingung der obigen Entscheidungsstruktur ausgewertet. Ergibt der Boolesche Kontext dieser Bedingung den skalaren Wahrheitswert `true`, wird – wie bereits gesagt – der zugehörige Anweisungsblock ausgeführt. Anschließend wird nach der vorliegenden Entscheidungsstruktur mit dem Programm fortgefahren.

Ergibt die erste Bedingung aber den Wahrheitswert `false`, wird der Anweisungsblock nicht ausgeführt, sondern der nächste vorhandene `elsif`-Zweig angegangen. In diesem wird wieder die Bedingung ausgewertet. Liefert der Boolesche Kontext dieser Bedingung den Wahrheitswert `true`, wird der dazugehörige Anweisungsblock ausgeführt und es wird im Programm fortgefahren. Ist der Wahrheitswert dieses `elsif`-Zweiges aber `false`, wird dieser Anweisungsblock übersprungen (nicht ausgeführt) und in den nächsten `elsif`-Zweig verzweigt. In ihm wird wieder nach der gleichen Prozedur verfahren. Beim Wahrheitswert `true` erfolgt die Ausführung des zugehörigen Anweisungsblocks mit anschließender Fortsetzung des Programms. Beim Wahrheitswert `false` erfolgt keine Ausführung des Anweisungsblocks, sondern eine Verzweigung zum etwaigen nächsten `elsif`-Zweig usw.

Ergeben sämtliche `if`-`elsif`-Zweige in der obigen Darstellung den Wahrheitswert `false`, wird beim Vorhandensein von `else` der entsprechende Anweisungsblock ausgeführt. Anschließend wird das Programm fortgesetzt.

Neben dieser grundlegenden `if`-`elsif`-`else`-Anweisung können verschiedene Varianten konstruiert werden.

Beispiel einer mehrfachen `if`-Anweisung
Die Syntax lautet:

if (Bedingung) {Anweisungsblock}

if (Bedingung) {Anweisungsblock}

In dieser speziellen Struktur sind ausschließlich if-Anweisungen verwendet worden.

Liefert die Auswertung der ersten if-Anweisung den Booleschen Wert true, wird der zugehörige Block ausgeführt. Im anderen Fall, beim Wahrheitswert false, wird dieser Block übersprungen und es wird mit der nächsten if-Anweisung fortgefahren.

Im folgenden Beispiel wird einmal die Zahl 99 und im anderen Fall z. B. die Zahl 100 eingegeben:

```
#!/usr/bin/perl -w

print "Ihre Eingabe\n";

$punkte = <STDIN>;
# Die erste Eingabe ist 99, danach die zweite >=100
chomp ($punkte);

if ( $punkte < 100 ) {
print "Mit $punkte Punkten haben Sie Rang 4 erreicht!\n";}
if ($punkte >= 100) {
print "Mit $punkte Punkten haben Sie Rang 3 erreicht!\n";}
print "Neues Spiel, neues Glueck.\n";
```

Bei der Eingabe einer Zahl kleiner als 100 (beispielsweise 99) ergibt die Auswertung der ersten Bedingung den Wahrheitswert true, somit wird der erste Anweisungsblock ausgeführt. Anschließend wird die zweite if-Anweisung übersprungen und die anschließende print-Anweisung ausgeführt.

Die Ausgabe ist:

```
Mit 99 Punkten haben Sie Rang 4 erreicht!
Neues Spiel, neues Glueck.
```

Mit der Eingabe einer Zahl größer oder gleich 100 – wie es bei einer Eingabe von 100 der Fall ist – liefert die erste if-Anweisung den Wahrheitswert false, das bedeutet, der erste Anweisungsblock wird übersprungen und es erfolgt die Abfrage der zweiten if-Anweisung. Da hier die Auswertung den Wahrheitswert true liefert, wird der dazugehörige Anweisungsblock ausgeführt. Danach wird im Programm fortgefahren, was zu folgendem Ergebnis führt:

Die Ausgabe ist:

```
Mit 100 Punkten haben Sie Rang 3 erreicht!
Neues Spiel, neues Glueck.
```

Neben diesen Konstrukten gibt es in Perl die bekannten Formen, wie sie auch in C/C++ üblich sind.

Beispiel einer `if-else`-Anweisung

Die Syntax lautet:

if (Bedingung) {Anweisungsblock}

      else {Anweisungsblock}

Wenn die Auswertung der Bedingung den skalaren Wahrheitswert `true` ergibt, kommt der dazugehörige Anweisungsblock des `if`-Zweiges ins Spiel und der Anweisungsblock des `else`-Zweiges wird übersprungen. Danach wird im Programm fortgefahren.

Ist der Wahrheitswert `false`, wird der Anweisungsblock des `if`-Zweiges übersprungen und der entsprechende Anweisungsblock des `else`-Zweiges ausgeführt.

Dies wird im folgenden Programm gezeigt:

```
#!/usr/bin/perl -w

print "Ihre Eingabe\n";

$punkte = <STDIN>;
chomp ($punkte);

if ($punkte < 100) {
print "Mit $punkte Punkten haben Sie Rang 4 erreicht\n";}
else {
print "Mit $punkte Punkten haben Sie Rang 3 erreicht\n";}
print "Neues Spiel, neues Glueck.\n";
```

Werden bei dieser `if-else`-Anweisung die gleichen Zahlenwerte wie in der mehrfachen `if`-Anweisung (Zahl 99 bzw. eine Zahl >= 100) eingegeben, erzielen Sie die gleichen Ausgaben.

Somit können Sie die obige mehrfache (zweifache) `if`-Anweisung auch mit einer `if-else`-Anweisung realisieren.

Um einen Bereich in einzelne Teilbereiche zu untergliedern und diese gezielt anzusprechen, können Sie eine Steuerung durch eine logische **UND**-Verknüpfung `&&` vornehmen. Bei dieser logischen **UND**-Verknüpfung ist zu berücksichtigen, dass die jeweiligen Ausdrücke – von links nach rechts – nur solange ausgewertet werden, bis das Gesamtergebnis feststeht. Die Auswertung der restlichen Teilausdrücke entfällt (Abkürzung bzw. Short-cut-Auswertung). Ergibt z. B. der erste (linke) Teilausdruck vor dem **UND**-Operator bereits `false`, wird der zweite (rechte) Teilausdruck nach dem **UND**-Operator nicht mehr ausgewertet, da das Gesamtergebnis bereits feststeht, nämlich `false`. Mit anderen Worten, dieser zweite (rechte) Teilausdruck kann das Gesamtergebnis nicht mehr beeinflussen.

Ist aber der linke Ausdruck beim **UND**-Operator `true`, muss auch der rechte Ausdruck ausgewertet werden, da dieser jetzt das Gesamtergebnis bestimmt.

Beispiel einer `if-else-if-else`-Anweisung mit logischer UND-Verknüpfung
In dieser speziellen Form werden mehrere `else-if`-Anweisungen verwendet. Die folgenden Programmzeilen zeigen einen schwer durchschaubaren `else-if`-Konstrukt (wie bei C/C++). Zum besseren Verständnis wird er ausführlich beschrieben:

```perl
#!/usr/bin/perl -w

print "Ihre Eingabe\n";

$punkte = <STDIN>;
chomp ($punkte);

if ($punkte < 100) {
print "Mit $punkte Punkten haben Sie Rang 4 erreicht!\n";}
      else {
if ($punkte >= 100 && $punkte < 200) {
print "Mit $punkte Punkten haben Sie Rang 3 erreicht!\n";}
      else {
if ($punkte >= 200 && $punkte < 300) {
print "Mit $punkte Punkten haben Sie Rang 2 erreicht!\n";}
      else {
print "Mit $punkte Punkten haben Sie Rang 1 erreicht!\n";}
          }
      }
print "Neues Spiel, neues Glueck.\n";
```

Mit der Eingabe von verschiedenen Zahlenwerten können Sie folgende Ausgaben erzielen:

1. Eingabewert: < 100
Ist die Zahl beispielsweise 99, liefert die Auswertung der ersten `if`-Anweisung (`$punkte < 100`) den Wahrheitswert `true`. Das hat zur Folge, dass eine Ausgabe des entsprechenden Anweisungsblocks erfolgt und anschließend im Programm fortgefahren wird.

Die Ausgabe ist:

```
Mit 99 Punkten haben Sie Rang 4 erreicht!
Neues Spiel, neues Glueck.
```

2. Eingabewert: 100 .. 199
Wenn Sie die Zahl 100 eingeben, wird – da die erste `if`-Anweisung den Wahrheitswert `false` liefert – der anschließende `else`-Zweig mit der **UND**-Verknüpfung ausgeführt. Hier ist aber der linke Teilausdruck der **UND**-Verknüpfung `true`. Das hat zur Folge, dass auch der rechte Teilausdruck noch ausgewertet werden muss. Dieser rechte Teilausdruck (`$punkte < 200`) bestimmt aber das Gesamtergebnis. Es ist `true`. Durch diesen Wahrheitswert `true`, der das Ergebnis der `if`-Anweisung war, wird der zugehörige Anweisungsblock ausgeführt.

Die Ausgabe ist:

```
Mit 100 Punkten haben Sie Rang 3 erreicht!
Neues Spiel, neues Glueck.
```

Diese Ausgabe wird bei der Eingabe eines Zahlenbereichs von 100 .. 199 erzielt, wobei der Zahlenwert der Eingabe mit ausgegeben wird.

3. Eingabewert: 200 .. 299

Im Zahlenbereich 200 bis 299 ergibt – z. B. bei Eingabe der Zahl 200 – die Auswertung des ersten Ausdrucks ($punkte < 100) im skalaren Kontext den Wahrheitswert false. Das bedeutet, der folgende else-Zweig wird ausgewertet. Hier erzeugt der linke Teilausdruck des **UND**-Operators den Wert true. Die benötigte rechte Seite liefert als Gesamtergebnis den Wahrheitswert false. Das hat zur Folge, dass der entsprechende Anweisungsblock nicht ausgeführt, sondern in den zweiten else-Zweig verzweigt wird.

In diesem else-Zweig ergibt wiederum der linke Teil des **UND**-Operators das Ergebnis true. Es muss auch hier der rechte Teilausdruck ($punkte < 300) des **UND**-Operators ausgewertet werden. Da aber die Variable $punkte den Wert 200 besitzt, ergibt die Auswertung des rechten Ausdrucks den Wahrheitswert true. Somit beträgt das Gesamtergebnis der **UND**-Verknüpfung den Wahrheitswert true. Also wird der zugehörige Anweisungsblock ausgeführt und danach das Programm fortgesetzt.

Die Ausgabe ist:

```
Mit 200 Punkten haben Sie Rang 2 erreicht!
Neues Spiel, neues Glueck.
```

Diese Ausgabe wird bei der Eingabe eines Zahlenbereichs von 200 .. 299 erzielt, wobei der Eingabewert mit ausgegeben wird.

4. Eingabewert: > 299

Die Zahl 300 als Eingabe erzeugt sowohl in der ersten Bedingung, als auch in den zwei weiteren Bedingungen der else-Zweige jeweils den Wahrheitswert false. Ausschlaggebend sind – wie oben beschrieben – jeweils die rechten Seiten der **UND**-Operatoren ($punkte < 200) und ($punkte < 300), die in beiden Fällen das Gesamtergebnis false liefern. Das bedeutet, dass die dazugehörigen Anweisungsblöcke nicht ausgeführt, sondern übersprungen werden.

Da aber alle vorherigen Bedingungen den Wahrheitswert false ergaben, kommt zum Schluss als Alternative der letzte else-Anweisungsblock zum Einsatz. Es versteht sich, dass bei sämtlichen vorhergehenden false-Werten hier nicht noch eine weitere Bedingung benötigt wird, sondern nur der Anweisungsblock zur Ausführung kommt.

Die Ausgabe ist:

```
Mit 300 Punkten haben Sie Rang 1 erreicht!
```

Neues Spiel, neues Glueck.

Gegenüber der obigen Struktur `if-else-if-else` ist die folgende `if-elsif-else`-Anweisung in Perl wesentlich übersichtlicher. Sie ist kompakter und auch verständlicher. Angewandt auf das obige Beispiel werden mit dieser Anweisung die gleichen Ergebnisse erzielt.

Beispiel einer `if-elsif-else`-Anweisung mit logischer UND-Verknüpfung
Die Syntax ist bereits am Anfang angegeben worden:

```perl
#!/usr/bin/perl -w

print "Ihre Eingabe\n";

$punkte = <STDIN>;
chomp ($punkte);

if ($punkte < 100) {
print "Mit $punkte Punkten haben Sie Rang 4 erreicht!\n";}
     elsif (
$punkte >= 100 && $punkte < 200) {
print "Mit $punkte Punkten haben Sie Rang 3 erreicht!\n";}
     elsif (
$punkte >= 200 && $punkte < 300) {
print "Mit $punkte Punkten haben Sie Rang 2 erreicht!\n";}
     else {
print "Mit $punkte Punkten haben Sie Rang 1 erreicht!\n";}
print "Neues Spiel, neues Glueck.\n";
```

Wenn Sie die obigen Eingabezahlen verwenden, erzielen Sie die gleichen Ausgaben.

1. Beim Eingabewert < 100 ist die Ausgabe:
Mit 99 Punkten haben Sie Rang 4 erreicht!
Neues Spiel, neues Glueck.

2. Beim Eingabewert 100 .. 199 ist die Ausgabe:
Mit 100 Punkten haben Sie Rang 3 erreicht!
Neues Spiel, neues Glueck.

3. Beim Eingabewert 200 .. 299 ist die Ausgabe:
Mit 200 Punkten haben Sie Rang 2 erreicht!
Neues Spiel, neues Glueck.

4. Beim Eingabewert > 299 ist die Ausgabe:
```
Mit 300 Punkten haben Sie Rang 1 erreicht!
Neues Spiel, neues Glueck.
```

Der letzte vorhandene `else`-Anweisungsblock wird nur dann ausgeführt, wenn alle davor liegenden Bedingungen nicht erfüllt werden, d. h. den Wahrheitswert `false` liefern.

Zusammenfassend lässt sich sagen, dass in einer `if`-`elsif`-`else`-Anweisung alle noch folgenden `elsif`-Blöcke übersprungen werden, wenn die entsprechende `elsif`-Bedingung den Wahrheitswert `true` liefert. Bei der `if`-`else`-`if`-`else`-Anweisung ist dies auch der Fall. Es wird von allen vorhandenen Blöcken immer nur derjenige Anweisungsblock ausgeführt, dessen Bedingung den Wahrheitswert `true` ergibt. Anschließend wird das Programm fortgesetzt.

7.1.2   `unless`-Anweisung

Das Gegenstück der `if`-Anweisung ist die `unless`-Anweisung (negierte `if`-Anweisung), deren Block nur ausgeführt wird, wenn die Bedingung den Wahrheitswert `false` liefert. Die `unless`-Anweisung ist identisch mit einer `if`-`not`-Bedingung. Somit ließe sich der Ausdruck einer `if`-Bedingung auch mit der negierten Bedingung (mit `not` oder `!`) in eine äquivalente `unless`-Anweisung überführen. Ist der Wahrheitswert der Bedingung `true`, wird der Anweisungsblock übersprungen. Sie können in dieser Struktur auch einen `else`-Zweig verwenden.

Die Syntax lautet:

unless (Bedingung) {Anweisungsblock}

Statt mit den `elsif`-Anweisungen wird das obige Beispiel nun mit der `if`-`not`-`else`-Anweisung bzw. `if`-`!`-`else`-Anweisung dargestellt.

Beispiel mit der `if`-`not`-`else`-Anweisung:

```
#!/usr/bin/perl -w

print "Ihre Eingabe\n";

$punkte = <STDIN>;
chomp ($punkte);

if (not ($punkte >= 100)) {
print "Mit $punkte Punkten haben Sie Rang 4 erreicht!\n";}
      else { if ( not ($punkte > 100 && $punkte >= 200)) {
print "Mit $punkte Punkten haben Sie Rang 3 erreicht!\n"}
      else { if ( ! ($punkte > 200 && $punkte >= 300)) {
```

```
print "Mit $punkte Punkten haben Sie Rang 2 erreicht!\n";}
      else {
print "Mit $punkte Punkten haben Sie Rang 1 erreicht!\n";}
        }
      }
print "Neues Spiel, neues Glueck.\n";
```

Beispiel mit der wesentlich übersichtlicheren `unless`-Anweisung:

```
#!/usr/bin/perl -w

print "Ihre Eingabe\n";

$punkte = <STDIN>;
chomp ($punkte);

unless ($punkte >= 100) {
print "Mit $punkte Punkten haben Sie Rang 4 erreicht!\n";}
      else { unless ($punkte > 100 && $punkte >= 200) {
print "Mit $punkte Punkten haben Sie Rang 3 erreicht!\n";}
      else { unless ($punkte > 200 && $punkte >= 300) {
print "Mit $punkte Punkten haben Sie Rang 2 erreicht!\n";}
      else {
print "Mit $punkte Punkten haben Sie Rang 1 erreicht!\n";}
        }
      }
print "Neues Spiel, neues Glueck.\n";
```

Alle beiden aufgeführten Programme erzeugen wiederum bei entsprechender Zahlen-Eingabe die gleichen Ausgaben. In den beiden Beispielen (if-not-else-Anweisung und unless-Anweisung) wird eine Operation nur dann ausgeführt, wenn die Bedingung **nicht** erfüllt ist.

Des Weiteren werden beim else-Zweig nur dann die unless-Anweisungen ausgeführt, wenn das Ergebnis der logischen **UND**-Verknüpfung den skalaren Wahrheitswert false ergibt. Bedingt durch die unless- bzw. if-not-Anweisung wird dieser logische Wert negiert, somit zu true, was zu Folge hat, dass die entsprechenden Anweisungen ausgeführt werden.

Mit der Eingabe von entsprechenden Zahlenwerten erzielen Sie mit der unless-Anweisung folgende Ergebnisse:

Mit der Zahl 99 erfolgt die Zuweisung $punkte = 99. Dies bedeutet, dass die erste Bedingung unless ($punkte >= 100) nicht erfüllt und somit false ist. Auf Grund der unless-Anweisung wird zunächst der entsprechende Anweisungsblock ausgeführt; anschließend wird im Programm fortgefahren.

Die Ausgabe ist:

```
Mit 99 Punkten haben Sie Rang 4 erreicht!
Neues Spiel, neues Glueck.
```

Mit der Zahl 100 liefert die erste Bedingung den Wahrheitswert `true`. Für die `unless`-Anweisung bedeutet dies, dass die anschließende Anweisung übersprungen wird.

Im anschließenden `else`-Teil wird bei der `unless`-Anweisung der Anweisungsblock nur dann ausgeführt, wenn die Bedingung den Wahrheitswert `false` liefert. Dies ist aber der Fall, da die logische **UND**-Verknüpfung beim Eingabebereich (`$punkte > 100 && $punkte >= 200`) den Wert `false` ergibt, was zur Folge hat, dass der zugehörige `unless`-Anweisungsblock folgende Ergebnisse liefert:

```
Mit 100 Punkten haben Sie Rang 3 erreicht!
Neues Spiel, neues Glueck.
```

Mit den Zahlen 200 oder 300 als Eingabewerte (zum Beispiel) erzielen Sie die gleichen Ergebnisse wie in den vorherigen Anweisungs-Formen.

7.1.3 switch- bzw. case-Auswahlanweisung

Eine `switch`- (wie in C/C++) bzw. `case`-Anweisung (wie in Pascal) gibt es in Perl nicht. Diese Auswahl lässt sich aber leicht simulieren.

Statt einer `if-elsif-else`-Anweisung lässt sich in Perl ein freistehender Block (bare block), dem das willkürlich gewählte Label (Marke) SWITCH vorangestellt wird, verwenden. Dem Label folgt abschließend ein Doppelpunkt. Der freistehende Block – in geschweiften Klammern – enthält wie die bereits verwendeten allgemeinen Blöcke eine Folge von Anweisungen. Demzufolge können auch die entsprechenden Regeln angewendet werden. Neben der Verwendung von beliebigen Namens-Labeln kann durch den `last`-Operator der Block verlassen werden.

Im folgenden Beispiel wird nun in einer Zusammenfassung von Anweisungen zu einem Block und mit dem willkürlich gewählten Label SWITCH das vorherige `if-elsif-else`-Beispiel dargestellt. Mit dem Operator `last` wird der Block verlassen.

Statt der `if`-Anweisung wird ein Auswahlkonstrukt mit `&&`-Operator und `do`-Anweisung gewählt. Beim `&&`-Operator wird das rechte Argument nur dann ausgewertet, wenn das linke erfüllt, d. h. `true`, ist. Das rechte Argument kann aus mehreren Anweisungen bestehen, die zu einem Block zusammengefasst sind. Dabei muss die `do`-Anweisung mit einem Semikolon abgeschlossen werden:

```
#!/usr/bin/perl -w

print "Ihre Eingabe\n";
```

```
$punkte = <STDIN>;
chomp ($punkte);

SWITCH: {
($punkte < 100) && do {
print "Mit $punkte Punkten haben Sie Rang 4 erreicht!\n";
last SWITCH; };
($punkte >= 100 && $punkte < 200) && do {
print "Mit $punkte Punkten haben Sie Rang 3 erreicht!\n";
last SWITCH; };
($punkte >= 200 && $punkte < 300) && do {
print "Mit $punkte Punkten haben Sie Rang 2 erreicht!\n";
last SWITCH; };
print "Mit $punkte Punkten haben sie Rang 1 erreicht!\n";
}
print "Neues Spiel, neues Glueck.\n";
```

Beim Eingabewert der Zahl 99 erfolgt zunächst wieder die Zuweisung $punkte = 99. Der linke Teilausdruck (quasi *Case-Marke* in C/C++) der **UND**-Verknüpfung ($punkte < 100) ergibt einen Wahrheitswert true, was bedeutet, führe das Argument der do-Anweisung aus. Danach wird durch den last-Operator die mit dem Label markierte SWITCH-Schleife verlassen und im anschließenden Programm fortgefahren.

Die Ausgabe ist:

```
Mit 99 Punkten haben Sie Rang 4 erreicht!
Neues Spiel, neues Glueck.
```

Mit der Eingabe von 100 ergibt der erste linke Teilausdruck ($punkte < 100) der **UND**-Verknüpfung den Wahrheitswert false. Somit wird die nächste Bedingung ($punkte >= 100 && $punkte < 200) ausgewertet. Da die linke Seite dieser ersten **UND**-Verknüpfung den Wahrheitswert true ergibt, muss die rechte Seite das Gesamtergebnis liefern. Mit $punkte = 100 ergibt die Bedingung ($punkte < 200) den Wahrheitswert true. Das Gesamtergebnis ist somit true, was zur Folge hat, dass die do-Anweisung ausgeführt wird. Anschließend beendet wiederum der Operator last die SWITCH-Schleife. Danach wird das Programm fortgesetzt.

Die Ausgabe ist:

```
Mit 100 Punkten haben Sie Rang 3 erreicht!
Neues Spiel, neues Glueck.
```

Ebenso erzielen Sie bei Eingabe der Zahl 200 das gleiche Ergebnis wie im vorherigen Programm. Es werden die passenden do-Anweisungen ausgeführt, mit dem last-Operator wird die SWITCH-Schleife verlassen und im anschließenden Programm fortgefahren.

Die Ausgabe ist:

```
Mit 200 Punkten haben Sie Rang 2 erreicht!
Neues Spiel, neues Glueck.
```

Wenn alle Bedingungen nicht erfüllt werden und somit ihre Wahrheitswerte `false` ergeben, wie es z. B. beim Eingabewert von 300 der Fall ist, werden die vorhandenen do-Anweisungen nicht ausgeführt. Die letzte `print`-Anweisung, der bekannte `else`-Anweisungsblock, erzeugt die Ausgabe:

```
Mit 300 Punkten haben Sie Rang 1 erreicht!
Neues Spiel, neues Glueck.
```

Es muss also nicht auf die `switch`-Anweisung verzichtet werden, sondern diese kann sehr einfach in Perl simuliert werden.

7.1.4   Ternärer Operator

Die kürzeste Form der Verzweigung in Abhängigkeit des Booleschen Wertes ist die Verwendung des Ternären Operators. Wie bei der oben erwähnten `if-else`-Anweisung, wo je nach Auswertung der Bedingung im einen Fall die Anweisungen des `if`-Zweiges (beim skalaren Wahrheitswert `true`) oder im anderen Fall die Anweisungen des `else`-Zweiges (beim skalaren Wahrheitswert `false`) ausgeführt werden, lässt sich dies sehr einfach mit dem Ternären Operator realisieren.

Die Syntax lautet:

Ergebnis = Bedingung ? true-Ausdruck : false-Ausdruck;

Es wird wie bei der `if-else`-Anweisung die Bedingung ausgewertet. Beim Wahrheitswert `true` wird der true-Ausdruck ausgewertet und zurückgegeben. Beim Wahrheitswert `false` wird der false-Ausdruck ausgewertet und zurückgegeben. Im Gegensatz zu der `if-else`-Anweisung werden hier keine Blöcke, sondern Ausdrücke verwendet.

Ein beliebtes Beispiel ist die Bestimmung des Maximums von zwei Zahlen (es können auch Real-Zahlen sein):

```
#!/usr/bin/perl -w

print "Eingabe erster Wert\n";
$u = <STDIN>;
chomp ($u);
print "Eingabe zweiter Wert\n";
$v = <STDIN>;
chomp ($v);
$maxi = $u > $v   ?   $u   :   $v;
print "Das Maximum von $u und $v ist $maxi\n";
```

Nach der Eingabe beider Zahlenwerte wird die Bedingung $u > $v ausgewertet. Beim Wahrheitswert `true`, d. h. der Wert der skalaren Variablen $u ist größer als der der Variablen $v, wird der Wert von der Variablen $u zurückgegeben und die Variable $maxi bekommt den Wert der Variablen $u zugewiesen.

Beim Wahrheitswert `false`, d. h. der Wert der Variablen $u ist nicht größer als der der Variablen $v, wird der Wert der Variablen $v zurückgegeben und die Variable $maxi bekommt den Wert der Variablen $v zugewiesen.

Das gleiche Ergebnis, dargestellt in der `if-else`-Anweisung, hätte folgende Form:

```
#!/usr/bin/perl -w

print "Eingabe erster Wert\n";
$u = <STDIN>;
chomp ($u);
print "Eingabe zweiter Wert\n";
$v = <STDIN>;
chomp ($v);


if ($u > $v) {$maxi = $u;}
        else {$maxi = $v;}
print "Das Maximun von $u und $v ist $maxi\n";
```

7.2   Schleifen

Der zweite Hauptbereich zur Steuerung Ihres Programms ist der Einsatz von Schleifen. Sie können festlegen, wie oft Ihr Anweisungsblock wiederholt werden soll, bzw. bestimmen, bis zu welchem Ereignis er entsprechend oft wiederholt werden soll.

Die Schleifen lassen sich in zwei Gruppen einteilen.

In der ersten Gruppe können Sie die Anzahl der Wiederholungen durch den Wert der Bedingung in der Schleifenanweisung selbst festlegen. Dazu verwenden Sie im Allgemeinen die klassische `for`-Schleife.

Ist eine feste Anzahl, z. B. durch den Bereichs-Operator oder durch die Anzahl der enthaltenen Elemente eines Arrays bzw. Hashs, vorhanden, werden Sie diese feststehenden Wiederholungen mit der `foreach`-Schleife ausführen. Diese Schleife wertet somit keine Bedingung aus, sondern überführt die vorhandenen skalaren Werte, z. B. eines Arrays, in den Anweisungsblock, wo Sie diese Werte bewerten oder manipulieren können. Die Überführung können Sie mit einer frei definierten Variablen vornehmen; wird diese Variable weggelassen, wird automatisch die Spezial-Variable $_ (Default-Variable) gesetzt. Die Anzahl der Wiederholungen richtet sich dabei z. B. nach der Anzahl der Elemente, die ein Array besitzt. Anstelle des Schlüsselworts `foreach` können Sie auch das Schlüsselwort `for` verwenden.

In der zweiten Gruppe sind die Wiederholungen vom Wert der Bedingung abhängig. Es wird nur solange wiederholt, wie die Auswertung der Bedingung den Wahrheitswert `true` liefert. Wenn die Auswertung den Wahrheitswert `false` liefert, ist die Schleife (`while`- bzw. `do-until`-Schleife) beendet.

7.2.1   `for`-Schleife

Die Syntax der `for`-Schleife in Perl entspricht der in C/C++. Die klassische Form besteht innerhalb ihrer Klammern aus drei Ausdrücken, die durch Semikolons getrennt sind. Der erste Ausdruck ist der **Initialisierungsteil**, der zweite der **Bedingungsteil** und der dritte der **Re-Initialisierungsteil**. Alle drei Ausdrücke sind optional. Fehlt der Bedingungsteil, wird `true` eingesetzt. Der Anweisungsblock kann aus einer oder mehreren Anweisungen bestehen.

Die allgemeine Syntax lautet:

for (Initialisierungsteil; Bedingungsteil; Re-Initialisierungsteil) {Anweisungsblock}

Im ersten Ausdruck, dem Initialisierungsteil, werden einmalig die jeweiligen Schleifenvariablen, Zähler usw. initialisiert, d. h. der jeweilige Anfangswert wird zugewiesen. Wie in C/C++ lassen sich auch hier mehrere Variablen durch einen Komma-Ausdruck initialisieren.

Im zweiten Ausdruck, dem Bedingungsteil, erfolgt bei jedem Durchlauf die Auswertung der Bedingung im Booleschen Kontext der Schleifenvariablen. Beim Wahrheitswert `true` wird die Abarbeitung der Anweisungen im Anweisungsblock vorgenommen. Beim Wahrheitswert `false` wird die Schleife verlassen und der Anweisungsblock nicht ausgeführt.

Im dritten Ausdruck, dem Re-Initialisierungsteil, wird eine Inkrementierung oder Dekrementierung der Schleifenvariablen vorgenommen. Hier können Sie z. B. eine Schleifenvariable durch den Prä- bzw. durch den Postinkrement-Operator inkrementieren als auch dekrementieren.

Der Schleifendurchlauf bei Verwendung der drei Ausdrücke sieht wie folgt aus:

- Zuerst wird eine Initialisierung der Schleifenvariablen vorgenommen.
- Danach erfolgt die Auswertung der Bedingung. Eine Abarbeitung des Anweisungsblocks erfolgt nur beim Wahrheitswert `true`. Beim Wahrheitswert `false` wird die Schleife beendet.
- Nach der Abarbeitung des Anweisungsblocks erfolgt eine Inkrementierung (Dekrementierung) der Schleifenvariablen.
- Danach wird wiederum die Bedingung ausgewertet. Der erneute Durchlauf und somit eine Abarbeitung des Anweisungsblocks erfolgt beim Wahrheitswert `true`.

Diese Abfolge von Durchläufen und die Abarbeitung des Anweisungsblocks geschieht solange, bis die Auswertung der Bedingung den Wahrheitswert `false` ergibt. Dann wird die Schleife verlassen.

Im folgenden einfachen Beispiel werden mittels `for`-Schleife die Ergebnisse 1 hoch 1 bis 4 hoch 4 ausgegeben:

```
#!/usr/bin/perl -w

for ($u = 1;  $u < 5;  ++$u) {
print "Das Ergebnis $u hoch $u lautet: ",$u ** $u,"\n";
}
# Das Ergebnis 1 hoch 1 lautet: 1
# Das Ergebnis 2 hoch 2 lautet: 4
# Das Ergebnis 3 hoch 3 lautet: 27
# Das Ergebnis 4 hoch 4 lautet: 256
```

Es wird zunächst die Schleifenvariable $u mit dem Wert 1 initialisiert.

Anschließend wird der Bedingungsteil dahingehend ausgewertet, ob die Schleifenvariable $u kleiner als 5 ist. Dies ist der Fall. Durch den Wahrheitswert `true` wird im Anweisungsblock die Potenz der Schleifenvariablen $u hoch $u berechnet und das erste Ergebnis mit der `print`-Funktion ausgegeben.

Danach wird der Re-Initialisierungteil ausgeführt, d. h. die Schleifenvariable $u per Inkrement um den Wert 1 erhöht, wodurch sie den Wert 2 erhält.

Anschließend wird im Bedingungsteil abgefragt, ob die Schleifenvariable $u kleiner als 5 ist. Da die Auswertung der Bedingung wieder `true` ergibt, erfolgt ein weiterer Schleifendurchlauf, mit der Berechnung und Ausgabe von $u hoch $u, und zwar solange, bis der Bedingungsteil den Wahrheitswert `false` liefert. Das ist genau dann der Fall, wenn nach der Inkrementierung die Schleifenvariable $u den Wert 5 besitzt. Bei der anschließenden Auswertung im Bedingungsteil führt dies zum Wahrheitswert `false`, was aber eine Beendigung der Schleife bedeutet.

Die optionalen Ausdrücke der obigen `for`-Schleife werden nun, bei gleichen Ergebnissen, in anderen Strukturen dargestellt.

Die Initialisierung soll z. B. außerhalb der Schleife erfolgen und der Re-Initialisierungsteil innerhalb des Anweisungsblocks durchgeführt werden.

Wichtig dabei ist, dass, obwohl die beiden Ausdrücke in der `for`-Schleife nicht präsent sind, die entsprechenden Semikolons nicht fehlen dürfen.

Im Re-Initialisierungsteil wird die Schleifenvariable $u als Postinkrement-Operator $u++ dargestellt; dabei wird, wie bereits oben erläutert, das gleiche Ergebnis erzielt:

```
#!/usr/bin/perl -w

$u = 1;
for ( ; $u < 5; ) {
print "Das Ergebnis $u hoch $u lautet: ",$u**$u,"\n";
$u++;
```

```
}
```

Die Ausgabe ist:

```
Das Ergebnis 1 hoch 1 lautet: 1
Das Ergebnis 2 hoch 2 lautet: 4
Das Ergebnis 3 hoch 3 lautet: 27
Das Ergebnis 4 hoch 4 lautet: 256
```

Eine weitere Möglichkeit besteht darin, einen Anweisungsblock in den Re-Initialisierungsteil mit einem Komma-Operator einzubinden. Das bedeutet, dass ein leerer Anweisungsblock nur aus geschweiften Klammern entsteht.

Damit in diesem Beispiel sämtliche Ergebnisse von $u hoch $u erst berechnet und ausgedruckt werden können, muss beim folgenden Beispiel im Re-Initialisierungsteil die `print`-Anweisung vor dem Postinkrement-Operator `$u++` ausgeführt werden. Außerdem wird die `print`-Anweisung in runden Klammern eingeschlossen, da sonst der Inkrementwert mit ausgedruckt wird:

```
#!/usr/bin/perl -w

$u = 1;
for ( ; $u < 5;
(print "Das Ergebnis $u hoch $u lautet: ",$u**$u,"\n"),$u++)
{;}
```

Auch im obigen Beispiel werden die Potenzen 1 hoch 1 bis 4 hoch 4 ausgegeben. Das Semikolon im Anweisungsblock kann aus optischen Gesichtspunkten eingesetzt werden.

Endlos-`for`-Schleife
Alle drei Ausdrücke in der obigen `for`-Schleife sind optional; werden sie weggelassen, ergibt dies eine Endlos-Schleife (wie in C/C++).

```
for ( ; ; ) {}
```

7.2.2   `foreach`-Schleife

Das Schlüsselwort `foreach` ist ein Synonym für das Schlüsselwort `for`. Sie können `foreach` zur besseren Lesbarkeit und `for` zur eventuellen kürzeren Schreibweise verwenden. Beide sind völlig austauschbar.

Die Syntax der `foreach`-Schleife lautet:

foreach [$variable] (@array) {Anweisung(en)}

Bei der Verwendung einer `foreach`-Schleife, z. B. auf ein Array `@array`, wird zunächst der optionalen Schleifenvariable `$variable` das erste Element aus dem Array zugewiesen.

Anschließend wird die vorhandenen Anweisung ausgeführt. Danach wird das nächste Element aus dem Array der Schleifenvariablen $variable zugewiesen und die Anweisung wird ausgeführt. Die Schleife endet, wenn alle Elemente aus dem Array abgearbeitet sind. Wird die optionale Schleifenvariable $variable nicht angegeben, benutzt Perl die bekannte Spezial-Variable $_.

Im folgenden Beispiel werden die einzelnen Elemente eines Arrays sortiert und modifiziert ausgegeben:

```
#!/usr/bin/perl -w

@array = qw(ilse ida uwe udo);
foreach $variable ( sort @array ) {
        print $variable .= '-klein  ';
}
# ida-klein  ilse-klein  udo-klein  uwe-klein
```

Nachdem die Elemente des Arrays durch die Funktion sort() in sortierter Form vorliegen, werden sie durch die Funktion foreach() mit Hilfe des Konkatenations-Operators "." nacheinander mit den String "-klein" verbunden.

Die kürzere Schreibweise mit der Spezial-Variablen $_ sieht wie folgt aus:

```
#!/usr/bin/perl -w

@array = qw(ilse ida uwe udo);
foreach (sort @array) {print $_ .= '-klein  ';}
```

Als Nächstes wird die obige Potenzberechnung mit Hilfe der foreach-Schleife und der Spezial-Variablen $_ ausgeführt:

```
#!/usr/bin/perl -w

foreach ( 1 .. 4) {
        print "Das Ergebnis $_ hoch $_ lautet: ",$_**$_,"\n";
}
# Das Ergebnis 1 hoch 1 lautet: 1
# Das Ergebnis 2 hoch 2 lautet: 4
# Das Ergebnis 3 hoch 3 lautet: 27
# Das Ergebnis 4 hoch 4 lautet: 256
```

Mit der foreach-Schleife werden also die gleichen Ergebnisse wie mit der for-Schleife erzielt. Zur Berechnung wurde der Bereichs-Operator 1..4 verwendet.

In einem weiteren Beispiel werden nun die in einem Hash enthaltenen Schlüssel mittels foreach-Schleife sortiert ausgegeben:

```
#!/usr/bin/perl -w
```

```
%paare = (ilse => 26, ida => 32, uwe => 40, udo => 32);

foreach ( sort keys %paare) {print "$_   ";}
# ida  ilse  udo  uwe
```

Die Funktion keys() liefert alle Schlüssel des Hashs, die durch die Funktion sort() in alphabetischer Folge sortiert werden, bevor sie durch die foreach-Schleife ausgegeben werden.

7.2.3 while-Schleife

Die Grundform der while-Schleife besteht aus einem Bedingungsteil und einem Anweisungsblock.

Die Syntax der while-Schleife lautet:

while (Bedingungsteil) {Anweisungsblock}

Vor jedem Durchlauf wird zunächst der Bedingungsteil ausgewertet. Ergibt die Auswertung den Booleschen Wert true, erfolgt die Abarbeitung des Anweisungsblocks. Anschließend wird die Kontrolle wieder dem Bedingungsteil übergeben. Ergibt die Auswertung den Wahrheitswert true, wird wieder im Anweisungsblock fortgefahren. Dies geschieht solange, bis die Auswertung des Bedingungsteils den Booleschen Wahrheitswert false liefert. In diesem Fall wird die Schleife verlassen und es erfolgt keine Abarbeitung des Anweisungsblocks.

Das obige for-Schleifenbeispiel soll jetzt mit einer while-Schleife ausgeführt werden:

```
#!/usr/bin/perl -w

$u = 1;
while ( $u < 5 ) {
      print "Das Ergebnis $u hoch $u lautet: ",$u**$u,"\n";
      $u++;
}
# Das Ergebnis 1 hoch 1 lautet: 1
# Das Ergebnis 2 hoch 2 lautet: 4
# Das Ergebnis 3 hoch 3 lautet: 27
# Das Ergebnis 4 hoch 4 lautet: 256
```

Der Anweisungsblock wird solange abgearbeitet, bis die Schleifenvariable $u nicht mehr kleiner als 5 ist.

Die while-Schleife kann in einer for-Schleife und auch umgekehrt realisiert werden. Bei der obigen for-Schleife wurde die Initialisierung außerhalb der Schleife und der Re-

Initialisierungsteil innerhalb des Anweisungsblocks vorgenommen, was der Struktur der while-Schleife entspricht.

Array-Elemente können statt mit der foreach-Schleife auch mit einer while-Schleife modifiziert werden:

```perl
#!/usr/bin/perl -w

@array = qw(ilse ida uwe udo);
$u = 0;
while ($u <= $#array) {
        print $array[$u++] .= '-klein  ';
}
# ilse-klein  ida-klein  uwe-klein  udo-klein
```

Die Bedingung besitzt den Wahrheitswert true, solange die Schleifenvariable $u kleiner oder gleich dem Index des letzten Elements (letzter Indexwert von @array ist 3) von @array ist.

Innerhalb des Anweisungsblocks wird das aktuelle Element des Arrays ausgegeben und anschließend die Inkrementierung des Indexwerts vorgenommen. Da die Inkrementierung danach erfolgen soll, wird der Postinkrement-Operator $u++ als Indexwert eingesetzt. Bei Verwendung des Präinkrement-Opreators ++$u, wird vorher um 1 inkrementiert, was zum falschen Ergebnis führt. Die Schleife endet, wenn die Bedingung den Wahrheitswert false liefert.

Im folgenden Programm werden die Schlüssel von einem Hash mit einer while-Schleife ausgegeben. Dazu wird die Funktion each() eingesetzt, die eine Liste mit jeweils zwei Elementen zurückliefert; es sind dies Schlüssel und Wert des Hashs:

```perl
#!/usr/bin/perl -w

%paare = (ilse => 26, ida => 32, uwe => 40, udo => 32);
while ($key = each %paare) {
        print "$key ";
}
# udo ilse uwe ida
```

Das obige Beispiel zeigt, dass die Ausgabe der Schlüssel nicht mit der Definitionsabfolge der Eingabe übereinstimmen muss.

Endlos-while-Schleife
Eine Endlos-while-Schleife wird durch folgende Bedingung (die immer den Wahrheitswert true liefert) erzeugt:

```perl
while (1) {}
```

Continue-Block

Ein Continue-Block wird immer am Ende jedes Durchlaufs einer Schleife durchgeführt. Der Continue-Block wird nicht ausgeführt, wenn die Schleife mit dem `last`-Operator abgebrochen wird:

```perl
#!/usr/bin/perl -w

$var = 10;
while ($var > 0) {
      --$var;
}
continue {
print "$var ";
}
```

Die Ausgabe ist:

```
9  8  7  6  5  4  3  2  1  0
```

7.2.4   until-Schleife

Die `until`-Schleife ist das Gegenteil der `while`-Schleife, ähnlich wie die `unless`-Anweisung das Gegenteil der `if`-Anweisung ist.

Die Syntax der `until`-Schleife lautet:

until (Bedingungsteil) {Anweisungsblock}

Da hier die negierte Bedingung zum Einsatz kommt, bedeutet dies, dass die Schleife solange ausgeführt wird, wie die Auswertung der Bedingung den Wahrheitswert `false` liefert. Ist der Wahrheitswert der Bedingung `true`, wird ein weiterer Schleifendurchlauf nicht mehr ausgeführt.

Die `while`-Schleife lässt sich durch die negierte Bedingung in eine `until`-Schleife umsetzen:

```perl
#!/usr/bin/perl -w

$u = 1;
until ( ! ($u < 5)) {
print "Das Ergebnis $u hoch $u lautet: ",$u**$u,"\n";
$u++;
}
# Das Ergebnis 1 hoch 1 lautet: 1
# Das Ergebnis 2 hoch 2 lautet: 4
# Das Ergebnis 3 hoch 3 lautet: 27
# Das Ergebnis 4 hoch 4 lautet: 256
```

Die Schleife wird solange durchlaufen, bis die Schleifenvariable $u nicht mehr kleiner als 5 ist. Ist die Schleifenvariable $u kleiner als 5 liefert die Bedingung ($u < 5) zwar den Wahrheitswert true, wird aber durch die Negation zum Wahrheitswert false. Der Anweisungsblock wird solange ausgeführt, bis die negierte Bedingung den Wahrheitswert true ergibt. Dies ist dann der Fall, wenn die Schleifenvariable $u den Wert 5 besitzt. Das Ergebnis der Bedingung ist false, wird aber durch die Negation zu true, was bedeutet, dass die Schleife beendet wird.

7.2.5   do-while-Schleife

Bei der while-Schleife wird die Bedingung vor dem ersten Durchlauf überprüft. Im Unterschied dazu wird bei der do-while-Schleife (nicht-abweisende Schleife) der Anweisungsblock mindestens einmal durchlaufen und erst danach erfolgt die Auswertung der Bedingung. Während Sie bei C/C++ auf dieses Konstrukt beschränkt sind, lässt Perl weitere do-Konstrukte wie do-if, do-unless bzw. do-until zu. Große Programmblöcke lassen sich mit do somit zu einem Statement kapseln.

Die Syntax der do-while-Schleife lautet:

do {Anweisungsblock} while (Bedingungsteil);

Bei der do-while-Schleife wird, wie die Syntax deutlich zeigt, die Bedingung immer erst nach dem Anweisungsblock überprüft. Die while-Schleife endet beim Wahrheitswert false; bei der do-while-Schleife wird grundsätzlich erst der gesamte Anweisungsblock ausgeführt. Wenn die anschließende Auswertung des Bedingungsteils den Wahrheitswert false ergibt, wird die Schleife verlassen.

Ist der Wahrheitswert true, wird der Anweisungsblock erneut durchlaufen, und zwar solange, bis der Wahrheitswert false die Schleife beendet. Nach der schließenden runden Klammer des Bedingungsteils steht ein Semikolon.

Das obige while-Beispiel sieht als do-while-Schleife wie folgt aus:

```perl
#!/usr/bin/perl -w

$u = 1;
do {
      print "Das Ergebnis $u hoch $u lautet: ",$u**$u,"\n";
      $u++;
}
while ( $u < 5 );
# Das Ergebnis 1 hoch 1 lautet: 1
# Das Ergebnis 2 hoch 2 lautet: 4
# Das Ergebnis 3 hoch 3 lautet: 27
# Das Ergebnis 4 hoch 4 lautet: 256
```

7.2.6   do-until-Schleife

Diese Schleifenform entspricht der REPEAT–UNTIL-Schleife von Pascal. Auch bei der do-until-Schleife wird zunächst der Anweisungsblock einmal durchlaufen. Danach entscheidet die Bedingung, ob die Schleife wiederholt (beim Wahrheitswert false) bzw. abgebrochen (beim Wahrheitswert true) wird.

Das obige until-Beispiel sieht als do-until-Schleife wie folgt aus:

```
#!/usr/bin/perl -w

$u = 1;
do {
     print "Das Ergebnis $u hoch $u lautet: ",$u**$u,"\n";
     $u++;
}
until ( ! ( $u < 5));
# Das Ergebnis 1 hoch 1 lautet: 1
# Das Ergebnis 2 hoch 2 lautet. 4
# Das Ergebnis 3 hoch 3 lautet: 27
# Das Ergebnis 4 hoch 4 lautet: 256
```

Die Bedingung wird erst nach dem einmaligen Durchlauf des Anweisungsblocks ausgewertet. Dementsprechend wird das Programm nach jedem Iterationsschritt entweder beendet oder der Anweisungsblock nochmals durchlaufen.

Das folgende Perl-Programm enthält ein Konstrukt einer while-Schleife mit anschließender do-until-Schleife:

```
#!/usr/bin/perl -w

print "Antworten Sie mit \"Ja\" oder \"Nein\" \n";
$ein = <STDIN>;
chomp ($ein);

while (($ein ne "Ja") && ($ein ne "Nein")) {
print "Antworten Sie mit \"Ja\" oder \"Nein\" \n";
$ein = <STDIN>;
chomp ($ein);
}

print "Jetzt geht es weiter mit do-until\n";

do {
     print "Antworten Sie hier mit \"Ja\" oder \"Nein\" \n";
     $ein = <STDIN>;
```

```
        chomp ($ein);
}
until (($ein eq "Ja") || ($ein eq "Nein"));
print "Alle Eingaben waren richtig!\n";
```

Nur wenn Ihre Eingabe entweder "Ja" oder "Nein" ist, wird im Anschluss an die while-Schleife die do-until-Schleife ausgeführt. Auch diese Schleife wird nur bei der richtigen Eingabe entweder mit "Ja" oder "Nein" beendet. Im Anschluss daran erhalten Sie als Ergebnis die Ausgabe: "Alle Eingaben waren richtig!"

7.3   Schleifen-Kontrollkommandos

Eine Schleife ist dann beendet, wenn die Schleifenbedingung nicht mehr erfüllt ist. Bei Perl existieren entsprechende Befehle, mit denen Sie die Ausführung der Schleife beeinflussen können.

7.3.1   last-Anweisung

Mit Hilfe des last-Operators können Sie z. B. Endlos-Schleifen vorzeitig beenden, unabhängig von der Auswertung der Bedingung.

Bei dem folgenden Beispiel wird nach einem definierten Element in einem Array – vom Anfang des Arrays aus – gesucht. Nachdem es gefunden ist, wird das Programm beendet und die noch verbliebenen Elemente ausgegeben.

Das zu suchende Element lautet "ilse":

```
#!/usr/bin/perl -w

@array = qw(ida ilse uwe udo);
while () {
        last if 'ilse' eq shift @array;
        print "@array\n";
}
print "@array\n";
# uwe udo sind noch im Array verblieben
```

Beim ersten Durchlauf entfernt die Funktion shift() das Anfangs-Element "ida" aus dem Array @array. Die if-Bedingung liefert den Wahrheitswert false und es erfolgt kein Ausstieg durch den last-Operator. Als Elemente sind noch (ilse uwe udo) im Array vorhanden.

Beim nächsten Durchlauf entfernt die Funktion shift() wiederum das Anfangs-Element aus dem Array, nämlich "ilse". Der Wahrheitswert der if-Bedingung ist jetzt true, somit tritt der last-Operator in Aktion und die while-Scheife wird verlassen. Anschließend werden die verbliebenen Elemente (uwe udo) von @array durch die print-Anweisung ausgegeben.

Suchen Sie nach dem letzten Element in einer Liste, werden ebenfalls durch die shift-Funktion alle Elemente entfernt, so dass Sie zum Schluss eine leere Liste vorfinden.

Das Element, nach dem Sie suchen, muss im Array existieren, da sonst die while-Schleife endlos durchlaufen wird. Ferner sollte das zu suchende Element nur einfach vorhanden sein, um ein eindeutiges Ergebnis zu erzielen.

Der last-Operator lässt sich auch zum Steuern der Eingabe verwenden. Im folgenden Programm wird die fortwährende Eingabe durch "ende" abgebrochen:

```perl
#!/usr/bin/perl -w

print "Eingabe oder mit 'ende' das Programm beenden\n";
$i = 0;
while (<>) {
        chomp;
        print "Eingabe oder mit 'ende' das Programm beenden\n";
        last if $_ eq "ende";
        $array[$i++] = $_;
}
print "Die Eingaben waren: \n";
foreach (@array) {print $_ ,"\n";};
```

Die Eingabe wird mit Hilfe des <>-Operators von STDIN gelesen. Die eingelesene Zeile mit dem Zeilenende-Zeichen wird in der Spezial-Variablen $_ gespeichert. Mit der Funktion chomp() wird jeweils dieses Zeilenende in der while-Schleife entfernt. Die if-Anweisung testet, ob die Eingabe den Eingabe-String "ende" besitzt. In diesem Fall beendet der last-Operator sofort die Schleife und das Array @array mit den bisherigen Eingaben wird ausgegeben.

Liefert die Auswertung der if-Anweisung den Wahrheitswert false, d. h. die Eingabe ist nicht "ende", wird die Eingabe im Array @array gespeichert.

Zusätzlich zur Anweisung last können Sie zur Schleifensteuerung noch die Anweisungen next und redo verwenden.

Normalerweise wirken sich die Anweisung last und die anschließend beschriebenen Anweisungen next und redo immer direkt auf die sie umgebende Schleife aus. Durch Verwendung von Labeln ist es möglich, bei verschachtelten Schleifen eine Anwendung auf eine äußere Schleife zu verlagern.

7.3.2   next-Anweisung

Außer mit dem last-Operator können Sie auch mit dem next-Operator eine Schleifensteuerung vornehmen. Der next-Operator beginnt sofort mit einem erneuten Durchlauf der Schleife. Die restlichen Anweisungen des Blocks werden übersprungen.

Im nächsten Beispiel werden alle Elemente eines Arrays bis auf das zu suchende Element ausgegeben. Das zu suchende Element ist "ilse":

```perl
#!/usr/bin/perl -w

@array = qw(ida ilse uwe udo);
$i = -1;
while ($i < $#array) {
    next if 'ilse' eq $array[++$i];
    print "$array[$i] ";
}
# ida uwe udo
```

Sofern die if-Anweisung erfüllt ist, tritt der next-Operator in Aktion. Die while-Schleife beginnt mit einem neuen Durchlauf. Die print-Funktion wird übersprungen und somit nicht ausgeführt. Die Zähl-Variable $i ist mit dem Wert -1 initialisiert worden, um das erste Element "ida" durch die Inkrementbildung $array[++$i] auszugeben. Durch weitere Inkrementbildungen werden die restlichen Elemente des Arrays ausgegeben. Natürlich können Sie das Präfix-Zeichen ++ vor $i im $array[++$i] weglassen und stattdessen eine Inkrementierung der Zähl-Variablen $i außerhalb der eckigen Klammern [] vornehmen. Dabei muss ++$i aber vor der next-Anweisung definiert sein.

7.3.3   redo-Anweisung

Ähnlich wie beim next-Operator wird beim redo-Operator der aktuelle Schleifendurchlauf abgebrochen und zum Schleifenanfang gesprungen. Im Gegensatz zu next wird bei redo die Bedingung nicht ausgewertet oder überprüft. Der redo-Operator wiederholt also denselben Durchlauf, ohne eine Bedingungsabfrage vorzunehmen.

Wie im obigen Beispiel soll das Element "ilse" mit der redo-Anweisung gefunden werden:

```perl
#!/usr/bin/perl -w

@array = qw(ida ilse uwe udo);
$i = -1;
while($i < $#array) {
    redo if 'ilse' eq $array[++$i];
    print "$array[$i] ";
}
```

```
# ida uwe udo
```

7.3.4 Labels

Labels können beliebig benannt werden und werden in der Regel großgeschrieben, mit zwei Ausnahmen: BEGIN und END, die für die Paketkonstruktion reserviert sind. Ein Label wird mit einem Doppelpunkt abgeschlossen.

Die Operatoren last, next und redo beziehen sich normalerweise auf die aktuelle Schleife. Durch die Verwendung von Labels ist es möglich, verschachtelte Schleifen zu steuern.

Im nächsten Programm wird mittels Label die äußere Schleife beendet (durch last), wenn die entsprechende Bedingung erfüllt ist:

```perl
#!/usr/bin/perl -w

MARKE: foreach $i (A .. D) {
        print "\nBuchstabe: $i\n";
                foreach (1 .. 4) {
                        last MARKE if $i eq C && $_ > 2;
                        print "Zahl: $_  ";
                }
        }

# Buchstabe: A
# Zahl: 1  Zahl: 2  Zahl: 3  Zahl: 4
# Buchstabe: B
# Zahl: 1  Zahl: 2  Zahl: 3  Zahl: 4
# Buchstabe: C
# Zahl: 1  Zahl: 2
```

Mittels last-Operator und nachfolgendem Label **MARKE:** wird die verschachtelte for-Schleife verlassen, wenn die if-Bedingung den Buchstaben "C" und die Zahl einen Wert größer als 2 aufweist.

7.3.5 goto-Anweisung

Mit der goto-Anweisung und nachfolgender Sprungmarke springen Sie zu dieser letzteren, um dort Ihr Programm fortzusetzen. Auch durch einen Ausdruck können Sie das Sprungziel ermitteln. Ebenso können Sie die goto-Anweisung mit einem Funktionsnamen versehen, um an die entsprechende Funktion zu springen. Weitere Details zu diesem Thema finden Sie in der **perlsyn**-Manpage.

7.4   Modifikatoren

Mit Modifikatoren lassen sich einfache Bedingungen und Schleifen noch kürzer und prägnanter darstellen. Die entsprechenden Strukturen können aber nicht verschachtelt werden.

Für if, unless, while, until und foreach stehen Modifikatoren zur Verfügung, mit denen Sie bedingungs- und schleifenähnliche Konstrukte erstellen können.

Hierbei steht vor dem Semikolon der Modifikator mit seinem Ausdruck. Davor steht ein weiterer Ausdruck, der ausgeführt werden soll. Die jeweiligen Strukturen werden generell von rechts nach links ausgewertet.

7.4.1   Der if-Modifikator

Die Syntax sieht wie folgt aus:

Ausdruck_A **if** *Ausdruck_B;*

Der *Ausdruck_A* wird ausgeführt, wenn *Ausdruck_B* (Bedingung) true ist:

```
#!/usr/bin/perl -w

@array = qw(ilse ida uwe udo);
print "$array[0]\n", if defined $array[3];          # ilse
```

7.4.2   Der unless-Modifikator

Die Syntax sieht wie folgt aus:

Ausdruck_A **unless** *Ausdruck_B;*

Der *Ausdruck_A* wird ausgeführt, wenn das Ergebnis vom *Ausdruck_B* (Bedingung) false ist:

```
#!/usr/bin/perl -w

@array = qw(ilse ida uwe udo);
print "$array[0]\n", unless defined $array[4];
# ilse
```

7.4.3   Der while-Modifikator

Die Syntax sieht wie folgt aus:

Ausdruck_A **while** *Ausdruck_B;*

Der *Ausdruck_A* wird ausgeführt, solange *Ausdruck_B* (Bedingung) true ist:

```
#!/usr/bin/perl -w

@array = qw(ilse ida uwe udo);
$u = 0;
print $array[$u++].= '-klein  '  while $u <= $#array;
# ilse-klein  ida-klein  uwe-klein  udo-klein
```

7.4.4   Der until-Modifikator

Die Syntax sieht wie folgt aus:

Ausdruck_A **until** *Ausdruck_B;*

Der *Ausdruck_A* wird ausgeführt, solange *Ausdruck_B* (Bedingung) false ist:

```
#!/usr/bin/perl -w

@array = qw(ilse ida uwe udo);
$u = 0;
print $array[$u++].= '-gross  '  until not $u <= $#array;
# ilse-gross ida-gross  uwe-gross  udo-gross
```

7.4.5   Der foreach-Modifikator

Die Syntax sieht wie folgt aus:

Ausdruck_A **foreach** *Liste ;*

Der *Ausdruck_A* enthält alle Elemente der Liste:

```
#!/usr/bin/perl -w

@array = qw(ilse ida uwe udo);
print "$_  ", foreach sort @array;
# ida   ilse  udo   uwe
```

Ausgabe der Schlüssel eines Hashs:

```
#!/usr/bin/perl -w

%paare = (ilse => 26, ida => 32, uwe => 40, udo => 32);
print "$_  ",foreach keys %paare;
# udo   ilse  uwe   ida
```

Wie Sie an den obigen Beispielen sehen konnten, lassen sich einfache Bedingungen und auch Schleifen sehr prägnant durch entsprechende Modifikatoren ausführen.

7.5   Verwendete Funktionen

In der folgenden Tabelle werden die wichtigsten Funktionen aus diesem Kapitel nochmals erläutert.

Tabelle 7.5: Verwendete Funktionen

Funktion	Bedeutung
each()	Liefert das nächste Schlüssel-Wert-Paar
defined()	True, wenn die Variable oder $_ definiert sind
die()	Verlässt das Programm mit Fehlercode
goto()	Springt zum Label, um dort fortzufahren
join()	Verbindet die einzelnen Strings der Liste zu einem einzigen String
keys()	Gibt eine Liste aller Schlüssel zurück
last()	Verlässt unmittelbar die Schleife
next()	Wiederholt die Schleife
redo()	Durchläuft die Schleife nochmals, ohne die Bedingung erneut zu testen
shift()	Entfernt das erste Element aus der Liste
sort()	Sortiert die Liste

8 Funktionen

In der Perl-Manpage werden die Begriffe Subroutine und Funktion synonym betrachtet. Der Einfachheit halber wird in diesem Kapitel von Funktionen gesprochen. Sie unterscheiden sich von den so genannten Routinen bei Fortran, die immer identische Abläufe an verschiedenen Stellen im Programm ausführen.

Auch gegenüber Pascal und C/C++ sind bei Perl bezüglich Funktionen einige Unterschiede vorhanden:

- In Perl können Sie Ihre Funktionen an beliebigen Stellen im Programm definieren. Zum Beispiel können Sie erst das Hauptprogramm und anschließend die Funktion definieren – was in Pascal nicht möglich ist. In C/C++ müssen Sie diese vorher deklarieren.
- Perl kennt keine formale Parameterliste in der Kopf-Deklaration wie Pascal oder C/C++, sondern arbeitet mit einer variablen Anzahl schwach typisierter Parameter.
- In Perl können Sie mehrere Rückgabewerte zurückliefern. Des Weiteren kann der Kontext (wantarray: Liste oder Skalar) abgefragt werden.
- In Perl stehen alle Argumente, die an eine Funktion übergeben werden, als Parameterliste im Spezial-Array @_ zur Verfügung. Über @_ (Spezial-Array) bzw. $_[0], $_[1] (Spezial-Variable) usw. sind sie erreichbar.
- Veränderungen in der Funktion beim Spezial-Array @_ führen zu Auswirkungen bei den Variablen im Hauptprogramm. Wenn Sie also eine Variable an eine Funktion übergeben, ergibt das Element aus dem Spezial-Array @_ einen Alias zur Variablen. Dieses Verhalten entspricht **implizierten Referenzen**.
- Beim Übergabemechanismus **call-by-value** (Kopie der Werte der Aufrufparameter) werden die jeweiligen Werte des Spezial-Arrays @_ lokalen Variablen innerhalb der Funktion zugewiesen.
- Mit Perl ist ein Prototyping möglich.
- Perl besitzt etliche eingebaute Funktionen, die der Perl-Interpreter kennt und die Sie vor ihrer Verwendung nicht deklarieren müssen.

Wie die meisten höheren Programmiersprachen bietet auch Perl die Möglichkeit, Funktionen zu erstellen. Neben den vorhandenen Funktionen aus der Standardbibliothek lassen sich selbst erstellte Funktionen verwenden.

Die Vorteile der strukturierten Programmierung liegen auf der Hand. Es ist sinnvoll, Programme in Teilprogramme zu zerlegen. Funktionen unterstützen diese Methode der Programmierung, die mit Top Down bezeichnet wird. Dabei ist es von Vorteil, dass einzelne Funktionen einfacher zu testen und auch deutlich übersichtlicher sind. Verbesserungen und

Änderungen lassen sich an zentraler Stelle vornehmen, ohne dass andere Teile des Programms verändert werden müssen. Weiterhin können Sie mehrfach benötigte Programmteile in einer Funktion definieren und diese dann beliebig oft an den geforderten Stellen im Programm aufrufen.

Eine deutliche Verbesserung bei Perl gegenüber anderen Programmiersprachen ist die variable Anzahl von Argumenten. Perl geht grundsätzlich davon aus, dass beim Aufruf von Funktionen eine Liste von Argumenten übergeben wird. Die entsprechende Funktion ermöglicht es, Anzahl und Reihenfolge der Parameter-Liste auszuwerten.

Bei Übergabe von mehreren Argumenten an eine Funktion können ein oder mehrere Werte gleichzeitig (`wantarray`) von dieser Funktion zurückgeliefert werden. Dies ist eine weitere Verbesserung von Perl gegenüber anderen Programmiersprachen.

Selbstverständlich können Sie auch Funktionen rekursiv aufrufen.

8.1   Definition einer Funktion

Eine Funktion wird in Perl mit dem Schlüsselwort `sub` definiert, gefolgt von einem beliebigen Namen und einem definierten Block (Funktionsrumpf). Namen, die nur aus großen Buchstaben bestehen, wie z. B. BEGIN und END, sind bei Perl für Funktionen der Paketinitialisierung und -beendigung reserviert.

Weiterhin müssen alle Anweisungen einer Funktion innerhalb des Blocks stehen, der durch ein Paar geschweifter Klammern hinter dem Funktionsnamen gebildet wird.

Der Aufbau einer Funktion lautet:

```
sub name {
Anweisung(en);              # Funktionsrumpf
}
```

Der *name* der Funktion kann aus beliebig vielen alphanumerischen Zeichen und Unterstrichen bestehen. Er kommt nicht in Konflikt mit gleichnamigen Skalar-, Array- oder Hash-Variablen.

Wie die Anweisungen können auch Funktionen – wie bereits erwähnt – überall im Programm stehen. Aus Gründen der Übersichtlichkeit sollten sie aber am Anfang oder am Ende des Programms platziert werden.

8.2 Deklaration, Definition und Prototypen

Eine Deklaration macht das Objekt (z. B. Funktion oder Variable) dem Compiler bekannt (quasi Vorabinformationen für den Compiler) und weist dem Objekt einen Datentyp zu. Deklarationen helfen zumindest bei größeren Programmen, Fehler zu vermeiden. Erst bei der Definition wird der benötigte Speicherplatz reserviert (bei Variablen) oder der Code generiert (bei Funktionen).

Eine Funktion kann entweder durch Argumente in runden Klammern oder mit einem Präfix & aufgerufen werden.

Die Deklaration können Sie zu Prototypen erweitern, das heißt für eine Funktion lassen sich Typ und Anzahl der Argumente festlegen.

Beim Aufruf der Funktion wird überprüft, ob die im Prototyp angegeben Argumente übereinstimmen. Stimmen die Datentypen nicht mit denen der Prototyp-Deklaration überein, wird das Programm mit einer Fehlermeldung abgebrochen; das Gleiche gilt auch, wenn die Anzahl nicht übereinstimmt. Ein Prototyp wird nur dann ausgewertet, wenn beim Aufruf der Funktion kein & angegeben wird.

Die Prototyp-Deklaration kann explizit angegeben oder direkt in der Funktions-Definition eingesetzt werden.

Explizite Prototyp-Deklaration:

```perl
#!/usr/bin/perl -w

sub func($$);                          # Als explizite Angabe

# weitere Programmzeilen

sub func($$) {                         # Funktions-Definition
     my($a1,$a2) = @_;
     print "$a1  $a2";                 # 10 20
}

($a1, $a2) = (10, 20);                 # Argumente
func($a1, $a2)                         # Aufruf mit Übergabe
```

Bei dieser expliziten Angabe wird angekündigt, dass irgendwo im Programm eine Funktion func existiert, die zwei skalare Argumente benötigt.

Prototyp-Deklaration in der Funktions-Definition:

```perl
#!/usr/bin/perl -w

sub func($$) {                         # Funktions-Definition
     my ($a1,$a2) = @_;                # Zuweisung der Parameter
```

```
        print "$a1  $a2";                # 10 20
}

($a1, $a2) = (10,20);                    # Argumente
func($a1, $a2);                          # Aufruf mit Übergabe
```

Bei einem Prototyp werden hinter dem Namen in runden Klammern die entsprechen Arten angegeben. Dabei setzt sich der Prototyp aus folgenden Präfixen zusammen:

- $ steht für eine Skalar-Variable, @ steht für ein Array, % steht für ein Hash. Ohne Backslash müssen @ und % am Ende stehen, weil sie einen Listenkontext erzwingen und alle restlichen Argumente gierig verschlingen.
- Ein Semikolon trennt erforderliche von optionalen Argumenten.

Um z. B. eine Funktion mit dem Namen func zu deklarieren, lassen sich folgende Kombinationen von Prototypen verwenden:

- wenn keine Argumente erwartet werden:

```
sub func();              # Aufruf func ohne Argumente
```

- Verwendung von drei skalaren Argumenten:

```
sub func($ $ $);         # Aufruf: func( $var1,$var2,$var3);
```

- ';' trennt notwendige von optionalen Argumenten:

```
sub func($;$$);          # Aufruf: func($var1)
                         # oder func($var1,$var2)
                         # oder func($var1,$var2,$var3)
```

- Verwendung eines Arrays oder einer Reihe von Skalaren:

```
sub func(@);             # Aufruf func(@array)
                         # oder func($var1,$var2)
```

- Verwendung einer Array-Referenz:

```
sub func(\@);            # Aufruf func(@{array})
```

- Verwendung einer Hash-Referenz:

```
sub func(\%);            # Aufruf func(%[hash]);
```

- Verwendung eines Codeblocks (keine Referenz):

```
sub func(\&);          # Aufruf func({$a<=>$b});
```

Besteht die Deklaration aus Array- oder Hash-Referenzen, erfolgt die Übergabe der Datentypen **call-by-reference** und nicht **call-by-value**. Dadurch ist es möglich, beim Aufruf der Funktion getrennt Array-Elemente bzw. Hash-Elemente mit dem Spezial-Array @_ zu verarbeiten.

8.3   Aufruf von Funktionen

Sie können eine Funktion (als Name ist willkürlich func gewählt worden) auf verschiedene Arten aufrufen. Der Aufruf kann mit dem Präfix & (Ampersend-Zeichen) vor dem Namen erfolgen. Werden Klammern für Argumente verwendet, kann auf das & verzichtet werden.

Beim Aufruf der Funktion func() ohne Übergabe von Argumenten können Sie folgende Formen wählen:

```
&func;                 # Aufruf ohne Argumente
&func();               # dto.
func();                # Aufruf ohne Argumente
func;                  # Funktion vorher definieren
```

Auf das Zeichen & können Sie dann nicht verzichten, wenn Sie sich indirekt auf eine Funktion beziehen, d. h. wenn Sie sie nicht aufrufen, sondern nur dahingehend überprüfen möchten, ob sie definiert worden ist. Auch im Falle von Referenzen auf Funktionen ist eine Dereferenzierung mittels & erforderlich.

In manchen Fällen kann sogar auf die Klammer verzichtet werden:

```
#!/usr/bin/perl -w

print "Hauptprogramm\n";
&func;
func();

sub func {
     print "\tUnterprogramm\n";
}
```

Die Ausgabe ist:

```
Hauptprogramm
     Unterprogramm
     Unterprogramm
```

Der Aufruf der Funktion `func()` erfolgt alternativ mit `&func` und mit `func()`.

8.3.1   Funktionen mit lokalen Variablen

Da Funktionen als eigenständige Einheiten betrachtet werden, besitzen sie auch eigenständige Variablen. Aber Vorsicht: Variablen, die Sie in Funktionen definieren, werden nicht von Variablen unterschieden, die außerhalb der Funktion verwendet werden.

Im folgenden Beispiel ist die Funktion vorher definiert worden, somit kann ihr Aufruf nur multi (ohne Klammern) lauten:

```
#!/usr/bin/perl -w

sub multi {
      $produkt = 2 * $faktor;
      print "Ergebnis = $produkt";          # Ergebnis = 10
}

$faktor = 5;
multi;
```

Nach dem Start wird zunächst die Definition der Funktion `multi()` festgelegt, ohne dass die Anweisungen in der Funktion ausgeführt werden. Erst nach der Zuweisung der Variablen `$faktor` (globale Variable) mit dem Wert 5 und dem anschließenden Aufruf `multi` wird die entsprechende Berechnung mit anschließender Ausgabe in der Funktion realisiert. In der Funktion wird dabei auf die globale Variable `$faktor` zugegriffen.

Im folgenden Programm führt die Verwendung von globalen Variablen zu Fehlern (zu Seiteneffekten):

```
#!/usr/bin/perl -w

sub multi {
      $produkt = 2 * $faktor;
      print "Ergebnis = $produkt\n"; }
            for ($produkt = 5; $produkt > 1; $produkt --) {
            # Endlos-Schleife durch Seiteneffekt
            $faktor = $produkt;
            multi;}
```

Die obigen Zeilen erzeugen eine Endlos-Schleife, und zwar durch folgenden Ablauf:

Zuerst wird in der `for`-Schleife die Variable `$produkt` mit dem Wert 5 initialisiert. Anschließend liefert die Auswertung der Bedingung `$produkt > 1` den Booleschen Wahrheitswert `true`, da 5 > 1 ist. Es erfolgt dann eine Zuweisung im `for`-Anweisungsblock mit `$faktor = $produkt`. Das bedeutet, dass die Variable `$faktor` den Wert 5 erhält.

Anschließend wird die Funktion `multi()` aufgerufen. In ihr findet eine Multiplikation statt, wobei die skalare Variable `$faktor` mit dem Wert 2 multipliziert wird.

Das Ergebnis der globalen Variablen `$produkt` lautet selbstverständlich 10. Dieser Wert wird anschließend ausgedruckt. Nach Beendigung der Funktion wird in der `for`-Schleife dekrementiert, d. h. der Wert vom `$produkt` um 1 vermindert. Dieser Wert 9 liefert wiederum bei der Auswertung der Bedingung `$produkt > 1` den Wahrheitswert `true`. Im Anweisungsblock wird dieser neue Wert 9 der globalen Variablen `$faktor` zugewiesen. Anschließend erfolgt der Aufruf der Funktion `multi()`. In ihr wird wieder die Multiplikation mit dem Wert 2 (2 * `$faktor`) ausgeführt, was einen Wert 18 ergibt. Dieses Ergebnis wird ausgedruckt.

Nach Beendigung der Funktion `multi()` wird der Wert der Variablen `$produkt` wieder in der `for`-Schleife um 1 vermindert, dann erfolgt erneut die Auswertung der Bedingung usw.

Da der Wert der Variablen `$produkt` niemals kleiner gleich 1 wird, kommt es zu dieser Endlos-Schleife. Gleichnamige Variablen dürfen also auf keinen Fall global verwendet werden, weil die Werte innerhalb der Funktion ungewollt überschrieben werden.

Das Problem entsteht nicht durch Einsatz von lokalen Variablen, die mit dem Schlüsselwort `my` versehen werden.

Mit der lokalen Variablen `my $produkt` – innerhalb der Funktion `multi()` – läuft das Programm wie gewünscht ab. In diesem Fall ist die lokale Variable in der Funktion verschieden von der globalen Variablen, obwohl beide den gleichen Namen besitzen.

Die lokale Variable `my $produkt` ist somit nur innerhalb der Funktion `multi()` existent und sichtbar:

```perl
#!/usr/bin/perl -w

sub multi {
      my $produkt = 2 * $faktor;
      print "Ergebnis = $produkt\n";
}

      for ($produkt = 5; $produkt > 1; $produkt --) {
      $faktor = $produkt;
      multi;
      }
```

Die Ausgabe ist:

```
Ergebnis = 10
Ergebnis = 8
Ergebnis = 6
Ergebnis = 4
```

Die globale Variable `$faktor` = 5 erzielt die Ausgabe `"Ergebnis = 10"`. Da aber die lokale Variable `my $produkt` nur innerhalb der Funktion existent ist, wird nach Beendigung der Funktion in der `for`-Schleife nicht vom Wert 10 das Dekrement gebildet, sondern vom Wert 5. Die Auswertung ergibt den Wahrheitswert `true`. Die anschließende Multiplikation mit `$faktor` = 4 ergibt `"Ergebnis = 8"`.

Der Aufruf und die Multiplikation in der Funktion `multi()` werden solange durchgeführt, bis der Wert der Variablen `$faktor` in der `for`-Schleife gleich 2 erreicht ist. Nach Beendigung der Funktion wird die globale Variable `$produkt` in der `for`-Schleife dekrementiert. Der Wert wird zu 1, somit ergibt die Auswertung der Bedingung den Wahrheitswert `false`, was zum Ende der `for`-Schleife führt.

my-Variablen

Lokale Variablen sind, wie im obigem Beispiel gezeigt worden ist, eigene Variablen von Funktionen. Sie existieren vom Start bis zum Ende einer Funktion. Gibt es außerhalb der Funktion gleichnamige Variablen, werden diese durch die lokalen my-Variablen innerhalb der Funktion verdeckt. Die Funktion ermittelt immer den Wert der my-Variablen und nicht den Wert der globalen Variablen.

Sollen mehrere lokale Variablen deklariert werden, können Sie diese in Klammern durch Komma getrennt einsetzen und davor my angeben, z. B. `my($x, $y, $z);`

local-Variablen

In Perl gibt es neben den my-Variablen noch `local`-Variablen. Die my-Variablen sind nur im umschließenden Block bzw. in der jeweiligen Funktion gültig. Wird in dieser Funktion eine weitere Funktion aufgerufen, hat diese zweite Funktion keinen Zugriff auf die erste. Bei dieser Verschachtelung sind die in der aufrufenden Funktion deklarierten my-Variablen in der aufgerufenen Funktion unsichtbar.

Lokal deklarierte Variablen sind eigentlich keine richtigen lokalen Variablen, sondern temporäre Kopien einer globalen Variablen.

Im folgenden Beispiel sind beide Variablen-Typen verwendet worden. Zunächst erfolgt die Ausgabe der Variablen `$local` und `$my`. Danach wird die Funktion `func1()` aufgerufen, in der die Funktion `func2()` aufgerufen wird. Anhand der Ausgabe können Sie sehen, dass die my-Variable nur innerhalb der Funktion `func1()` gültig ist, während die `local`-Variable noch Einfluss in der Funktion `func2()` hat:

```perl
#!/usr/bin/perl -w

$my         = 100;
$local      = 200;

print "Hauptprogramm davor:   \$local = $local   \$my = $my\n";
```

```
func1();                        # Aufruf der Funktion func1

print "Hauptprogramm danach:  \$local = $local  \$my = $my\n";

        sub func1 {
                my $my = 1;         # my-Variable
                local $local = 2; # local-Variable

                print "func1:\t\t\t\$local = $local \$my = $my\n";
                func2();             # Aufruf der Funktion func2
        }

        sub func2 {
                print "func2:\t\t\t\$local = $local \$my = $my\n";
        }
```

Die Ausgabe ist:

```
Hauptprogramm davor:            $local = 200       $my = 100
func1:                          $local = 2         $my = 1
func2:                          $local = 2         $my = 100
Hauptprogramm danach:           $local = 200       $my = 100
```

Die lokale my-Variable $my ist nur innerhalb der Funktion func1() sichtbar, während die lokale Variable $local sowohl in der Funktion func1() als auch in der Funktion func2() sichtbar ist. An der letzten Ausgabezeile, d. h. nach dem Funktionsaufruf func1(), erkennen Sie, dass die Werte der globalen Variablen von den lokalen Variablen gleichen Namens nicht beeinflusst werden.

Als Faustregel bezüglich Einsatz von my-Variablen bzw. local-Variablen gilt:

- Sie sollten in den meisten Fällen my-Variablen verwenden, da sie schneller im Zugriff sind und eindeutig zu erkennen sind.
- Die local-Variablen sollten Sie dann verwenden, wenn Sie den Wert von vordefinierten globalen Variablen temporär ändern möchten. Ebenso, wenn Sie lokale Formate oder Filehandles mittels Typeglob erzeugen möchten.

8.3.2   Funktionen mit Parameterwerten

Bei Perl lassen sich die Funktionen mit einer variablen Anzahl von Argumenten (aktuelle Parameter in C/C++) aufrufen. Diese werden in runden Klammern eingeschlossen. Nur wenn die entsprechende Funktion vorher definiert wurde, kann auch auf die runden Klammern verzichtet werden. Anstatt, wie es in anderen Sprachen üblich ist, die Variablen einzeln zu übergeben, werden bei Perl alle Argumente, die beim Aufruf einer Funktion angegeben werden, in das Spezial-Array @_ (Array @ mit dem Namen "_") geschrieben.

Die Argumente werden somit in einer linearen Liste an die Funktion übergeben (formale Parameter in C/C++). Diese Liste (Parameter-Liste) wird, wie bereits gesagt, automatisch im lokalen Array @_ gespeichert.

In diesem Array können Sie jetzt mit den bekannten Techniken auf die entsprechenden Parameter-Variablen (Referenzparameter) zugreifen, z. B. mit den Spezial-Variablen $_[0], $_[1], $_[2] usw. Der erste Parameter mit dem Index 0 besitzt den ersten Wert des Spezial-Arrays @_, der mit dem Index 1 besitzt den zweiten Wert des Spezial-Arrays @_ usw., wobei auch hier die Zählung wie beim allgemeinen Array mit dem Index 0 beginnt.

Eine andere Möglichkeit besteht darin, lokale Variablen innerhalb der Funktion zu deklarieren und sie mit entsprechenden Werten aus dem Spezial-Array @_ zu initialisieren. Sie enthalten die Kopien der übergebenen Argumente.

Da das Array @_ direkt mit der definierte Funktion in Beziehung steht (gescopt ist), ist ihr Inhalt nur innerhalb der Funktion sichtbar. Wenn aus dieser Funktion heraus eine weitere Funktion aufgerufen wird, erhält diese Funktion wiederum ihr eigenes Spezial-Array.

Im folgenden Programm wird der direkte Zugriff auf die einzelnen Elemente vorgenommen:

```perl
#!/usr/bin/perl -w

print "Ergebnis: ",multi(2..4),"\n";        # Ergebnis: 24

sub multi {
      my $produkt = 1;
      for ($i = 0; $i < 3; $i++) {
            $produkt *= $_[$i];
            }
      return $produkt;
}
```

Die Ausgabe ist:

```
Ergebnis: 24
```

Es werden zunächst die Argumente der Liste (2..4) an die Funktion multi() übergeben. Sie stehen als Parameter-Werte im Spezial-Array @_ zur Verfügung. Die Spezial-Variable $_[0] besitzt den Wert 2. Die Spezial-Variable $_[1] besitzt den Wert 3 usw. Dies wird in der for-Schleife umgesetzt. Mit den Spezial-Variablen ($_[0], $[1], $_[2]) werden die entsprechenden Werte aus @_ im Anweisungsblock miteinander multipliziert. Die Multiplikation aller Elemente ergibt den Wert 24, den die skalare Variable $produkt nach Beendigung der for-Schleife besitzt.

Die anschließende return-Anweisung gibt diesen Wert an den Funktionsaufruf zurück. An dieser Stelle können Sie auch die Multiplikation direkt in der return-Anweisung ($_[0]*$_[1]*$_[2]) ausführen lassen, ohne eine Berechnung mit der for-Schleife vorzunehmen.

Nach dem Aufruf der Funktion `multi()` liefert die anschließende `print`-Anweisung:
"Ergebnis: 24".

Das gleiche Ergebnis wird bei der Verwendung des gesamten Arrays `@_` erzielt. Der Zugriff
auf die einzelnen Werte des Arrays `@_` erfolgt durch die `foreach`-Schleife. Dabei ist die
Variable `$produkt` ebenfalls durch `my` als lokale Variable definiert.

Nun erfolgt der Zugriff auf das gesamte Array `@_`:

```
#!/usr/bin/perl -w

print "Ergebnis: ",multi (2..4),"\n";      # Ergebnis: 24

sub multi {
    my $produkt = 1;         # Anfangswert initialisiert
    foreach (@_) {$produkt *= $_ ;}       # Elemente vom @_
    return $produkt;                      # Rückgabewert
}
```

In dieser Variante wird die Liste von Argumenten (2..4) an die Funktion `multi()` übergeben. Diese Liste steht in der Funktion `multi()` lokal im Spezial-Array `@_` zur Verfügung.
Mit der `foreach`-Schleife werden die einzelnen Werte (Parameterwerte des Arrays `@_`) im
Anweisungsblock miteinander multipliziert. Zuerst wird der Wert 2 aus dem Array `@_` zur
Berechnung verwendet, dann folgt der Wert 3 zur Berechnung usw., solange bis im Array `@_`
sämtliche Werte durchlaufen worden sind. Dann ist die Iteration beendet. Das Ergebnis
`$produkt = 24` wird im Anschluss durch die `return`-Anweisung an den Funktionsaufruf zurückgegeben, so dass die anschließende `print`-Anweisung "Ergebnis: 24" ausgibt. Wie bereits erwähnt, bietet Perl hier ein einfaches Konzept, eine Liste an eine Funktion
zu übergeben, ohne jedes Argument einzeln an die Funktion übergeben zu müssen.

8.3.3 Rückgabewerte

Eine Funktion kann einen oder mehrere Rückgabewerte an den Funktionsaufruf übergeben.
Der Rückgabewert einer Funktion ist der Wert der `return`-Anweisung oder des zuletzt
evaluierten Ausdrucks der Funktion. Die Verwendung der `return`-Anweisung außerhalb
von Funktionen führt zu Fehlern. Der Rückgabewert wird im Kontext der aufrufenden Funktion evaluiert, d. h. beim skalaren Aufruf wird im skalaren Kontext, beim Listenaufruf wird
im Listenkontext zurückgeliefert.

Im folgenden Beispiel ist der zuletzt evaluierte Ausdruck ein Skalar; somit wird das Ergebnis
einer Multiplikation im skalaren Kontext zurückgeliefert:

```
#!/usr/bin/perl -w

print 'Erste Zahl eingeben: ';
chomp ($zahl1 = <STDIN>);          # Eingabe der ersten Zahl
```

```
print 'Zweite Zahl eingeben:   ';
chomp ($zahl2 = <STDIN>);              # Eingabe der zweiten Zahl


$multi = mal($zahl1,$zahl2);           # skalarer Rückgabewert
print "Ergebnis:  $multi\n";           # Ausgabe Multiplikation

sub mal {
    $zahl1 * $zahl2;                   # Multiplikation/Rueckgabe
}
```

Es erfolgt nach Eingabe der beiden Faktoren (Multiplikator und Multiplikand) ein Funktionsaufruf der Funktion `mal($zahl1,$zahl2)` mit entsprechender Übergabe der Argumente. Nach Berechnung der Parameter in der Funktion `mal()` wird das Produkt (letzter Ausdruck der Funktion) als Rückgabewert der skalaren Variablen `$multi` zugewiesen. Anschließend wird das Ergebnis ausgedruckt.

Das Problem beim letzten Rückgabewert ist, dass dieser Wert in manchen Programmen nicht immer klar definiert ist. Es könnte auch als letzte Anweisung z. B. eine `while`- oder `for`-Schleife stehen. Aus diesem Grund empfiehlt es sich, als letzte Zeile eine `return`-Anweisung anzuwenden, um ein eindeutiges Ergebnis zurückzuliefern.

In Perl besteht außerdem die Möglichkeit, mit der Funktion `wantarray()` je nach Kontext den Rückgabewert festzulegen: Wenn die Funktion `wantarray()` im Listenkontext aufgerufen wird, liefert sie `true` und im skalaren Kontext liefert sie `false`. Im `void`-Kontext wird `undef` zurückgeliefert.

Es folgt der Aufruf im Listenkontext:

```
#!/usr/bin/perl -w

print multi(5, 4, 7, 2),"\n";          # Listenkontext 2457

sub multi {
    my $produkt = 1;                   # Anfangswert

    foreach (@_) {$produkt *= $_ ;}
    print "$produkt \n";               # 280
    return wantarray ? sort {$a <=> $b} @_ : $produkt;
}
```

Der ternäre Operator nimmt eine numerische Sortierung der Parameterliste vor, die durch die `return`-Anweisung im Listenkontext zurückgegeben wird. Innerhalb der Funktion `multi()` wird noch die Multiplikation sämtlicher Parameterwerte (Ergebnis 280) vorgenommen.

Das gleiche Beispiel soll jetzt im skalaren Kontext aufgerufen werden:

```
#!/usr/bin/perl -w

$wert = multi(5, 4, 7, 2);           # Skalar $wert
print "$wert\n";                     # Rückgabewert 280

sub multi {
      my $produkt = 1;               # Anfangswert
      foreach (@_) {$produkt *= $_ ;}
      return wantarray ? sort {$a <=> $b} @_ : $produkt;
}
```

Der ternäre Operator liefert die Multiplikation von sämtlichen Werten des Spezial-Arrays @_
mit dem skalaren Ergebnis 280.

8.3.4   Listen, Arrays und Hashes als Übergabewerte

Es lassen sich auch Listen, Arrays oder Hashes als Argumente an eine Funktion übergeben.
Dabei enthält das Spezial-Array @_ jeweils die aktuellen Parameter.

Übergabe einer Liste an eine Funktion:

```
#!/usr/bin/perl -w

sub liste_sub {
      foreach (@_) {print " Wert: ",$_*2;}
      # Wert: 4 Wert: 6 Wert: 8
}

liste_sub 2..4;
```

In diesem Beispiel ist die Funktion liste_sub() zuerst definiert worden; somit können
auch die runden Klammern beim Aufruf entfallen. Im Spezial-Array @_ stehen die Listenwerte (2..4) als Referenzparameter innerhalb der Funktion zur Verfügung. Die foreach-
Schleife liefert alle diese Werte, die dann im Anweisungsblock über die Spezial-Variable $_
mit 2 multipliziert werden. Diese Einzelergebnisse "Wert: 4 Wert: 6 Wert: 8"
werden ausgegeben.

Übergabe eines Arrays an eine Funktion:

```
#!/usr/bin/perl -w

@array = (2..4);
array_sub (@array);
# Klammer, da Definition danach erfolgt

sub array_sub {
```

```
        foreach (@_) {print " Wert: ",$_*2;}
        # Wert: 4 Wert: 6 Wert: 8
}
```

Auch in diesem Beispiel stehen die Werte (2..4) im Spezial-Array @_ zur Verfügung. Diese Werte werden über die Spezialvariable $_ mit 2 multipliziert. Die Einzelergebnisse werden ausgegeben.

Übergabe eines Hashs an eine Funktion:

```
#!/usr/bin/perl -w

%hash = ("Name" => "Meier", "Alter" => 42,
         "Beruf" => "Zauberer");
hash_sub (%hash);

sub hash_sub {
        print "$hash{Name} $hash{Alter} $hash{Beruf}\n";
        # Meier 42 Zauberer
}
```

Die Hash-Elemente stehen jetzt im Spezial-Array @_ der Funktion hash_sub() zur Verfügung. Die Reihenfolge der Schlüssel-Wert-Paare obliegt wieder der Hash-Speicherung. In der Funktion selbst wird in bekannter Weise auf die Werte zugegriffen und ausgegeben.

Problematisch wird jedoch die Übergabe an die Funktion, wenn es sich um Kombinationen aus Arrays, Hashes und eventuellen Skalaren handelt. In diesem Fall speichert Perl alle Elemente nacheinander in das Spezial-Array @_.

Wenn zum Beispiel mehrere Arrays mit unterschiedlicher Länge übergeben werden, können diese nicht mehr voneinander unterschieden werden. Dies ist nur möglich, wenn Sie als Argument auch die Länge und somit die Anzahl der Elemente des Arrays mit übergeben.

Bei der Übergabe von Hashes ist das Problem ähnlich: Ein Hash wird in seine Bestandteile von Schlüsseln und Werten zerlegt und dann der Funktion zugeführt. Auch hierbei geht die Identität bei mehreren Hashes verloren.

Es wird nun ein Skalar $skalar und ein Array @array an eine Funktion skalar_array() übergeben. Der skalare Wert und das Array stehen nacheinander im Spezial-Array @_ zur Verfügung. In der Funktion muss auf eine richtige Interpretation der Parameter geachtet werden:

```
#!/usr/bin/perl -w

$skalar = 4711;                            # Skalar
@array = (1..4);                           # Array

print "\nVor dem Aufruf: $skalar  @array\n";
```

```
# Vor dem Aufruf: 4711, 1, 2, 3, 4

skalar_array($skalar, @array);            # Aufruf der Funktion

print "\nNach dem Aufruf: $skalar  @array\n";
# Nach dem Aufruf: neu, 1, 77, 77, 4

sub skalar_array {
          $_[0] = 'neu';
          for ($i = 2; $i < 4; $i++) {
                  $_[$i] = 77;
          }
          print "\nInnerhalb: @_ \n";
          # Innerhalb: neu, 1, 77, 77, 4)
}
```

Das Spezial-Array @_ enthält eine Liste bestehend aus einem Skalar und einem anschließenden Array. Die Spezial-Variable $_[0] besitzt den Wert 4711, $_[1] den Wert 1, bis hin zu der Spezial-Variablen $_[4] mit dem Wert 4.

Im Anschluss wird zunächst die Spezial-Variable $_[0] des Spezial-Arrays verändert. Sie enthält jetzt den String "neu". Danach erhalten die Spezial-Variablen $_[2] und $_[3] mittels der for-Schleife jeweils die Werte 77. Dadurch ändern sich auch die vormals definierten Werte der Argumente.

Nach Beendigung der Funktion skalar_array() lautet jetzt die Ausgabe:

Nach dem Aufruf: neu 1 77 77 4

Somit werden bei einer Änderung der Spezial-Variablen $_[0], $_[1] usw. des Spezial-Arrays @_ auch die aufrufenden Argumente entsprechend verändert.

In den folgenden Abschnitten wird intensiver auf die Übergabemechanismen mit Aliaseffekt eingegangen.

8.4   Call-by-value

Um die Argumente durch eine Funktion nicht zu verändern, kann in Perl wie auch in anderen Programmiersprachen die Übergabe mittels **call-by-value** realisiert werden.

Dazu werden lokale Variablen eingesetzt, da sie nur innerhalb des umschließenden Blocks der Funktion relevant sind. Ein Zugriff von außen auf diese lokalen Variablen ist nicht möglich. Sie existieren nur solange, wie die Anweisungen der Funktion ausgeführt werden. Um Variablen lokal zu definieren, gibt es die bereits beschriebenen Operatoren my und local.

Die Änderungen bleiben auf die Funktion beschränkt und werden nicht an die Argumente der aufrufenden Funktion weitergegeben.

Mit dem my-Operator können Sie einfache Skalare, vollständige Arrays oder Hashes deklarieren.

Anhand des folgenden Beispiels wird das Prinzip **call-by-value** dargestellt:

```perl
#!/usr/bin/perl -w

( $x, $y ) = ( 9, 19 );                         # Übergabewerte
print "Ergebnis = ",multi( $x, $y ),"\n";       # Rückgabewert
# Ergebnis = 200
print "Werte von \$x: $x und \$y: $y\n";        # Ausgangswerte
# Werte von $x: 9 und $y: 19

sub multi {
     my ( $x, $y ) = @_;       # Zuweisung an lokale Variablen
     ++$x;                     # Präinkrement $x=10
     ++$y;                     # Präinkrement $y=20
     return $x * $y;           # Return (200)
}
```

Nach dem Prinzip **call-by-value** werden in der Funktion multi() die zwei my-Variablen $x und $y als lokale Variablen mit den Werten 9 und 19 aus dem Spezial-Array @_ initialisiert. Danach findet eine Präinkrementierung der Variablen $x (zu 10) und $y (zu 20) mit anschließender Multiplikation statt. Das Ergebnis der Multiplikation, nämlich 200, wird zurückgegeben. Wie Sie sehen, hat die Inkrementierung keine Auswirkung auf die aufrufenden Argumente (globale Variablen $x und $y), die weiterhin ihre ursprünglichen Listenwerte (9, 19) behalten. Bei dem Prinzip **call-by-value** bleiben die Änderungen auf die Funktion beschränkt.

Die Zuweisung der Werte an $x und $y in der Funktion multi() könnte ebenso durch die Funktion shift() realisiert werden. Dabei entfernt letztere jeweils das erste Element aus dem Spezial-Array @_.

Mit Hilfe lokaler my-Variablen ist es möglich, Kopien der Argumente anzulegen, die dann innerhalb der Funktion beliebig verändert werden können. Diese Veränderungen bleiben aber nur auf die Funktion beschränkt und führen nicht zur Veränderung der aufrufenden Argumente. Perl arbeitet üblicherweise nach dem **call-by-value**-Prinzip. Trotzdem ist es in vielen Fällen erforderlich, die an eine Funktion übergebenen Argumente zu verändern. Bei der Realisierung durch implizite Referenzen (siehe folgender Abschnitt) wird nicht mit entsprechenden Kopien gearbeitet. Dadurch werden die ursprünglichen Werte der aufrufenden Argumente verändert und stehen somit nicht mehr zur Verfügung (Prinzip **call-by-reference**).

8.5   Implizite Referenzen

Wird eine Funktion aufgerufen, übernimmt auch hier das reservierte Array @_ automatisch die übergebenen Argumente und stellt sie der Funktion zur Verfügung. Das Array @_ enthält innerhalb der Funktion die Liste der Referenzparameter, auf die zugegriffen werden kann. Sie verweisen implizit auf die eigentlichen Werte (Argumente), die von außerhalb der Funktion übergeben werden. Im Gegensatz zum Prinzip **call-by-value** (wo die Kopie verändert wird) wirken sich bei impliziten Referenzen Änderungen der Referenzparameter direkt auf die Werte der Argumente aus. Auf die Referenzparameter des Spezial-Arrays @_ wird über die erste Spezial-Variable $_[0], zweite Spezial-Variable $_[1] usw. zugegriffen. Eine Veränderung der Werte dieser Spezial-Variablen des Spezial-Arrays @_ wirkt sich bei diesem Verfahren direkt auf die aktuellen Argumente (Aliaseffekt) aus.

Im folgenden Beispiel werden implizite Referenzen dargestellt:

```perl
#!/usr/bin/perl -w

( $x , $y ) = ( 9, 19 );                         # Übergabewerte
print "Ergebnis = ", multi ( $x, $y ),"\n";      # Rückgabewert
# Ergebnis = 200
print "Werte von \$x = $x und \$y= $y \n";       # Ausgangswerte
# Werte von $x = 10 und $y = 20

sub multi {
     return ++$_[0] * ++$_[1];                    # Return (200)
}
```

Zunächst werden die Argumente der Liste $x = 9 und $y = 19 an die Funktion multi() als Parameter übergeben. In der Funktion multi() wird direkt auf die Referenzparameter des Spezial-Arrays @_ zugegriffen. Es wird das Präinkrement der im Spezial-Array @_ enthaltenen Spezial-Variablen $_[0] und $_[1] gebildet. Ihre Werte lauten 10 und 20. Die Multiplikation ergibt das Ergebnis 200, welches mittels return-Anweisung zurückgeliefert wird. Die Änderung der Parameter-Variablen – innerhalb der Funktion – hat nun zur Folge, dass sich dies direkt auf die aufrufenden Argumente von $x und $y auswirkt. Die ursprünglichen Werte $x = 9 und $y = 19 haben jetzt den Wert 10 bzw. 20.

Diese obige Form der Verarbeitung von Parametern ist nicht mit Konstanten, die verändert werden sollen, zu realisieren. Der Aufruf mit einer Konstanten, z. B. multi(9, $y), würde an dieser Stelle einen Fehler auslösen. Zu der Konstanten existiert kein äquivalenter Referenzparameter:

```perl
#!/usr/bin/perl -w

$y = 19;
print "Ergebnis: ",multi(9,$y), "\n";
print "Referenz-Variable \$y: $y\n";
```

```
# Fehler

sub multi {
     return ++$_[0] * ++$_[1];      # $_[1] Ref.Parameter
     # Fehler: zu $_[0] existiert kein Referenzparameter
}
```

Ein richtiges Ergebnis kommt zu Stande, wenn nur $_[1] verändert bzw. durch die shift-Funktion die Verbindung zwischen dem Spezial-Array @_ und dem Argumentwert unterbrochen (eingefroren) wird:

```
#!/usr/bin/perl -w

$y = 19;
print "Ergebnis: ",multi(9,$y), "\n";
# Ergebnis: 200
print "Referenz-Variable \$y: $y\n";
# Referenz-Variable $y: 20

sub multi {
     $_[1] = shift;                 # Konstante eingefroren
     return ++$_[0] * ++$_[1];      # return (200)
}
```

Am obigen leicht veränderten Programm wird der Gebrauch von implizierten Referenzen grafisch dargestellt. Zum besseren Verständnis wird die Anweisung $_[1] = shift zunächst in der Shift-Phase und anschließend in der Zuweisungs-Phase gezeigt:

```
#!/usr/bin/perl -w

$y = 19;
print "Ergebnis: ",multi(9,$y), "\n";
# Ergebnis: 10
print "Referenz-Variable \$y: $y\n";
# Referenz-Variable $y: 4711
sub multi {
     $_[1] = shift;                 # $_[0]=19 $_[1]=9
     $_[0] = 4711;                  # $_[0}=4711
     return  ++$_[1];               # return (10)
}
```

Bei der Übergabe stehen im Spezial-Array @_ die Listenwerte (9, 19) zur Verfügung, wobei nur $_[1] als Referenzparameter zu $y gilt.

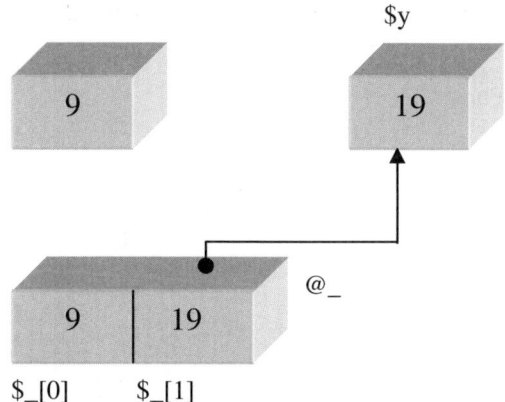

Die Spezial-Variablen lauten $_[0] = 9 und $_[1] = 19. Es existiert nur eine implizierte Referenz von $_[1] zu $y. Der folgenden Ausdruck $_[1] = shift wird grafisch in der Shift- und Zuweisungs-Phase dargestellt. Mit der Funktion shift() wird der erste Wert aus dem Spezial-Array @_ entfernt und dabei der Argumentwert 9 eingefroren. Dabei wird bekanntlich das Array um ein Element kürzer und die verbleibenden Elemente werden um eine Position nach vorne verschoben. Sollten sich keine Werte mehr im Array befinden, gibt die Funktion den Wert undef zurück.

In der anschließenden Zuweisungs-Phase wird das Spezial-Array @_ wieder um ein Element erweitert.

a) Shift-Phase:

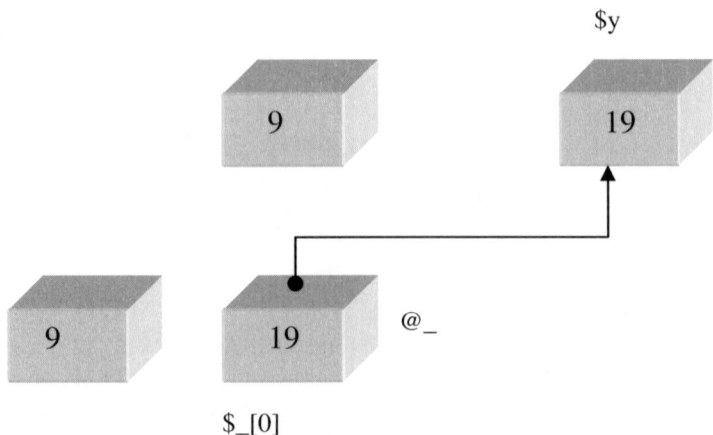

b) Zuweisungs-Phase an $_ [1]:

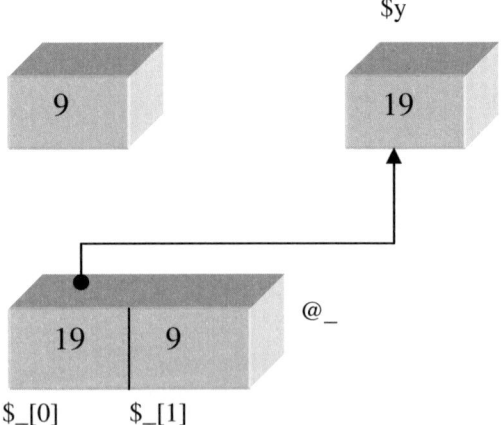

In der Programmzeile $_ [0] = 4711 erhält die Spezial-Variable $_ [0] den Wert 4711 zugewiesen. Das bedeutet beim gedanklichen Übertragen des Wertes 4711 in die grafische Darstellung: Wenn $_ [0] den Wert 4711 erhält, besitzt $y den gleichen Wert 4711. Dieser Wert von $y wird nach dem Funktionsaufruf ausgegeben. Mit return ++$_ [1] wird die Spezial-Variable $_ [1] zu 10. Dieser Wert wird als Rückgabewert ausgegeben.

An der grafischen Darstellung ist weiterhin zu erkennen, dass ein Aliaseffekt nur bezüglich des Arguments $y entsteht, während die Konstante 9 isoliert für sich steht.

Im folgenden Beispiel werden drei skalare Variablen an die Funktion func () übergeben. Diese Werte sind als Liste im Spezial-Array @_ vorhanden. Es wird innerhalb der Funktion wieder die Funktion `shift()` eingesetzt. Die grafische Darstellung zeigt, wie sich der Referenzparameter durch die Shift- und Zuweisungsphase nicht mehr verändern lässt und quasi als eingefroren gilt:

```perl
#!/usr/bin/perl -w

$x = 'Perl';
$y = 'ist';
$z = 'spitze';

func ($x, $y, $z);
# Übergabe (Perl, ist, spitze)

print " $x $y $z\n";     # Perl was sonst

sub func {

        $_[2] = shift;      # (ist, spitze, Perl)eingefroren $x
        $_[2] = 'neu';      # (ist, spitze, neu) eingefroren $x
        $_[0] = 'was';      # (was, spitze, neu)
        $_[2] = shift;      # (spitze, neu, was) eingefroren $y
        $_[0] = 'sonst';    # (sonst, Perl, was) $z = sonst

}
```

Die Ausgabe ist:

```
Perl was sonst
```

Das obige Programm wird grafisch in einzelnen Phasen dargestellt.

In der ersten Phase werden die aufrufenden Argumente $x, $y und $z sowie die Parameter-Werte des Spezial-Arrays @_ dargestellt:

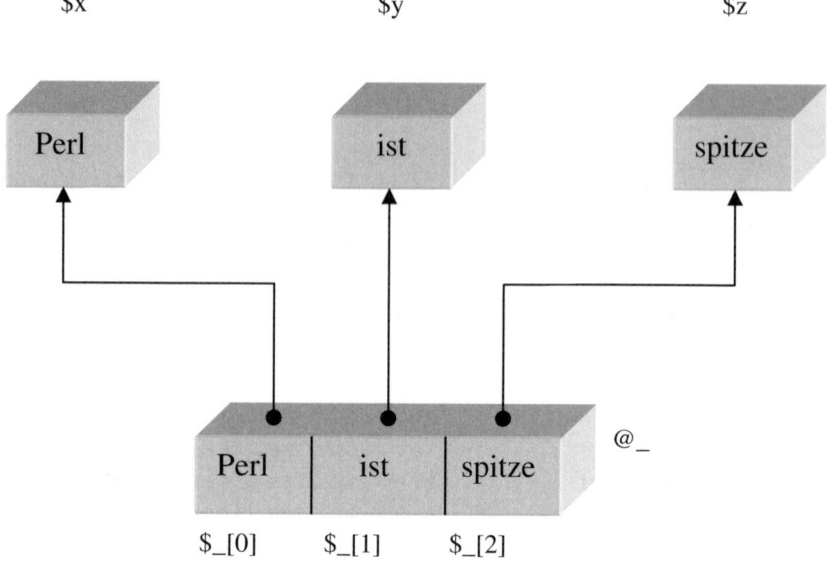

Anschließend wird der Ausdruck $_[2] = shift zunächst in der Shift-Phase und dann in der Zuweisungs-Phase gezeigt:

a) Shift-Phase:

b) Zuweisungs-Phase an $_[2]:

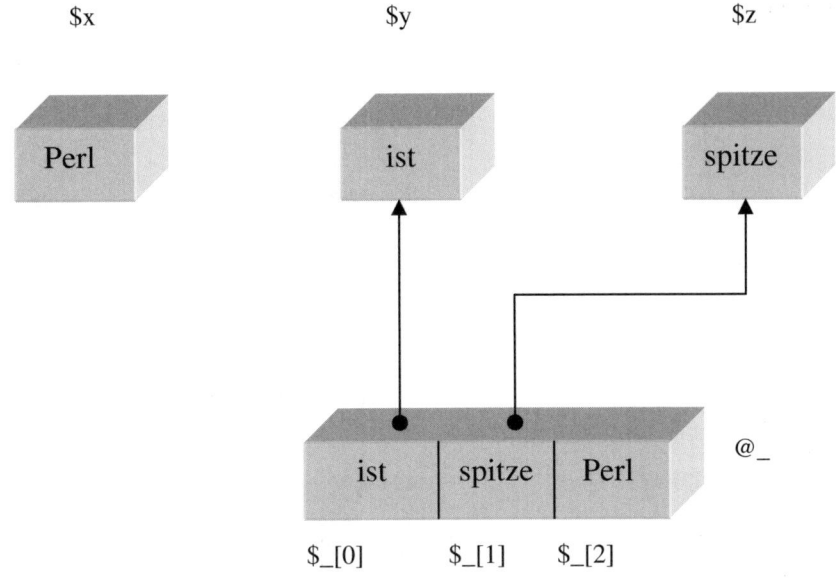

Die Darstellung macht deutlich, dass zunächst der String "Perl" aus dem Spezial-Array @_ per shift-Funktion der Spezial-Variablen $_[2] zugewiesen wird. Weiterhin ist zu erkennen, dass zur Variablen $x keine Verbindung mehr existiert (sie eingefroren ist). Somit kann $x nicht mehr vom Spezial Array @_ beeinflusst werden.

Mit der Programmzeile $_[2] = 'neu' erhält die Spezial-Variable $_[2] den String "neu" zugewiesen. Die Liste des Spezial-Arrays @_ enthält jetzt die Werte (ist spitze neu).

In der nächsten Programmzeile erhält die Spezial-Variable $_[0] den String "was" zugewiesen. Diese Veränderung von $_[0] bedeutet aber gleichzeitig, dass die Variable $y ebenfalls "was" enthält. Das Spezial-Array @_ besitzt nun die Werte (was spitze neu).

Mit der Zeile $_[2] = shift wird zunächst das erste Element "was" aus dem Spezial-Array @_ herausgeschoben. Für die Variable $y bedeutet dies, dass ihr Wert "was" eingefroren wird und nicht mehr durch das Spezial-Array @_ verändert werden kann. Nach der Shift-Aktion erfolgt die Zuweisung von "was" an die Spezial-Variable $_[2], so dass die Liste des Spezial-Arrays jetzt die Werte (spitze neu was) besitzt.

Dieser Ausdruck $_[2] = shift wird wieder grafisch in zwei Phasen dargestellt:

a) Shift-Phase:

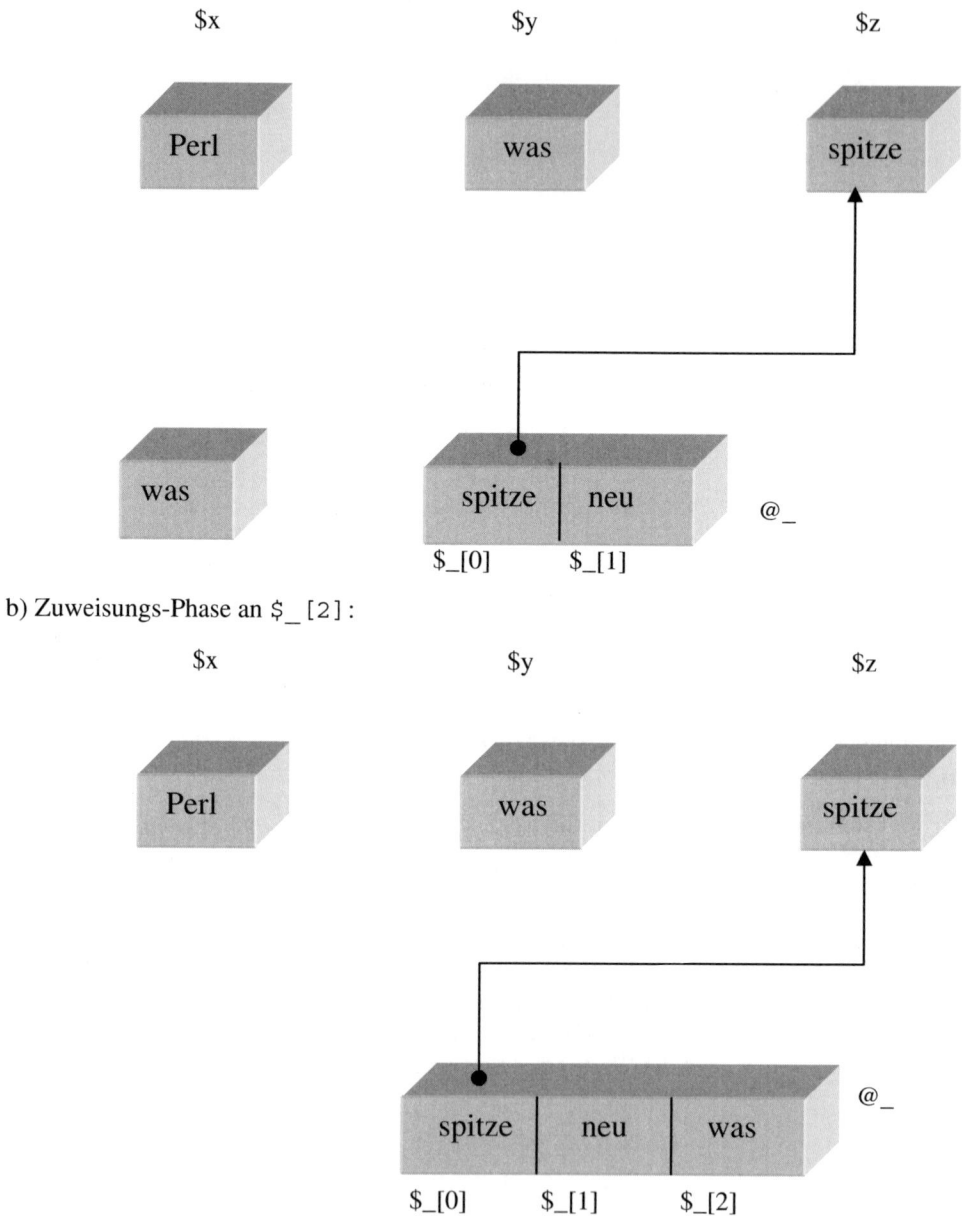

b) Zuweisungs-Phase an $_[2]:

Es ist jetzt nur noch ein Zusammenspiel zwischen der Spezial-Variablen $_[0] und dem aufrufenden Argument $z vorhanden. Die Variablen $x und $y lassen sich nicht ändern, sie sind eingefroren.

Im letzten Programmschritt mit $\$\_[0]$ = 'sonst' erhält die erste Spezial-Variable $\$\_[0]$ den String "sonst" zugewiesen. Da zwischen $\$\_[0]$ und $\$z$ eine Verbindung existiert, wirkt sich die Werteänderung von $\$\_[0]$ zu "sonst" auch auf die Variable $\$z$ aus.

Der Inhalt der Liste des Spezial-Arrays $@\_$ ist somit (sonst neu was), während die Variable $\$x$ den Wert "Perl", die Variable $\$y$ den Wert "was" und die Variable $\$z$ den Wert "sonst" besitzt.

Dies soll ebenfalls grafisch dargestellt werden:

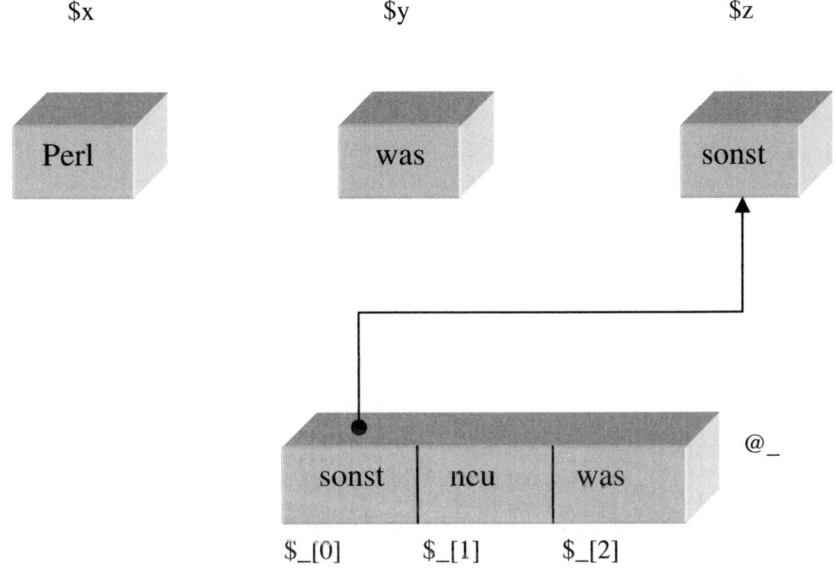

Sie sehen, dass sich die aufrufenden Argumente $\$x$ und $\$y$ nicht mehr verändern lassen, während die Variable $\$z$ jederzeit durch die Spezial-Variable $\$\_[0]$ beeinflusst werden kann.

Nach Beendigung des Aufrufs der Funktion func() erfolgt die Ausgabe:

```
Perl was sonst
```

Generell lässt sich zum Prinzip **implizite Referenzen** Folgendes sagen: Es wird nicht mit Kopien der Daten wie beim Aufruf **call-by-value** gearbeitet. Alle Operationen wirken sich also auf die Aufrufdaten (Argumente) aus. Findet eine Änderung der Daten innerhalb des Arrays $@\_$ statt, d. h. Änderung der Referenz-Parameter, werden auch die Aufrufdaten (Argumente) verändert. Erfolgt eine Shift-Operation, wird die entsprechende aufrufende Variable eingefroren.

8.6   Rekursion

Rekursionen sind natürlich auch in Perl erlaubt. Hierbei ruft die entsprechende Funktion sich selber auf. Im folgenden Beispiel wird das ULAMsche Verfahren durch Rekursion mit den Eingabezahlen 6 und 5 dargestellt. Zum Rekursions-Auruf wird der ternäre Operator verwendet:

```perl
#!/usr/bin/perl -w

BLOCK : while() {
    print "Die entsprechende Zahl eingeben\n";
    $ein = <STDIN>;
    chomp ($ein);
    last BLOCK if ( $ein == 6  or  $ein == 5 );
    # Fortsetzung nur bei Eingabe 6 oder 5
}
print "\nENDE beim Wert: ", ulam($ein);   # ENDE bei: $ein <= 1

sub ulam {
    print "\t$ein";
    if ($ein <= 1)  {return (1);}        # Ende
        else {$ein %2     ? ulam ($ein = $ein * 3 + 1)
                          : ulam ($ein = $ein / 2)
        }
}
```

Nur mit der Eingabe der Werte 5 oder 6 wird das Programm fortgesetzt. Die Funktion ulam() wird beendet, wenn der Wert der Variablen $ein <= 1 (Boolescher Wert true) ist. Bei einem ungeraden Wert (Wahrheitswert der Modulo-Funktion true) der Variablen $ein erfolgt die Übergabe des Arguments $ein = $ein * 3 + 1. Ist die Variable $ein gerade (Wahrheitswert der Modulo-Funktion false), wird ebenfalls die Funktion ulam() aufgerufen; sie erhält den berechneten Wert $ein = $ein / 2 als Argument.

Die jeweiligen Werte von $ein werden mit der print-Anweisung ausgegeben.

Bei der Eingabe 5 ist die Ausgabe:

```
5      16      8      4      2      1
ENDE beim Wert: 1
```

Bei der Eingabe 6 ist die Ausgabe:

```
6      3      10     5      16     8      4      2      1
ENDE beim Wert: 1
```

8.7   Packages

Perl bietet ein äußerst leistungsfähiges Konzept zur modularen Erstellung umfangreicher Softwareprojekte.

Wie bereits erwähnt, stehen Ihnen neben den Standardmodulen noch Tausende weitere Module im CPAN (**C**omprehensive **P**erl **A**rchive **N**etwork) für verschiedene Themen zur Verfügung. Die Module können kostenlos geladen werden.

Damit beim Einbinden von Modulen in das von Ihnen geschriebene Programm keine Namenskollision entsteht, muss eine saubere Trennung von Namensräumen vorgenommen werden. Ein Namensraum ist ein geschützter Raum für Namen. Diese Trennung wird durch Packages realisiert. Jedes Packages vertritt seinen eigenen Namensraum, d. h. gleichnamige Variablen in verschiedenen Packages führen nicht zu Konflikten.

Ein Package wird durch das Schlüsselwort **package** eingeleitet, gefolgt durch seinen Namen. Nach dieser Anweisung befinden Sie sich bereits in diesem Namensraum. Für jeden Namensraum existiert eine eigene Symboltabelle, in der alle Bezeichner in einem Hash verwaltet werden. Somit enthält dieser Namensraum Bezeichner als Schlüssel und Typeglobs als Wert. Generell besteht jedes Perl-Programm aus mindestens einem Package, nämlich dem Standard-Package `main`.

Package und Variable arbeiten wie folgt zusammen:

Wenn Sie eine Variable über ihren Namen ansprechen möchten, versucht Perl diese in der Symboltabelle des aktuellen Packages zu finden. Möchten Sie diese Variable in einem anderen Package ansprechen, brauchen Sie nur den Namen des Packages gefolgt von zwei Doppelpunkten mit anschließendem Namen der Variablen angeben. So würde zum Beispiel `$main::var` bedeuten, dass die skalare Variable `$var` im Package `main` gespeichert ist. Statt `$main::var` dürfen Sie auch `$::var` schreiben – dies gilt aber nur für das Package `main`. Der vorhandene Präfix zeigt an, um welchen Typ es sich bei der Variablen handelt. Wie bereits gesagt, führen gleichnamige Variablen in unterschiedlichen Namensräumen nicht zu Konflikten.

Im folgenden Beispiel soll dieses Zusammenspiel dargestellt werden:

```perl
#!/usr/bin/perl -w

package Rechnung;             # Namensraum Rechnung
$glob = 1;

sub multi {
      $glob *= shift;
      print "Das Ergebnis der Multiplikation ist: $glob\n";
          # Das Ergebnis der Multiplikation ist: 100
}
```

```
sub min {
     $glob -= shift;
     print "Nach der $::minus ist das Ergebnis: $glob\n";
          # Nach der Subtraktion ist das Ergebnis: 60
}

sub add {
     $glob += shift;
     print "Nach der $::plus ist das Ergebnis: $glob\n";
          # Nach der Addition ist das Ergebnis: 80
}

package main;              # Namensraum main
$minus = "Subtraktion";   # main::minus
$plus = "Addition";       # ${main::plus}

Rechnung::multi(100);
Rechnung::min(40);
Rechnung::add(20);

print "Das Gesamtergebnis ist: ${Rechnung::glob}\n";
     # Das Gesamtergebnis ist: 80
```

Im Package main wird zunächst das Package Rechnung und in diesem Namensraum die Funktion multi() aufgerufen. In ihr wird mit der shift-Funktion der übergebene Parameterwert 100 des Spezial-Arrays @_ mit der globalen Variablen $glob = 1 multipliziert und das Ergebnis 100 ausgegeben.

Danach wird wieder in den Namensraum main gewechselt und von dort in den Namensraum Rechnung, wo die Funktion min() aufgerufen wird. Von der globalen Variablen $glob mit dem Wert 100 wird der Parameterwert 40 subtrahiert und 60 als Ergebnis ausgegeben. Die Ausgabe von $::minus ergibt den String "Subtraktion". Da die Symboltabellen im Namensraum als Hash organisiert sind, können Sie z. B. auf $minus im Package main mit dem Schlüssel $main::minus zugreifen. Ebenso ergibt ${main::minus} den gleichen String "Subtraktion".

Im Anschluss an die Funktion min() erfolgt der Wechsel wiederum in den Namensraum main und von dort in den Namensraum Rechnung, in dem die Funktion add() mit dem Additions-Ergebnis 80 ausgeführt wird. Die Ausgabe von $::plus ergibt den String "Addition".

Dieses Gesamtergebnis wird im Namensraum main ausgegeben, in dem die globale Variable $glob aus dem Namensraum Rechnung verwendet wird.

8.8   Module

Module sind in Perl spezielle Packages. Ein Modul hat mehrere Variablen und Funktionen, die in einem Namensraum liegen und in einer Datei mit Default-Extension .pm abgelegt sind (pm steht für **P**erl **M**odule). Die Namen von Modulen beginnen per Konvention mit Groß-buchstaben. Zum Beispiel steht das Modul CGI in der Datei CGI.pm. Module sind in Perl die Grundlage der OO-Programmierung.

Module können Sie mit den Funktionen `require()` oder `use()` in Ihr Programm einbinden. Nach den Schlüsselwörtern mit anschließender Angabe des Moduls werden diese in allen Verzeichnissen gesucht, die im Array `@INC` enthalten sind.

Module werden mit der Anweisung

```
require modulname
```

zur Laufzeit des Programms oder mit

```
use modulname
```

beim internen Compilieren in ein Programm eingebunden.

Verwendung der Funktion `require()`
Die `require`-Anweisung entspricht der `#include`-Anweisung des C/C++-Präprozessors.

In der folgenden skizzierten Form wird durch die Funktion `require()` ein externes Pro-gramm eingebunden. Der Code der eingebundenen `.pl` Datei muss zum Schluss den Wert `true` liefern. Es hat sich eingebürgert, ans Ende der Datei einfach den Wert 1 anzuhängen:

```
print "Start Hauptprogramm\n";
require "extern.pl";
print "Ende Hauptprogramm";
```

Externes Programm: extern.pl

```
print "Inhalt: 'extern.pl'\n";       # Datei: extern.pl
1;
```

Die Ausgabe wäre:

```
Start Hauptprogramm
Inhalt: 'extern.pl'
Ende Hauptprogramm
```

Statt Einbindung von Programmen mit der Endung `.pl` können Sie wie oben beschrieben auch **P**erl-**M**odule mit der Endung `.pm` (z. B. Modul `extern.pm`) einbinden.

Ausgabe des reservierten Arrays @INC:

```
#!/usr/bin/perl -w

use strict;
print join ("\n", @INC);
```

Die Ausgabe ist z. B.:

```
C:/Perl/lib
C:/Perl/site/lib
```

Verwendung der Funktion use()
Leistungsfähiger als die Funktion require() ist die Funktion use(). Der Aufruf der
Funktion use() entspricht dem von require() mit anschließender import-Funktion
(dient zur Importierung von Funktionsnamen).

Weiterhin wird mit der Funktion use() das entsprechenden Modul nicht wie bei requi-
re() zur Laufzeit abgearbeitet, sondern schon bei der Compilierung. Hier wird beispielhaft
ein solches Programm dargestellt:

```
print "Start Hauptprogramm\n";
use modul;                          # eigentlich modul.pm
print "Ende Hauptprogramm";
```

Das Programm: modul.pm

```
print "Inhalt: 'modul.pm'\n";       # Datei: modul.pm
1;
```

Die Ausgabe wäre:

```
Inhalt: 'modul.pm'
Start Hauptprogramm
Ende Hauptprogramm
```

An der obigen Reihenfolge sehen Sie, dass der Code des Moduls modul.pm schon abgearbeitet ist, bevor das Hauptprogramm abläuft.

8.9   Verwendete Funktionen

In der folgenden Tabelle werden die wichtigsten Fuktionen aus diesem Kapitel nochmals erläutert.

Tabelle 8.10: Verwendete Funktionen

Funktion	Bedeutung
`join()`	Verbindet die einzelnen Strings der Liste zu einem einzigen String
`local()`	Deklariert globale Variablen zu temporäre lokale Variablen innerhalb der Funktion
`my()`	Deklariert Variablen zu privaten Variablen die nur innerhalb der Funktionen existieren
`require()`	Lädt bei Bedarf Datei Pfad
`return()`	Beendet eine Funktion mit eventuellen Wert des Ausdrucks
`shift()`	Entfernt das erste Element aus der Liste
`use()`	Bindet das Modul ein
`want.array()`	Gibt `true` zurück, beim Listenkontext und `false` beim Skalaren-Kontext

9 Referenzen

Perl ermöglicht wie andere Sprachen auch die Verwendung von Referenzen (Zeigern). Sie bieten die Möglichkeit, indirekt auf andere Daten zu verweisen. Somit bestehen Referenzen aus zwei Informationen: erstens aus der Adresse des Speicherobjekts, auf das verwiesen wird, und zweitens aus dem Typ des Speicherobjekts.

Sie sind unverzichtbar bei der Parameterübergabe in Funktionen und im objektorientierten Kontext.

Weiterhin ist es in Perl möglich, anonyme Referenzen anzulegen sowie Referenzen auf konventionelle Datentypen, wie z. B. Skalare, Arrays, Hashes, Funktionen usw., anzuwenden.

Es wird zwischen harten und symbolischen (weichen) Referenzen unterschieden.

Bei den statischen oder sogenannten harten Referenzen ist die Referenz eine skalare Größe, nämlich die Speicheradresse, die auf ein Referenzziel zeigt.

Bei den symbolischen Referenzen enthält z. B. eine Variable einen String, der anschließend von der folgenden Variablen referenziert wird. Hier wird der vorhandene String als der Name einer Variablen interpretiert. Eine weitere, aber veraltete Variante, symbolische Referenzen zu verwenden, ist die Notation vom Typ Glob.

Harte Referenzen sind deswegen interessant, weil das Ziel eine einfache skalare Variable, ein Array oder Hash oder auch eine Funktion sein kann. Eine Referenz kann auch auf eine andere Referenz verweisen.

Die Speicherverwaltung wird bei Perl durch automatisches Allozieren und Deallozieren (Garbage Collection) durchgeführt. Sie müssen sich also nicht um Speicherverwaltungsfragen kümmern. Perl übernimmt das für Sie und löscht Variablen, wenn zu ihnen kein Bezug mehr besteht, und verhindert im anderen Fall das Löschen, wenn noch ein Bezug vorhanden ist. Ebenso sorgt Perl dafür, dass weder ungültige Referenzen, Coredumps oder allgemeine Schutzverletzungen entstehen.

9.1 Mechanismen von Referenzen

Vor Perl5 gab es keinen allgemeinen brauchbaren Mechanismus, um komplizierte Datenstrukturen aufzubauen, wie z. B. ein Array von Arrays, ein Array von Hashes, ein Hash von Hashes usw. Mittlerweile sind solche verschachtelten Strukturen kein Problem mehr. Wenn der Perl-Interpreter irgendeine Variable anlegt, trägt er in eine Symboltabelle unter dem Namen der Variablen die Adresse des Speicherbereichs für den Variableninhalt ein. In dieser Speicheradresse (Zeiger) sind die Daten, die zur Variablen gehören, gespeichert. Es ist somit eine Bindung der Speicheradresse mit dem Namen gegeben. Wenn Sie also den Wert einer Variablen verändern, verändern Sie den gespeicherten Inhalt an der entsprechenden Speicheradresse.

Ebenso verhält es sich mit Referenzen. Eine Referenz bedeutet nichts anderes, als dass sie als Wert eine Adresse besitzt, in der sich ebenfalls ein Wert befindet. Somit bezieht sich die Referenz auf die aktuelle Speicheradresse. Dabei können sich noch weitere Referenzen auf die gleiche Speicheradresse beziehen. Die Adresse ist ein skalarer Wert.

Mit Referenzen, d. h. ihren skalaren Werten, können Sie wie in der objektorientierten Programmierung auf ein Objekt zugreifen. Der Konstruktor kann ein beliebiger Perl-Typ sein, wie z. B. Skalar, Array, Hash, Referenz, Code oder Glob. Sie können diesen skalaren Wert wiederum in einer skalaren Variablen oder als Element eines Arrays oder Hashs speichern.

Referenzen haben ein zeigerähnliches Verhalten, wie z. B. in der Programmiersprache C/C++. Dort werden sie als Pointer oder Zeiger bezeichnet. Allerdings hat Perl nicht viel mit diesen genannten Zeigern gemeinsam. Sie können in Perl nur auf bestehende Objekte Referenzen erzeugen. Sie können diese anschließend nicht modifizieren, damit sie z. B. auf das nächste Element eines Arrays (Zeigerarithmetik) zeigen. Wie Sie bereits erfahren haben, sind bei Perl Referenzen skalare Variablen. Diese werden bei Bedarf implizit zu Strings oder Zahlen umgewandelt. Der umgekehrte Weg ist aber nicht möglich, d. h. aus einem String oder aus einer Zahl kann keine Referenz gemacht werden.

Wenn Sie nun eine Referenz auf eine Variable deklariert haben, reserviert der Perl-Interpreter für die Referenz den benötigten Speicherbereich. Da die Referenz aber die Adresse des Speicherbereichs kennt, können Sie über die Referenz auf den Inhalt (Dereferenzierung) des Speicherbereichs zugreifen. Jede Veränderung, die Sie jetzt über eine Referenz vornehmen, wirkt sich direkt auf den zugeordneten Speicherbereich aus.

Referenzen werden durch einen Backslah-Operator \ vor der entsprechenden Variablen erzeugt, wie z. B.:

```
$ref_skalar = \$skalar;        # Referenz auf einen Skalar
$ref_array = \@array;          # Referenz auf ein Array
$ref_hash = \%hash;            # Referenz auf ein Hash
$ref_func = \&func;            # Referenz auf eine Funktion
```

9.2   Speicherverwaltung (Storage Allocation)

Die Entwicklung der Programmierung ging einher mit einer Veränderung der Speicherverwaltung. Zu Beginn war die exakte Speicherüberwachung allein Sache des Programmierers. Durch die Entwicklung von Compilern wurde vieles abstrahiert, so dass bei der Speicherplatzzuweisung (Storage Allocation) die Speicheradresse nicht mehr explizit angegeben werden musste.

Es existieren im Prinzip drei Arten von Speicherplatzzuweisungen, nämlich Static allocation, Stack Allocation und Heap Allocation.

Static Allocation

Bei dieser Methode muss die Datengröße zum Zeitpunkt des Kompilierens bekannt sein. Außerdem sind alle Rekursivitäten verboten, da die Daten unter fest programmierten Adressen abgelegt sind. Damit ist es nicht möglich, Datenstrukturen dynamisch zu kreieren.

Stack Allocation

Dabei ist es möglich, rekursive Programme zu schreiben, da die lokalen Variablen jeweils eine andere Adresse haben. Allerdings steht der Wert der lokalen Variablen nach der Ausführung der Prozedur nicht mehr zur Verfügung.

Heap Allocation

Mit diesem Prinzip ist es möglich, Daten zu deallozieren, und zwar unabhängig davon, in welcher Reihenfolge sie alloziert wurden (dynamische Speicherverwaltung).

Die Speicherverwaltung mit Heap geschieht automatisch mit Hilfe von Garbage Collection, deren Funktionsweise im Folgenden beschrieben wird.

Garbage Collection

Wie im obigen Abschnitt beschrieben, reserviert Perl bei der Ausführung eines Programms automatisch den entsprechenden Speicherbereich für die Daten.

Wenn aber immer nur Variablen erzeugt werden, ohne dass der Speicher, den sie belegen, jemals wieder zurückgefordert werden kann, würde das – wie Sie sich vorstellen können – zu einem ernsten Speicherplatzproblem führen. Fast alle gebräuchlichen Programmiersprachen, wie unter anderem C/C++, Prolog, Smalltalk, Eiffel usw., greifen deshalb auf Garbage Collection zurück.

Hier wird nach dem folgenden Prinzip verfahren: Wenn sich eine Variable (auf die Sie Zugriff haben) über etliche Indirektionsstufen nicht mehr erreichen lässt, d. h. dem Programm nicht mehr zur Verfügung steht, kann sie entfernt und der von ihr belegte Speicher freigegeben werden. Bei Sprachen wie LISP, Scheme oder Java (bei Java nebenläufig im Thread) beseitigt eine Garbage-Collector-Routine diese nicht erreichbaren Variablen. Perl verwendet stattdessen das bewährte Reference Counting.

Für jeden gespeicherten Wert werden zusätzliche Informationen, nämlich die eines Referenzzählers, zu diesem Wert verwaltet. Jeder Werte-Teil, der zu einer Variablen gehört, enthält einen Referenzzähler. Die Angaben des Referenzzählers ermöglichen es Perl zu entscheiden, ob der Wert im Speicher weiterhin erhalten bleibt oder, wenn dieser Zähler den Wert 0 besitzt, dieser Speicherplatz freigegeben wird.

Generell ist für jeden Wert der Referenzzähler immer 1, und zwar egal, ob ein Bezug zum Variablennamen existiert oder nicht. Jede Referenz auf eine Variable (die in Beziehung zur Speicheradresse steht) erhöht ihren Referenzzähler um 1. Im Gegensatz zu C/C++, wo Pointer verwendet werden, wird hier der Referenzzähler berücksichtigt, welcher angibt, wie viele Referenzen auf eine Variable existieren.

Wird der Gültigkeitsbereich einer Variablen überschritten, d. h. geht die Variable **Out of Scope,** wird sie nicht entfernt und der Speicherplatz nicht freigegeben. Durch die bestehende Referenz auf sie existiert sie noch und wird nicht entfernt.

Erst wenn keine Referenz mehr zu der Variablen existiert, d. h. der Referenzzähler 0 ist, wird sie nicht mehr benötigt und der von ihr belegte Speicherplatz wird freigegeben.

Es folgt ein einfaches Beispiel "Name und Wert". Bei der Variablen $skalar mit ihrem Wert "Perl" hat der Referenzzähler den Wert 1. Wenn eine Referenz auf diese skalare Variable erzeugt wird, wird der Referenzzähler automatisch um 1 inkrementiert, so dass er den Wert 2 besitzt. Dies entspricht auch der Anzahl der Pfeile, die auf den Werte-Teil der skalaren Variablen $skalar zeigen. Bei einer Wertzuweisung an eine Variable ist der Referenzzähler mindestens 1:

```
#!/usr/bin/perl -w

$skalar = "Perl";
# Referenzzähler vom Wert Perl ist 2
$ref_skalar = \$skalar;
# Referenzzähler von $ref_skalar ist 1
print "$ref_skalar\n";              # SCALAR(0x17655a8)
```

Name: Inhalt: Speicheradresse:

$skalar   0x17655a8

                                        2   Perl

$ref_skalar   1   0x17655a8   0x1765608

An der obigen grafischen Darstellung erkennen Sie, wie sich der entsprechende Referenzzähler des Wertes der Variablen $skalar um 1 erhöht, sobald eine Referenz auf sie erzeugt wird. Die Darstellung macht ferner deutlich, dass $ref_skalar nur die Speicheradresse der skalaren Variablen $skalar beinhaltet, ohne dass ein Bezug zum Namen der skalaren Variablen $skalar besteht.

Natürlich können Sie von der Referenz $ref_skalar wiederum eine Referenz und somit beliebig lange Referenzketten bilden:

```perl
#!/usr/bin/perl -w

$skalar = "Perl";
# Referenzzähler von Perl ist 2
$ref_skalar = \$skalar;
# Referenzzähler von $skalar ist 1
print "$ref_skalar\n";            # SCALAR(0x17655a8)
$ref1 = \$ref_skalar;
# Referenzzähler von $ref_skalar ist 2
print "$ref1\n";                  # SCALAR(0x1765608)
```

Name:	Inhalt:	Speicheradresse:

Auch Arrays und Hashes besitzen ihre eigenen Referenzzähler. Es wird zunächst eine Referenz auf ein Hash gebildet:

```perl
#!/usr/bin/perl -w

%hash = (ilse => 26, ida =>32);    # Ref. Zaehler ist 2
$ref_hash = \%hash;                # Ref. Zaehler ist 1
```

```
print "$ref_hash\n";                    # Hash(0x1765580)
```

| Name: | Inhalt: | Speicheradresse: |

Die Darstellung zeigt, dass bei einer Referenz auf ein Hash der Referenzzähler des Hashs um 1 erhöht wird, der der einzelnen Schlüssel-Wert-Paare im Hash aber nicht.

Im folgenden Beispiel wird eine Referenz zu einem Schlüssel-Wert-Paar im Hash erzeugt, wodurch der entsprechende Referenzzähler auf 2 erhöht wird:

```
#!/usr/bin/perl -w

%hash = (ilse => 26, ida =>32);
$ref_element = \$hash{ida};
# Referenzzähler von ida =>32 ist 2
print "$ref_element\n";                 # SCALAR(0x176f134)
print "$$ref_element\n";
# 32 Wert vom Schluessel ida
```

Wird eine Referenz auf ein Element eines Hashs (oder eines Arrays) gebildet, inkrementiert Perl den Referenzzähler des skalaren Wertes:

Name: Inhalt: Speicheradresse:

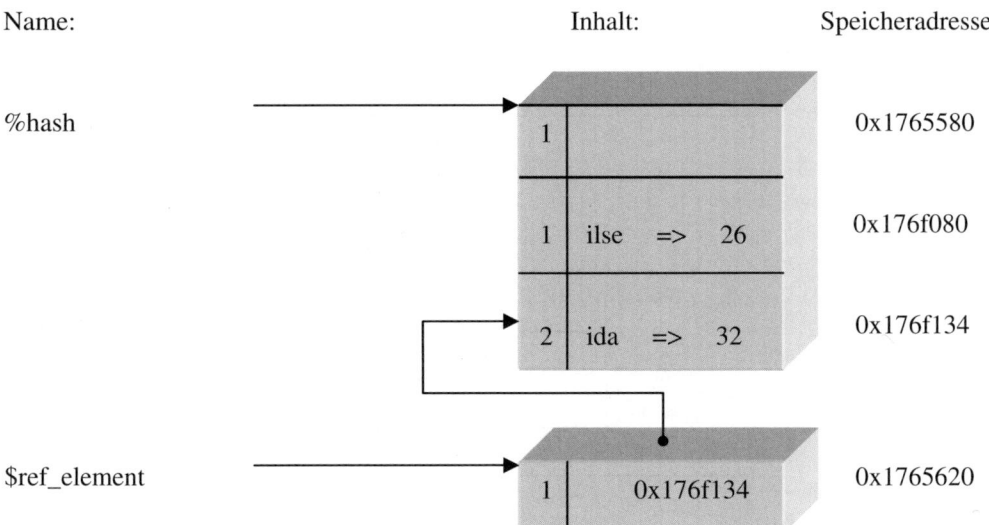

Wenn Sie jetzt, wie im untenstehenden Programm angegeben, das entsprechende Schlüssel-Wert-Paar $hash{ida} mit der Funktion delete() aus dem Hash löschen, vermindert sich der Referenzzähler um den Wert 1. Das Datenelement ist im Hash nicht mehr enthalten. Da aber noch eine Referenz zu diesem Schlüssel-Wert-Paar besteht, ist seine Existenz noch vorhanden; dies wird auch an der folgenden grafischen Darstellung sichtbar:

```perl
#!/usr/bin/perl -w

%hash = (ilse => 26, ida ->32);
$ref_element = \$hash{ida};
delete $hash{ida};
# Datensatz ida=>32 wird geloescht
print %hash,"\n";
# ilse26 nur noch als Datensatz im Hash
print "$$ref_element\n";
# 32 als Datensatz existiert aber noch
```

Name: Inhalt: Speicheradresse:

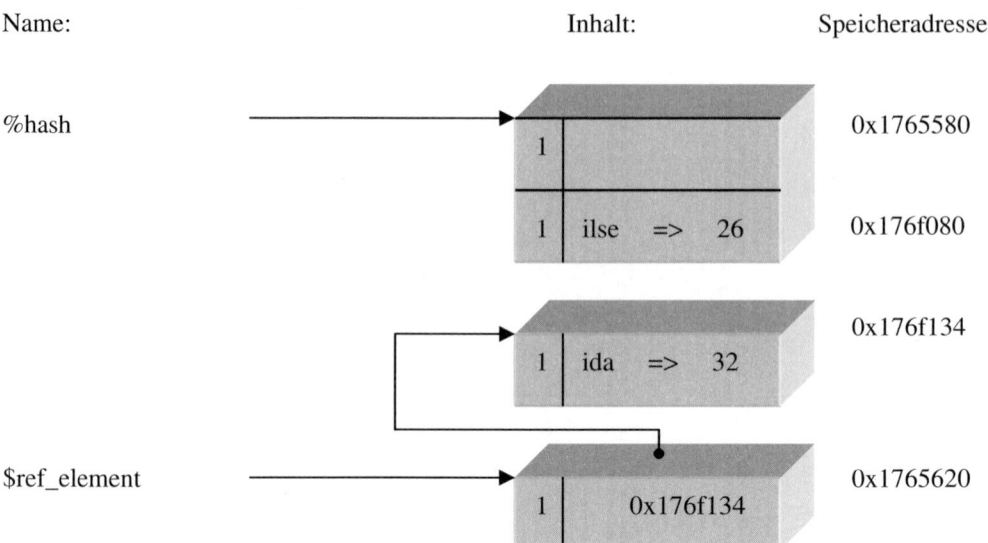

Es ist deutlich zu erkennen, dass, wenn nur die Referenz verschoben wird bzw. Variablen aus dem Gültigkeitsbereich (Out of Scope) verschwinden, der Referenzzähler um 1 dekrementiert wird. Die Variable existiert aber weiter, solange noch Referenzen auf sie verweisen.

Erst wenn der Referenzzähler zu 0 wird, gibt es keinen Bezug mehr zu den entsprechenden Werten, d. h. die Bindung zwischen "Name und Wert" ist aufgehoben. Perl stellt jetzt den vergebenen Speicherplatz wieder zur Verfügung.

Diese Technik der Referenzzählung wird als Garbage Collection bezeichnet.

Der Referenzzähler benötigt für die Integerwerte entsprechenden Speicherplatz. Der Vorteil von Perl ist, dass die Speicherverwaltung automatisch abläuft, im Gegensatz zu C/C++, wo sie beim Anwender liegt.

9.3   Erzeugen von Referenzen

Eine Referenz kann auf jede Variable erzeugt werden, indem der Backslash-Operator \ eingesetzt wird (ähnlich wie bei C/C++ der Adressoperator &). Mit Hilfe des Backslash-Operators wird die Adresse erzeugt, auf die dann zugegriffen werden kann. Referenzen können auf beliebige Speicherobjekte weisen, neben Skalaren, Arrays und Hashes auch auf Funktionen, Datei-Handles oder weitere Referenzen.

9.3.1   Referenzen auf Skalare

Eine Referenz selbst ist eine skalare Variable. Sie liefert die jeweilige Speicherposition (Adresse) des Objektes:

```
#!/usr/bin/perl -w

$skalar = 4711;
$ref_skalar = \$skalar;              # Referenz auf $skalar
print "$ref_skalar\n";               # SCALAR(0x17655a8)
```

Name: Inhalt: Speicheradresse:

$skalar	4711	0x17655a8
$ref_skalar	0x17655a8	0x1765608

Der Backslash-Operator erzeugt die Speicheradresse, in der Daten – hier 4711 – gespeichert sind. Diese Adresse hat den Wert 0x17655a8 vom Typ SCALAR, der der Variablen $ref_skalar zugewiesen wird. Somit wird bei Referenzen der Variablentyp zusammen mit dem Verweis auf die Adresse angegeben. Bei dieser Art von Verweistechnik über Adressen handelt es sich um harte Referenzen.

Es lassen sich, wie die folgenden Beispiele zeigen, auch Referenzen auf konstante Werte erzeugen:

```
#!/usr/bin/perl -w

$ref_zahl = \123;
# Referenz auf einen Wert
$ref_string = \"Dies ist ein String";
# Referenz auf einen String
print "$ref_zahl\n";                 # SCALAR(0x17655f0)
print "$ref_string\n";               # SCALAR(0x1765644)
```

9.3.2 Referenzen auf Listen

Im folgenden Programm wird die Referenz einer Liste ermittelt:

```
#!/usr/bin/perl -w


$ref_liste = \(1..10);
print "$ref_liste\n";          # ARRAY(0x1761f40)
```

9.3.3 Referenzen auf Arrays

Eine Referenz kann auf mehr als eine skalare Variable zeigen, z. B. auf das ganze Array. Des Weiteren können Sie Referenzen von einzelnen Elementen erzeugen:

```
#!/usr/bin/perl -w


@array = (1..10);
$ref_array = \@array;           # Array-Referenz deklarieren
print "$ref_array\n";           # ARRAY(0x17656d4)
$ref_element = \$array[1];      # Element-Referenz deklarieren
print "$ref_element\n";         # SCALAR(0x1765524)
```

Die Array-Variable @array dient nur als Operand für den Backslah-Operator. Im Abschnitt **Anonyme Referenzen** wird eine Abkürzung in der Form vorgenommen, dass die obigen beiden Zeilen zusammengefasst werden und die Hilfsvariable @array vermieden wird.

Das folgende Beispiel zeigt skalare Kombinationen:

```
#!/usr/bin/perl -w


@array = qw(eins zwei drei vier);   # Array
$ref = \@array;                     # Referenz von @array
$neu = $ref;                        # Adressenzuweisung
$neu[1] = $$ref[3];                 # $neu[1]=$array[3]
$ref_element = \$neu[1];            # Referenz von neu[1]
$lang = @neu;                       # Laenge vom Array @neu
$max = $#$ref;                      # Maximaler Index
@slice = @$ref[1..2];               # Slice zwei drei
print "\n
Adresse lautet:              $neu
Element \$neu[1]:             $neu[1]
Referenz von \$neu[1]:        $ref_element
Laenge von \@neu:             $lang
Maxindex von \@array:         $max
Slice[1..2]von \@array:       @slice \n";
```

Die Ausgabe ist:

```
Adresse lautet:              ARRAY(0x17655ac)
Element $neu[1]:             vier
Referenz von $neu[1]:        SCALAR(0x17654a4)
Laenge von @neu:             2
Maxindex von @array:         3
Slice[1..2] von array:       zwei drei
```

Zunächst wird die Referenz des Arrays @array gebildet. Diesen Adresswert erhält Array @neu zugewiesen. Der anschließende dereferenzierte Wert $$ref[3], nämlich "vier" (Element $array[3]), erhält $neu[1] zugewiesen. Im Anschluss daran wird die Referenz auf das Element $neu[1] gebildet. Danach wird die Länge – die aus zwei Elementen besteht – des Arrays @neu ausgegeben. Mit den letzten beiden Zeilen werden der letzte Index und die skalaren Elemente (dereferenzierte Werte) des Slices ausgegeben.

9.3.4   Referenzen auf Hashes

Auch bei Hashes wird eine Referenz mittels Backslash erzeugt. Auf die entsprechenden Schlüssel-Wert-Paare lassen sich Referenzen bilden:

```perl
#!/usr/bin/perl -w

%hash = (ilse => 26, ida => 32, udo => 40);
$ref_hash = \%hash;                         # Hash-Referenz
print "Hash-Referenz:\t\t\t$ref_hash\n";    # HASH(0x1765580)
foreach (keys %hash) {
      $ref_element = \$hash{$_};
      # Referenzen der Datensaetze
      print "\n
      Der Schluessel:              $_
      mit seinem Wert:             $$ref_element
      hat die skalare Referenz:    $ref_element
      \n";
}
```

Die Ausgabe ist:

```
Hash-Referenz:               HASH(0x1765580)
Der Schluessel:              udo
mit seinem Wert:             40
hat die skalare Referenz:    SCALAR(0x176f140)
Der Schluessel:              ilse
mit seinem Wert:             26
hat die skalare Referenz:    SCALAR(0x176f080)
Der Schluessel:              ida
```

```
mit seinem Wert:              32
hat die skalare Referenz:     SCALAR(0x176f134)
```

Die Referenz auf eine Variable ist ebenso wie die Referenz auf ein Hash eine skalare Größe. $ref_hash gibt die Adresse des Hashs %hash an. In der foreach-Schleife wird über den Schlüssel im Ausdruck \$hash{$_} jeweils die Referenz ($ref_element) zu jedem Datensatz im Hash gebildet. Mit $$ref_element wird der Wert der jeweiligen Referenz gebildet. Dieser Wert ist der Wert des Schlüssel-Wert-Paares.

9.3.5   Referenzen auf Funktionen

Da Funktionen wie Arrays und Hashes im Speicher abgelegt werden, können Sie auch Referenzen auf Funktionen erzeugen. Damit lassen sich die objektorientierte Programmierung und Closures durchführen. Closures sind anonyme Funktionen, deren lokale Variablen sich danach richten, in welchem Gültigkeitsbereich die Funktion definiert wurde.

Auch eine Funktion kann durch einen vorangestellten Backslash-Operator referenziert werden. Hierzu muss aber das Präfix & bei der Funktion vorhanden sein:

```
#!/usr/bin/perl -w

$ref_func = \&func;            # Referenz bilden
print "$ref_func\n";           # CODE(0x176562c)

print &{$ref_func},"\n";       # 12345678910 Listen-Rueckgabe
sub func{return (1..10);}      # Zahlenbereich 1..10
```

Die Ausgabe ist:

```
12345678910
```

Durch das \& vor dem Namen func wird eine Referenz auf diesen Code (Codereferenz) erzeugt. Auch hier ist die Referenz wieder gekennzeichnet durch Typ (Code) und Adresse (skalarer Wert). Die Funktion wird durch Dereferenzierung per kanonischer Syntax &{$ref_func} aufgerufen und ihre Werte werden ausgegeben. Neben der kanonischen Syntax können Sie die Codereferenzen auch über Variablen-Syntax oder per Arrow-Syntax ausführen.

Ebenso können Sie Argumente als Referenzen übergeben. Wichtig ist, dass der Aufruf der Funktion in dereferenzierter Form erfolgt:

```
#!/usr/bin/perl -w

$ref_func = \&func;            # Referenz bilden
&{$ref_func}(1..10);           # Aufruf mit Listen-Uebergabe
sub func{print reverse @_}     # Ausgabe mit reverse-Funktion
```

Die Ausgabe ist:

```
10987654321
```

Der Aufruf der Funktion erfolgt in dereferenzierter Form `&{$ref_func}`, wobei die Argumente 1..10 in einer Liste zusammengefasst an die Funktion `func()` übergeben werden. In der Funktion stehen sie im Spezial-Array `@_` zur Verfügung. Mit der `reverse`-Funktion werden die Werte in absteigender Reihenfolge ausgegeben.

Es ist sogar möglich, die obige Funktion mit vorhandenen Argumenten zu referenzieren:

```
$ref_func = \&func(1..10);     # Referenz mit Listen-Uebergabe
```

Im ersten Beispiel wurden Skalare der Funktion zurückgeliefert; es konnten auch wie im zweiten Beispiel Skalare als Liste an die Funktion übergeben werden.

Möchten Sie jedoch mehrere Listen an Funktionen übergeben, verlieren diese Listen in der Funktion ihre Identität. Dieses Problem können Sie mittels Übergabe von Referenzen und anschließender Dereferenzierung innerhalb der Funktion lösen.

Übergabe mittels Referenzen

Im folgenden Beispiel sollen ein Array und ein Hash an eine Funktion `func()` übergeben werden. Da, wie bereits gesagt, bei Übergabe der Listen an eine Funktion diese ihre Identität verlieren, erfolgt die Übergabe mittels Referenzen:

```perl
#!/usr/bin/perl -w

@array = (1..10);               # Array
%hash = (ilse => 26, ida => 32, udo => 40, tom => 44);

func (\@array, \%hash);         # Übergabe Array-, Hashreferenz

sub func{
        my $ref_array = $_[0];          # Referenz vom Array
        foreach ( @$ref_array ){ print "$_ "; }
        # Ausgabe des Arrays
        print "\n";
        my $ref_hash = $_[1];           # Referenz vom Hash
        foreach (keys %$ref_hash ) {

print "$_ => $ref_hash->{$_}, ";
        # Ausgabe des Hash
        }
}
```

Die Ausgabe ist:

```
1 2 3 4 5 6 7 8 9 10
udo => 40, ilse => 26, tom => 44, ida => 32,
```

Diese beiden Referenzen stehen innerhalb der Funktion im Spezial-Array @_ zur Verfügung, nämlich die des Arrays (in $_[0] als erster Wert) und die des Hashs (in $_[1] als zweiter Wert).

Den Zugriff auf dieses Spezial-Array @_ können Sie dann auch mittels der Funktion shift() durchführen:

```
my     $ref_array = shift;
my     $ref_hash  = shift;
```

Eine dritte Möglichkeit ist die Zuweisung der Referenzen des Arrays und des Hashs aus dem Spezial-Array @_ an die Variablen $ref_array bzw. $ref_hash in Form einer Listenanweisung:

```
my ($ref_array, $ref_hash) = @_;
```

Im obigen Programm wird der Zugriff auf das Spezial-Array mittels der Spezial-Variablen $_[0] für die erste Referenz und $_[1] für die zweite Referenz vorgenommen.

Mit der Dereferenzierung von @$ref_array werden durch die erste foreach-Schleife die jeweiligen Elemente des Arrays @array ausgegeben.

Mit der Dereferenzierung von %$ref_hash werden die einzelnen Schlüssel-Wert-Paare des Hashs %hash ausgegeben, wobei die Ausgabe des Hashs nicht in gleicher Reihenfolge erfolgen muss wie bei der Eingabe definiert.

In einem weiteren Perl-Programm werden Skalar-, Hash-, und Array-Referenzen an eine Funktion func() übergeben:

```
#!/usr/bin/perl -w

$jahr = 2003;
%hash = (Katze => 'Cleo', Stadt => 'Landshut');
@array = qw(Erde Mars Jupiter);

func (\$jahr, \%hash, \@array);

sub func {
    my ($wert1, $wert2, $wert3) = @_;
    print "\t",

        "Auch nach $$wert1\n",
        "\twird $$wert2{Katze} aus $wert2->{Stadt}\n",
```

```
        "\tauf der $wert3->[0] bleiben und nicht\n",
        "\tzum ${$wert3}[2] reisen!\n";
}
```

Die Ausgabe ist:

```
    Auch nach 2003
    wird Cleo aus Landshut
    auf der Erde bleiben und nicht
    zum Jupiter reisen!
```

Im obigen Programm sind zunächst die entsprechenden Referenzen an die Funktion func()
übergeben worden. In der Funktion selbst sind die Referenzen des Spezial-Arrays @_ an die
Variablen $wert1, $wert2 und $wert3 zugewiesen worden. Im Anschluss daran sind
verschiedene Formen der Dereferenzierung dargestellt.

An dieser Stelle sei noch erwähnt, dass bei Perl keine automatische Dereferenzierung erfolgt,
d. h. die entsprechende Konstruktion (siehe die nachfolgenden Abschnitte zum Thema Dereferenzieren) muss selbst ausgeführt werden.

Referenzen lassen sich an Funktionen übergeben oder umgekehrt. Standardmäßig liefert
return einen einfachen Skalar oder eine Liste zurück. Zur Rückgabe mehrerer Listen aus
einer Funktion werden diese als Referenzen zurückgegeben:

```
sub func{return (\@liste1, \@liste2, \@liste3);}
```

9.3.6 Symbolische Referenzen (Typeglobs)

In diesem Abschnitt wird ein Wert dereferenziert, der keine harte Referenz aufweist. Das
bedeutet, dass der Wert als symbolische Referenz behandelt wird. Die Referenz (als skalare
Größe) wird in diesem Fall als String interpretiert:

```
#!/usr/bin/perl

$var = "symb_Ref";
${$var} = 4711;
print "Wert: $symb_Ref\n";                # Wert: 4711
```

Derefenzieren Sie einen String, gibt Perl den Wert der Variablen zurück, deren Namen im
String steht:

```
#!/usr/bin/perl -w

${symb_Ref} = 4711;
print "Wert: $symb_Ref\n";                # Wert: 4711
```

Ein Typeglob ist ein Eintrag in der Symboltabelle für alle globalen Variablen mit gleichen Namen (abgesehen vom Präfix). Wenn z. B. eine skalare Variable $var vorhanden ist, teilt sie sich mit der Liste @var und dem Hash %var einen Typeglob. Typeglobs haben als Präfix einen Stern *, der als Wildcard für alle Typen verstanden werden kann.

Weiterhin lässt sich mit Typeglobs ein Alias aufbauen, d. h. Sie können die gleiche Variable unter verschiedenen Namen ansprechen. Im folgenden Beispiel wird ein Typeglob alias_var aufgebaut:

```
#!/usr/bin/perl -w

$var = 'Perl';
@var = (1..3);
*alias_var = *var;          # Typeglob
pop @alias_var;             # Letztes Element (3) entfernt
$alias_var = 4711;          # Skalar $var wird zu 4711
print "$var\t@var\n";       # 4711       1 2

*alias1_var = \$var;        # Referenz auf neuen Typeglob
$alias1_var = "Perl neu";   # $var wird verändert
pop @alias1_var;            # Operation ist wirkungslos
print "$var\t@var\n";       # Perl neu       1 2
```

Mit einem Backslash-Operator lässt sich ein Typeglob referenzieren; anschließend können Sie gezielt an eine einzige Variable eines Alias entsprechende Werte zuweisen bzw. Werte verändern.

Hierbei ist zu berücksichtigen, dass Variablen, die mit my deklariert werden, keinen Eintrag in die Symboltabelle bewirken; damit ist der obige Mechanismus nicht wirksam.

Ferner können Sie Typeglobs auf Datei-Handles verwenden. Eine Referenz erzielen Sie wieder durch den Backslash-Operator: Vor dem Datei-Handle muss der Präfix * stehen.

Wie das folgende Beispiel zeigt, lassen sich Referenzen auf Typeglobs bilden, die wiederum Referenzen auf Datei-Handles ermöglichen:

```
#!/usr/bin/perl -w

$ref_handle = \*STDOUT;                  # Datei-Handle STDOUT
print <*$ref_handle>,"Referenzen\n";     # Referenzen
```

Solche Referenzen können Sie auch als Funktionsparameter an eine Funktion übergeben:

```
#!/usr/bin/perl -w

$var = "Referenzen";
func (\*STDOUT, $var);      # Übergabe
sub func {
```

```
        shift;                        # erstes Element entfernen
        print "$_[0]\n";              # Referenzen
}
```

Es wird mit der Funktion shift() das erste Element – eine übergebene Referenz vom Typ GLOB – aus dem Spezial-Array @_ geshiftet. Im Spezial-Array befindet sich nur noch ein Element, welches mit der Spezial-Variablen $_[0] ausgegeben wird.

9.3.7   Referenzen von Referenzen

Da mittels Backslash-Operator die Adresse der Variablen bestimmt wird, ist es möglich, von dieser Referenz wiederum die Adresse zu bestimmen und somit beliebig lange Referenzketten zu erzeugen:

```
#!/usr/bin/perl -w

$var = "Perl";
$ref_var = \$var;                    # Referenz
$ref_ref_var = \$ref_var;            # Referenz der Referenz
$ref_ref_ref_var = \$ref_ref_var;    # Nochmalige Referenz

print "\n
Referenz von \$var:                  $ref_var
Referenz von \$ref_var:              $ref_ref_var
Referenz von \$ref_ref_var:          $ref_ref_ref_var
\n";
```

Die Ausgabe ist:

```
Referenz von $var:                   SCALAR(0x17655a8)
Referenz von $ref_var:               SCALAR(0x1765608)
Referenz von $ref_ref_var:           SCALAR(0x17655dc)
```

In diesem Beispiel wird zunächst die Referenz der skalaren Variablen $var ermittelt, dann die Referenz von dieser Referenz usw.

9.4   Die Funktion ref()

Um zu erfahren, welcher Art die Daten sind, auf die die Referenz verweist, setzen Sie die vordefinierte Funktion ref() ein. Die ref-Funktion liefert eine Zeichenkette, die das Referenzziel beschreibt.

So wird z. B. :

- bei einer Referenz auf eine weitere Referenz ein String **REF**,
- bei einer Referenz auf einen Skalar ein String **SCALAR**,
- bei einer Referenz auf ein Array ein String **ARRAY**,
- bei einer Referenz auf ein Hash ein String **HASH**,
- bei einer Referenz auf eine Funktion ein String **CODE** und
- bei einer Referenz auf ein Typeglob ein String **GLOB**

zurückgeliefert.

Somit kann die Funktion `ref()` als eine Art **type-of-Operator** angesehen werden. Wenn das übernommene Argument der `ref`-Funktion keine Referenz ist, gibt die Funktion den Wahrheitswert `false` zurück.

9.5   Dereferenzierung

Die Dereferenzierung ist eine wichtige Operation zur Ermittlung des Wertes, auf den die Referenz zeigt. Diese Operation liefert das Objekt zurück, auf das die Referenz verweist. Hierbei wird, wie bereits erwähnt, von Perl kein automatisches Dereferenzieren vorgenommen.

Der Einsatz der Dereferenzierung eines Arrays mit folgenden Zeilen:

```
#!/usr/bin/perl -w

@array = (1..10);
$ref_array = \@array;
push ($ref_array, A..E);
# Abbruch!!! $ref_array ist ein Skalar!
```

führt zu einem falschen Ergebnis. Die Funktion `push()` erwartet als erstes Argument ein Array und nicht eine Referenz (die ein Skalar ist) eines Arrays. Somit muss, damit ein richtiges Ergebnis erzielt werden kann, eine Dereferenzierung wie folgt vorgenommen werden:

```
push (@$ref_array, A..E);     # Dereferenzierung eines Arrays
print "@array";               # 1 2 3 4 5 6 7 8 9 10 A B C D
```

Durch diese Dereferenzierung wird auf den Inhalt eines Arrays zugegriffen. Die Funktion `push()` erweitert den Inhalt des Arrays `@array` um die Elemente `A .. E`. Es enthält jetzt die Elemente 1 bis 10 und die Buchstaben `A` bis `E`.

Für die einzelnen Elemente eines Arrays bzw. Hashs lassen sich drei verschiedene Syntax-Formen von Dereferenzierungen anwenden:

- Die **kanonische Syntax** der Dereferenzierung ist die Verwendung der Blockschreibweise in geschweiften Klammern.
- Die **Variablen-Syntax**. Der Einfachheit halber werden die geschweiften Klammern aus der kanonischen Syntax weggelassen. Um eine Dereferenzierung auf ein bestimmtes Element beim Array oder Hash zu erzielen, setzen Sie die Variable, die die Referenz enthält, dorthin, wo z. B. der Name des Arrays steht.
- Der **Arrow-Operator** ist eine dritte Möglichkeit der Dereferenzierung von Arrays bzw. Hashes. Hierbei wird die Arrow-Syntax verwendet. Diese Schreibweise wird auch im Zusammenhang mit der objektorientierten Programmierung eingesetzt. Auf der rechten Seite des Pfeils steht der Name einer Methode oder einer einfachen skalaren Variablen. Auf der linken Seite steht entweder ein Objekt (Instanz) oder der Name einer Klasse.

Bei der jeweiligen Schreibweise ist auf das richtige Präfix zu achten. Enthält die Variable `$ref` eine Referenz, erhalten Sie deren Wert zum Beispiel in der kanonischen Syntax mit `${$ref}`, `@{$ref}` oder `%{$ref}` in Abhängigkeit davon, ob `$ref` auf einen Skalar, ein Array oder ein Hash zeigt.

Die Verwendung eines falschen Präfixes führt zu schwerwiegenden Laufzeitfehlern.

9.5.1 Dereferenzierung von Skalaren

Wie in der Einleitung erwähnt wurde, verwendet die kanonische Syntax als Präfix die geschweiften Klammern, in denen der Name der Referenz enthalten ist. Der Block liefert das Ergebnis, d. h. den Speicherinhalt, auf den die Referenz verweist:

```perl
#!/usr/bin/perl -w

$var = 4711;
$ref_var = \$var;
# Referenz auf die Variable $var
print "${$ref_var}\n";
# 4711, Dereferenzierung
${$ref_var} = "Perl";
# Neuer Wert von $var ist jetzt Perl
print "$var\t${$ref_var}\n";          # Perl      Perl
```

Das Ergebnis der Dereferenzierung liefert den skalaren Wert 4711. Anschließend wird dieser Wert, auf den die Referenz `$ref_var` verweist (nämlich auf die Referenz von `$var`), durch einen neuen String `"Perl"` ersetzt. Da `$var` und `${$ref_var}` die gleichen Speicherinhalte (Werte) besitzen, führt auch die anschließende `print`-Anweisung – getrennt durch den Tabulator `\t` – zum gleichen Ergebnis. Wie Sie sehen, können Sie den Inhalt bei gleicher Speicherposition beliebig ändern (wobei die Referenz `$ref_var` aber immer auf die gleiche Speicher-Position zeigt).

Eine weitere Möglichkeit zur Dereferenzierung ist die Variablen-Syntax. Dabei werden die geschweiften Klammern weggelassen:

```
#!/usr/bin/perl -w

$var = 4711;
$ref_var = \$var;        # Referenz auf die Variable $var
print "$$ref_var\n";     # 4711
```

Bei diesem Programm liefert $ref_var die Referenz von $var. Das zweite Dollarzeichen davor liefert in der print-Anweisung den entsprechenden Wert, auf den die Referenz zeigt.

Da bei skalaren Werten nicht auf ein Indexelement, wie z. B. bei einem Array, zugegriffen werden kann, entfällt hier die dritte Form der Derefenzierung, nämlich die Arrow-Syntax.

Es lassen sich auch Referenzen auf konstante Werte bilden. Diese Werte können Sie aber nicht, wie im folgenden Beispiel praktiziert, mittels Dereferenzierung ändern, da dies zu Laufzeitfehlern führt:

```
$wert = \4711;              # Referenz auf einen konstanten Wert
$$wert = 123;              # Laufzeitfehler, Inhalt der Referenz
```

9.5.2   Dereferenzierung von Arrays

Nach dem gleichen Muster wird verfahren, wenn Sie Arrays dereferenzieren möchten:

```
#!/usr/bin/perl -w

@array = (1..10);                           # Liste 1..10
$ref_array = \@array;                        # Referenz auf @array
print "@array\t@{$ref_array}\n";             # 1..10      1..10
push @$ref_array, A..E;                       # A B C D E hinzu
print "@array\n";                            # 1..10 A..E
```

Zunächst wird durch den Backslash-Operator die Referenz des Arrays @array erstellt. Mit der kanonischen Syntax wird diese Array-Referenz dereferenziert. Anschließend werden in der ersten print-Anweisung jeweils die Inhalte des Arrays @array ausgegeben. Danach wird in Variablen-Syntax dereferenziert und an die Listen-Werte 1 bis 10 mittels push-Funktion die Elemente A bis E angefügt und ausgegeben.

Um eine Referenz, die den Variablennamen enthält, zu dereferenzieren, setzen Sie das entsprechendes Präfix – hier ist es das @-Zeichen – vor den Variablennamen; somit können Sie auf die Werte des Arrays zugreifen.

Bei der Bildung von Referenzen eines Arrays bzw. dessen Elementen können Sie verschiedene Methoden verwenden:

- Zugriff mittels Referenz auf das entsprechende Array-Element
- Zugriff auf das ganze Array mit anschließender Angabe des Array-Elements
- Zugriff auf Bereiche von Elementen (Slices)

Im ersten Beispiel wird zunächst die Referenz von einem Array-Element $array[4] ge-bildet. Anschließend wird das entsprechende Element dereferenziert und der Wert von die-sem Element ausgegeben:

```perl
#!/usr/bin/perl -w

@array = (1..5);            # Liste 1..5
$ref_element = \$array[4];
# Referenz vom Element $array[4]
print "${$ref_element}\n";
# 5, Letztes Element $array[4]
```

Vergessen Sie nicht, das entsprechende Array-Element anzugeben, welches Sie dereferenzie-ren wollen. Da der Element-Wert bekanntlich eine skalare Größe ist, wird auch das zweites $-Zeichen bei der Dereferenzierung benötigt.

Im zweiten Beispiel wird nicht direkt die Referenz auf ein Array-Element vorgenommen, sondern zunächst die Referenz des Arrays erzeugt. Anschließend wird das entsprechende Element, welches Sie dereferenzieren möchten, durch den Index gekennzeichnet:

```perl
#!/usr/bin/perl -w

@array = (1..5);            # Liste 1..5
$ref_array = \@array;
# Referenz vom Array @array
print "${$ref_array}[4]\n";
# 5, Letztes Element $array[4]
```

Es wird zunächst die Referenz des Arrays @array gebildet. Dann wird mittels Dereferen-zierung der Wert des entsprechenden Array-Elements (Index 4) bestimmt und der entsprechende Wert ausgegeben.

Im dritten und letzten Beispiel erfolgt der Zugriff auf Bereiche (Slices) von Array-Elementen:

```perl
#!/usr/bin/perl -w

@array = (1..5);            # Liste 1..5
$ref_array = \@array;       # Referenz vom Array @array
@array[1..3] = (77,88,99);  # (77 88 99 ) neue Werte
print \@array[1..3],"\n";
# SCALAR(0x17654c8)  SCALAR(0x17654e0)  SCALAR(0x17654f8)
```

```
print "@{$ref_array}[1..3]\n";
# 77 88 99 Dereferenziert
```

Möchten Sie nun über die Referenz auf ein Element des Arrays (oder Hashs) zugreifen (dereferenzieren), bieten sich wieder die drei bekannten Varianten an, nämlich kanonische, Variablen- und Arrow-Syntax.

Als Beispiel dient das obige Array `@array = (1..5)`, in dem die Referenz mit `$ref_array = \@array` gebildet wurde.

Sie können nun von diesem Array das letzte Element (Index 4) mit drei Varianten wie folgt dereferenzieren:

Kanonische Syntax

Die Dereferenzierung in kanonischer Syntax wird mittels geschweifter Klammern realisiert. Bezogen auf das letzte Element `$array[4]` des Arrays lautet die Ausgabe:

```
print "${$ref_array}[4]\n";
# 5 (Dereferenzierung kanonische Syntax)
```

Variablen-Syntax

Die entsprechende Dereferenzierung des letzten Elements `$array[4]` in Variablen-Syntax sieht wie folgt aus:

```
print "$$ref_array[4]\n";
# 5 (Dereferenzierung Variablen-Syntax)
```

Arrow-Syntax

Hier wird der Infix-Operator `->` verwendet. Er darf nicht verwechselt werden mit der Hash-Syntax, wo zur besseren Lesbarkeit die Schlüssel-Wert-Paare mit einem `=>` dargestellt werden.

Dabei hat sich die Arrow-Syntax, wie Sie anschließend an der grafischen Darstellung sehen können, als optisch leicht lesbare Syntax erwiesen.

Die Dereferenzierung des letzten Elements (Index 4) erfolgt durch die Arrow-Syntax:

```
print "$ref_array->[4]\n";
# 5 (Dereferenzierung Arrow-Syntax)
```

Bei der Auswertung von Ausdrücken müssen Sie aber berücksichtigen, dass Perl Schlüssel- und Indexwerte am Ende auswertet und dass der beim Variablennamen stehende Präfix am stärksten bindet. Somit wird aus `$$ref_element[4]` zuerst die Blocknotation `${$ref_element}` und zum Schluss der Indexzugriff vorgenommen.

Andere Schreibweisen, wie z. B. `{$$ref_element}[4]` oder `${$ref_element[4]}`, können somit zu Verwirrung führen. Bei der ersten Darstellung ist keine skalare Referenz vorhanden; die letzte Schreibweise bedeutet, dass das letzte Element (Index 4) des Arrays

`@ref_element` genommen und dann als Skalarreferenz dereferenziert wird. Beide Schreibweisen führen daher nicht zum gewünschten Ergebnis.

Mit der folgenden grafischen Darstellung (LISP-Pfeildarstellung) werden die behandelten Beispiele veranschaulicht:

Name: Inhalt:

$ref_array   @$ref_array

In den nächsten Programmzeilen wird das letzte Element mittels Dereferenzierung verändert. Alle drei Varianten führen zum gleichen Ergebnis:

```
${ $ref_array}[4] = 'Perl';    # Kanonische Syntax
$    $ref_array[4] = 'Perl';    # Variablen-Syntax
   $ref_array->[4] = 'Perl';    # Arrow-Syntax
```

Um den Inhalt des oben referenzierten Arrays $ref_array = \@array oder den letzten Index einer Liste zu erhalten, können Sie folgende Schreibweise verwenden:

```
print "@$ref_array\n";          # 1 77 88 99 Perl
print "$#$ref_array\n";         # 4
```

In der ersten `print`-Anweisung wird der Inhalt des Arrays ausgegeben. Es wird eine Dereferenzierung in Variablen-Syntax angewendet.

In der zweiten `print`-Anweisung wird der letzte Index 4 ausgegeben. Die Zählweise beginnt beim ersten Element mit 0. Da der Indexwert ein Skalar ist (die Spezial-Variable $# gibt den letzten Index eines Arrays an), muss das erste Präfix eine Skalar-Notation $ sein.

In der Blocknotation sieht die Schreibweise dann wie folgt aus:

```
print "@{$ref_array}\n";        # 1 77 88 99 Perl
print "$#{$ref_array}\n";       # 4
```

Es lassen sich Dereferenzierungen für komplexe Strukturen realisieren. Zum Beispiel kann
eine Matrix wie folgt darstellt werden:

```
@zeile1 = (0, 1, 2);          # Array @zeile1 mit 3 Elementen
@zeile2 = (3, 4, 5);          # Array @zeile2 mit 3 Elementen
@zeile3 = (6, 7, 8);          # Array @zeile3 mit 3 Elementen
```

Anschließend wird ein Array von einzelnen Array-Referenzen erzeugt:

```
@matrix = (\@zeile1, \@zeile2, \@zeile3);
# einzelne Array-Referenzen bzw.
# @matrix = \(@zeile1,@zeile2,@zeile3);
```

Es lassen sich die einzelnen Werte der Matrix-Elemente mittels Arrow-Syntax wie folgt
ausgeben oder verändern:

```
print "$matrix[0]->[2]\n";     # 2
```

Diese Programmzeile bedeutet, dass vom nullten Element des Arrays @matrix das zweite
Element dereferenziert wird. Dieser Wert wird ausgegeben. Das nullte Element des Arrays
@matrix ist das Array @zeile1. Davon wird nun das Element mit dem Index 2 dereferenziert und mit dem Wert 2 ausgegeben.

Eine kürzere Darstellung der Arrow-Syntax wird durch das Weglassen des Pfeils erreicht:

```
print "$matrix[0][2]\n";       # 2
```

Eine Veränderung der Inhalte lässt sich auf die gleiche Weise vornehmen, z. B.:

```
$matrix[1][1] = 'A';          # @zeile2, Index[1]
```

In einem Programm zusammengestellt sieht dies wie folgt aus:

```
#!/usr/bin/perl -w

@zeile1 = (0, 1, 2);          # Array @zeile1 mit 3 Elementen
@zeile2 = (3, 4, 5);          # Array @zeile2 mit 3 Elementen
@zeile3 = (6, 7, 8);          # Array @zeile3 mit 3 Elementen
@matrix = (\@zeile1, \@zeile2, \@zeile3);
$matrix[1][1] = 'A';          # @zeile2, Index[1]

foreach ( @matrix ) {         # \@zeile1 \@zeile2 \@zeile3
    foreach ( @$_ ) {         # Dereferenzierung
        print "$_   ";
    }
    print "\n";
}
```

Möchten Sie alle Elemente des Arrays ausgeben, können Sie dies mit zwei `foreach`-Schleifen realisieren. Dabei durchläuft die äußere `foreach`-Schleife die einzelnen Array-Referenzen des Gesamtarrays `@matrix`. Mit der inneren `foreach`-Schleife wird über die aktuelle Referenz (hier über die Spezial-Variable `$_`) auf die einzelnen Elemente mittels Dereferenzierung zugegriffen.

Die Ausgabe aller Inhalte (mit dem veränderten Element `$matrix[1][1]`) des Arrays `@matrix` ist:

```
0    1    2
3    A    5
6    7    8
```

9.5.3   Dereferenzierung von Hashes

Ein Hash lässt sich wie ein Array in kanonischer, Variablen-, oder Arrow-Syntax dereferenzieren:

```perl
#!/usr/bin/perl -w

%hash = (ilse => 26,ida => 32, udo => 40, tom => 44);
$ref_hash = \%hash;                     # Referenz auf ein %hash
print  %{$ref_hash},"\n";               # ida32tom44ilse26udo40
```

Die Reihenfolge der Ausgabe muss bekanntlich nicht mit der Reihenfolge der Initialisierung übereinstimmen.

In der Folge ein Dereferenzierungs-Beispiel, bei dem aus kanonischer Syntax eine Variablen-Syntax wird:

Aus `%{$ref_hash}` wird jetzt `%$ref_hash`.

Möchten Sie über die Referenz auf die einzelnen Elemente, d. h. auf die Werte des Schlüssels, zugreifen, bieten sich wie beim Array auch hier drei Möglichkeiten an:

Kanonische Syntax
Hierbei erfolgt der Zugriff auf das Hash `%hash` über die Referenz `$ref_hash`:

```perl
#!/usr/bin/perl -w

%hash = (ilse => 26, ida => 32, udo => 40, tom => 44);
$ref_hash = \%hash;
print "${$ref_hash}{udo}\n";
# 40, Zugriff auf den Schlüssel udo
```

Variablen-Syntax

Die entsprechende Dereferenzierung ohne Blocknotation auf den Schlüssel {udo} sieht wie folgt aus:

```perl
print "$$ref_hash{udo}\n";
# 40, Zugriff auf den Schlüssel udo
```

Arrow-Syntax

Die dritte Methode der Dereferenzierung ist die Verwendung der Arrow-Syntax. Über die Hashreferenz $ref_hash wird der zugehörige Wert 40 zum Schlüssel {udo} ausgegeben:

```perl
print "$ref_hash->{udo}\n";
# 40, Zugriff auf den Schlüssel udo
```

Die einzelnen Schlüssel-Werte lassen sich über die Referenz verändern. Wie beim Array sind alle drei nachfolgenden Varianten gleich:

```perl
${  $ref_hash}{udo}  = 50;         # Kanonische Syntax
$     $ref_hash{udo} = 50;         # Variablen-Syntax
   $ref_hash->{udo}  = 50;         # Arrow-Syntax
```

Der Schlüssel {udo} hat jetzt den Wert 50.

9.5.4   Dereferenzierung von Funktionen

Im ersten Beispiel wird eine Dereferenzierung in der kanonischen Syntax vorgenommen:

```perl
#!/usr/bin/perl -w

sub func{return 1..10;}
$ref_func = \&func;
# Funktions-Referenz, "&" notwendig
print &{$ref_func},"\n";
# 12345678910
```

Der Backslash vor der Funktion &func erzeugt eine Referenz auf diesen Code (Coderefe-renz). Neben der kanonischen Syntax lässt sich die Coderefenz auch über Variablen-Syntax und ab Perl 5.004 sogar mit der Arrow-Syntax ausführen:

```perl
#!/usr/bin/perl -w

sub func {reverse @_;}
$ref_func = \&func;
# Funktions-Referenz deklarieren
print $ref_func->(1..10);          # Arrow-Syntax
# 10987654321
```

Darstellungsarten des Aufrufs:

```
&{$ref_func} (1..10);              # Kanonische Syntax
  &$ref_func (1..10);              # Variablen-Syntax
  $ref_func->(1..10);              # Arrow-Syntax
```

Alle drei Arten der Syntax-Darstellungen liefern mit der print-Anweisung jeweils alle Werte der Liste 1 bis 10 abwärts zurück.

9.5.5 Dereferenzierung von Typeglobs

Eine Referenz auf einen Typeglob lässt sich mittels Backslash vornehmen. Die Dereferenzierung geschieht wie folgt:

```
#!/usr/bin/perl -w

$ref_type = \STDOUT;
print <*{$ref_type}>, "Ausgabe\n";         # Ausgabe
```

9.5.6 Dereferenzierung von Referenzen

So wie sich Referenzen auf Referenzen bilden lassen, können Sie auch deren Dereferenzierung vornehmen:

```
#!/usr/bin/perl -w

@array = qw(Referenzen bei Perl);
$ref_1 = \@array;               # Referenz ARRAY(0x17655ac)
$ref_2 = \$ref_1;               # Referenz SCALAR(0x1765600)
$ref_3 = \$ref_2;               # Referenz SCALAR(0x1765624)
print "\n
      \$ref_1:               $ref_1
      \$ref_2:               $ref_2
      \$ref_3:               $ref_3
\n";

# Folgende Referenzen werden ausgegeben:
#     $ref_1:               ARRAY(0x17655ac)
#     $ref_2:               SCALAR(0x1765600)
#     $ref_3:               SCALAR(0x1765624)

# Dereferenzierung:
$adr_1 = ${$ref_3};
print "$adr_1\n";
# SCALAR(0x1765600), identisch $ref_2
```

```perl
$adr_2 = ${${$ref_3}};
print "$adr_2\n";
# ARRAY(0x17655ac), identisch $ref_1

@array_neu = @{${${$ref_3}}};              # Objekt selber
print "@array_neu\n";
# Referenzen bei PerL

# Es lassen sich folgende Kombinationen von Ausgaben erzielen:
print "@$ref_1[2]        $$$ref_3->[0]\n";
# Perl        Referenzen
```

Wie bereits beschrieben, ist die Anzahl der Elemente des Arrays @array ein skalarer Kontext. Die einzelnen Elemente lassen sich durch den Index ansprechen und, wie im obigen Beispiel dargestellt, entsprechend ausgeben.

9.6   Autovivikation

Eine Referenz lässt sich auch direkt einsetzen, ohne dass wie bisher eine Variable zwischengeschaltet werden muss:

```perl
#!/usr/bin/perl -w

$$ref_var = "Perl";
print "$$ref_var\n";              # Perl
```

Es wird automatisch der Wert "Perl" gespeichert, ohne dass vorher eine Variable eingesetzt wird. Die gleiche Abkürzung lässt sich z. B. auch beim Array verwenden:

```perl
#!/usr/bin/perl -w

$ref_array->[2] = "Perl";

print "\n
Kanonische Syntax:        ${$ref_array}[2]
Variablen-Syntax:         $$ref_array[2]
Arrow-Syntax:             $ref_array->[2]
\n";
```

Die Ausgabe ist:

```
Kanonische Syntax:        Perl
Variablen-Syntax:         Perl
Arrow-Syntax:             Perl
```

Ein Array wird ohne Namen mit der Referenz `$ref_array` erzeugt. Im vorliegenden Code wird automatisch ein Array bestehend aus drei Elementen erstellt. Das letzte Element besitzt den Index 2. Dies können Sie mit der `print`-Anweisung `print "$#$ref_array\n"` überprüfen. Hierbei sind die ersten beiden Elemente `undef`. Das letzte Element (Index 2) enthält den String `"Perl"`. Wie Sie sehen, liefern alle drei Syntax-Formen von Dereferenzierungen das gleiche Ergebnis `"Perl"`.

Dieses automatische Erzeugen von Speicherinhalten heißt Autovivikation (automatische Belebung).

9.7   Anonyme Referenzen

Referenzen lassen sich auch als anonyme Referenzen darstellen. Hierbei bedeutet anonym, dass Arrays bzw. Hashes im Speicher ohne Variablennamen angelegt werden. Auf diese Arrays oder Hashes können Sie über Referenzen zugreifen. Ebenso können Sie diese Referenzen dereferenzieren, um auf ihren Speicherinhalt zuzugreifen bzw. ihn zu manipulieren. Mit dieser Methode können Sie komplexe geschachtelte Strukturen erstellen, die wesentlich bei der objektorientierten Programmierung sind.

Um ein anonymes Array zu erzeugen, setzen Sie die Liste eines Arrays statt in runde Klammern in eckige Klammern. Ein anonymes Hash initialisieren Sie, indem Sie statt der bisherigen runden Klammern geschweifte Klammern verwenden.

Verwechseln Sie diesen Ausdruck in eckigen bzw. geschweiften Klammern nicht mit dem Zugriff auf entsprechende Array-Elemente `$array[4]` bzw. Hash-Elemente `$hash{udo}`.

9.7.1   Anonyme Arrays

Im folgenden Beispiel wird eine anonyme Referenz auf ein Array erzeugt, und zwar durch Ersetzen der runden Klammern durch eckige Klammern.

Die bisherige Darstellung einer Referenz auf ein Array sah wie folgt aus:

```
@array = ( 1..10 );
$ref_array = \@array;
```

Um ein Array anonym zu erzeugen, bedarf es der eckigen Klammer. In diesen befindet sich der Inhalt einer Liste, die einen unbenannten Speicherbereich alloziert und eine Referenz zurückgibt (wie malloc in C/C++). Dabei entfällt, wie Sie in folgenden Zeilen sehen, die verwendete Hilfsvariable `@array`. Die Liste hat zwar keinen Namen, aber eine Adresse:

```
#!/usr/bin/perl -w

$anonym_array = [1..5];              # Anonymes Array
```

```
print "\n
Anonyme Array-Adresse:        $anonym_array
Inhalt des letzten Elements:  $anonym_array->[4]
Inhalt des gesamten Arrays:   @$anonym_array
\n";
```

Die Ausgabe ist:

```
Anonyme Array-Adresse:        ARRAY(0x176f104)
Inhalt des letzten Elements:  5
Inhalt des gesamten Arrays:   1 2 3 4 5
```

Die Referenz des anonymen Arrays wird der Variablen $anonym_array zugewiesen. Es wird ein Array bestehend aus einer Liste mit 5 Elementen erzeugt. Auf dieses Array wird über die Referenz zugegriffen. Auf ein Element können Sie mittels Dereferenzierung zugreifen. Im obigen Beispiel ist wieder auf das letzte Element durch die Arrow-Syntax zugegriffen worden.

Die grafische Darstellung veranschaulicht das obige Beispiel:

Wie Sie sehen, liefert die Referenz auf ein anonymes Array die entsprechende Speicherposition zurück. Sie können auch wie gewohnt auf entsprechende Elemente zugreifen bzw. diese manipulieren.

Ein Unterschied existiert aber bei folgenden Zeilen:

```
$ref_array = \@array;
$ref_array = [ @array ];
```

In der ersten Zeile wird von der Array-Variablen die Referenz, d. h. Speicherposition, gebildet. In der zweiten Zeile entsteht ein neues anonymes Array, in den das gesamte Array

@array (mit all seinen Elementen) kopiert wird. Von diesem neuen Array (mit entsprechender Speicherposition) wird eine Referenz erzeugt.

Im folgenden Programm können Sie in Abhängigkeit von der if-else-Bedingung auf das entsprechende Array mit seinem dereferenzierten Element (Index 4) zugreifen:

```
#!/usr/bin/perl -w

print "Ihre Eingabe\n";
$wert = <STDIN>;
chomp ($wert);
     $array1 = [1 .. 5];
     $array2 = [A .. E];


$element = ${if ($wert > 0) {$array1} else {$array2}}[4];
print "$element\n";
```

Im obigen Beispiel erfolgt nach der numerischen Eingabe (z. B. größer 0 bzw. kleiner gleich 0) eine anschließende Auswertung der Variablen $wert. Beim Wahrheitswert true wird aus dem Array $array1 das letzte Element 5 (mit dem Index 4) als dereferenzierter Wert ausgegeben.

Ist der Wahrheitswert false, wird "E" als dereferenzierter Wert (mit dem Index 4) aus dem Array $array2 ausgegeben.

Da die anonymen Arrays – wie oben gezeigt – keinen eigenen Variablennamen besitzen, besteht die einzige Möglichkeit darin, über die Referenz auf den Inhalt des Arrays zuzugreifen. Da ein solches anonymes Array eine Referenz liefert, können Sie daraus direkt mehrdimensionale Arrays erstellen. So ließe sich ein Array, das zwei anonyme Arrays enthält, wie folgt darstellen:

```
@matrix = ( ['a', b', c'] , ['d', 'e', 'f']);
```

Würden Sie hier runde statt eckige Klammern verwenden, erhielten Sie ein einfaches 6-elementiges Array.

Obwohl ein Array, wie oben dargestellt, zwei anonyme Arrays enthält, handelt es sich um ein eindimensionales Array. Die enthaltenen Werte sind Referenzen von Datenstrukturen. Diese gilt es bei der Ausgabe zu berücksichtigen. Wenn Sie die Werte nicht dereferenzieren, erhalten Sie die Referenzen. Möchten Sie auf ein Element zugreifen, dann ist der Dereferenzierungsmechanismus von Perl zu berücksichtigen.

In der obigen Matrix liefert z. B. $matrix[1] das Objekt ['d', 'e', 'f']. Möchten Sie davon das Element mit dem Index 2 ansprechen, können Sie folgende Ausgabeformen wählen:

```
print ${$matrix[1]}[2];              # f in kanonischer Syntax
print $matrix[1][2];                 # f in Variablen-Syntax
print $matrix[1]->[2];               # f in Arrow-Syntax
```

Bei allen drei Formen wird auf das Element mit dem Index 2 des durch $matrix[1] refe-
renzierten Arrays zugegriffen. Der Pfeil in der Arrow-Syntax kann nicht generell weggelassen werden; zum Beispiel würde eine Ausgabe mit $matrix[1]->[2] zu $$mat-
rix[1][2] und somit zu einem Fehler führen. Ein richtiges Ergebnis würde die Darstellung in der kanonischen Syntax ${$matrix[1]}[2] liefern.

An den folgenden Programmzeilen bezieht sich die Referenz auf die einzelnen anonymen
Arrays:

```
#!/usr/bin/perl -w

@matrix = ( ['a', 'b', 'c'] , ['d', 'e', 'f'] );
foreach  $ref_zeile  (@matrix) {


    foreach  $spalte  (@$ref_zeile) {print " $spalte "}
    print "\n";
}
# a b c
# d e f
```

Die äußere foreach-Schleife liefert die jeweilige Referenz der beiden anonymen Arrays,
während durch die innere foreach-Schleife die dereferenzierten Werte des anonymen
Arrays geliefert und mittels print-Anweisung ausgegeben werden.

Das folgende Beispiel geht einen Schritt weiter. Diese zweidimensionale Struktur ist von
ihrer Form her ein eindimensionales Array, das mit den bekannten Funktionen push() oder
pop() usw. dynamisch verändert werden kann. Beim Zugriff auf ein Element können die
anschauliche Arrow-Syntax oder die beiden anderen Syntaxformen eingesetzt werden:

```
#!/usr/bin/perl -w

@matrix = ([reverse qw(l r a) ] , [ 'k', 'a', 'n', 'n', 'e']);

    $matrix[0]->[0] = 'e';           # $matrix[0][0] oder
                                     # ${$matrix[0]}[0]

    pop ( @{$matrix[1]} );
    unshift ( @{$matrix[0]}, 'P');

    push (@matrix, [ reverse qw( s e l l a) ] );

    foreach (@matrix) {
```

```
         foreach ( @$_ ) { print "$_";}
         print "\n";
}
```

Die Ausgabe ist:

```
Perl
kann
alles
```

Zunächst werden beim ersten anonymen Array durch die Funktion `reverse()` die Elemente der Liste umgedreht. Die Elemente der Liste (`'l'`,`'r'`,`'a'`) werden zu (`'a'`,`'r'`,`'l'`). Anschließend wird das erste Element mit dem Index 0 des ersten referenzierten anonymen Arrays mittels `$matrix[0]->[0]` dereferenziert und ihm der Buchstabe "e" zugewiesen.

Mit der Funktion `pop()` wird aus dem zweiten anonymen Array `@matrix` das letzte Element "e" entfernt.

Berücksichtigen Sie hierbei, dass sich die Funktion `pop()` auf ein Array bezieht. Ebenso erwarten die Funktionen `unshift()` bzw. `push()` als erstes Präfix ein Array-Zeichen `@`. Würden Sie bei diesen Funktionen eine Dereferenzierung eines Skalars vornehmen, z. B. in der Form `pop (${$matrix[1]})`, ergäbe dies die Fehlermeldung: "`Type of arg 1 to pop must be array (not scalar dereference)`".

Die Funktion `unshift()` fügt dann beim ersten anonymen Array am Anfang der bestehenden Liste den Buchstaben "P" hinzu, so dass die Liste jetzt (`'P'`, `'e'`, `'r'`, `'l'`) lautet.

Der anschließende Aufruf der Funktion `push()` fügt an das bestehende Array `@matrix` ein weiteres anonymes Array `[reverse qw(s e l l a)]` an. Durch die Funktion `reverse()` lautet die Liste (`'a'`,`'l'`,`'l'`,`'e'`,`'s'`). Somit besteht das Array `@matrix` aus drei anonymen Arrays, die zeilenweise ausgedruckt werden. Dabei wird in der ersten Zeile "`Perl`", in der zweiten Zeile "`kann`" und in der letzten "`alles`" ausgegeben.

9.7.2   Anonyme Hashes

Während beim anonymen Array statt der runden Klammern eckige Klammern verwendet werden, kommen beim anonymen Hash statt der runden Klammern geschweifte Klammern zum Einsatz:

```
#!/usr/bin/perl -w

$anonym_hash = {ilse => 26, ida => 32, udo => 40, tom =>44};
print "$anonym_hash\n";              # HASH(0x176f0b4)
print %{$anonym_hash},"\n";          # udo40ilse26tom44ida32
print "$anonym_hash->{udo}\n";       # 40
```

Im obigen Beispiel wird eine Referenz (Adresse) auf ein anonymes Hash mit vier Schlüssel-Wert-Paaren zurückgegeben. Eine Derefenzierung (z. B. durch Arrow-Syntax) kann über den Schlüssel vorgenommen werden.

Durch Dereferenzierung können Sie den ganzen Hash ausgeben:

```
#!/usr/bin/perl -w
$anonym_hash = {ilse => 26, ida => 32, udo => 40, tom =>44};
    foreach (keys %{$anonym_hash}) {
        print $_, " => ", $anonym_hash->{$_},"\n";
    }
```

Die Ausgabe des Hashs ist:

```
udo  => 40
ilse => 26
tom  => 44
ida  => 32
```

Mit der `foreach`-Schleife werden zu den jeweiligen Schlüsseln auch die zugehörigen Werte des anonymen Hashs ausgegeben. Dabei enthält die Spezial-Variable `$_` jeweils den Schlüssel. Der entsprechende Wert zum Schlüssel wird durch den Ausdruck (Dereferenzierung in Arrow-Syntax) `$anonym_hash->{$_}` erzeugt. Bekanntlich muss die Reihenfolge der Eingabe nicht mit der Ausgabe übereinstimmen.

Natürlich können Sie statt der übersichtlichen Arrow-Syntax auch die kanonische Syntax `${$anonym_hash}{$_}` oder die Variablen-Syntax `$$anonym_hash{$_}` verwenden.

9.7.3   Anonyme Funktionen

Eine Funktion ohne Namen gibt eine Referenz auf eine anonyme Funktion zurück. Referenzen auf Funktionen werden als Coderefenzen bezeichnet. Sie ähneln Funktionszeigern in

C/C++. Im folgenden Programm wird nach der Referenzierung die Dereferenzierung vorgenommen:

```
#!/usr/bin/perl -w

$anonym_func = sub {print "Anonyme Funktionen \n";};
print "$anonym_func\n";              # CODE(0x17655ac)

&{$anonym_func}();                   # Anonyme Funktionen
&$anonym_func();                     # Anonyme Funktionen
$anonym_func->();                    # Anonyme Funktionen
```

Nachdem die Referenz CODE(0x17655ac) ausgegeben wird, folgen die Aufrufe der Funktion in kanonischer Syntax, in Variablen-Syntax und danach in Arrow-Syntax.

9.8   Komplexe Datenstrukturen

Mit Hilfe von Referenzen und anonymen Strukturen lassen sich aufwendige Datenstrukturen erstellen. In diesem Abschnitt werden die wesentlichen Arten dargestellt, nämlich ein Array von Arrays, ein Array von Hashes und ein Hash von Arrays sowie ein Hash von Hashes. Durch die Verwendung des Standardmoduls **Data::Dumper** lassen sich komplexe Datenstrukturen übersichtlicher darstellen.

Wie bereits erläutert, können bei Perl Arrays und Hashes, die an Funktionen übergeben werden, in ihre einzelnen Listen-Elemente aufgelöst werden. Somit greifen Sie mit $_[0] auf das erste Element, mit $_[1] auf das zweite Element usw. des Spezial-Arrays @_ zu. Die Übergabe an Funktionen funktioniert nur solange, wie ihnen nur ein Array oder Hash übergeben werden. Möchten Sie aber mehrere Arrays, Hashes und vielleicht noch zusätzlich Skalare übergeben, ist diese direkte Art der Übergabe nicht erfolgreich. Da alle Parameter sich im Spezial-Array @_ befinden, ist es unmöglich, diese wieder den aufrufenden Argumenten der ursprünglichen Arrays, Hashs, Skalare usw. zuzuordnen. Dieses Problem lässt sich nur mit der Übergabe von Referenzen bewältigen.

9.8.1   Array von Arrays

Es gibt viele Möglichkeiten von verschachtelten Datenstrukturen. Die einfachste Art ist ein Array von Arrays, auch als mehrdimensionales Array bezeichnet. So ist im Abschnitt **Anonyme Arrays** bereits ein Array mit drei anonymen Arrays dargestellt worden. Im Folgenden wird ein Array von Arrays erzeugt. Die inneren Arrays haben die Syntax von anonymen Arrays, das äußere Array hat eine reguläre Listensyntax. Somit besteht das Gesamtarray aus einer Liste von anonymen Arrays:

```
@array = ( [ 2, 3 ] , [ A .. D ] , [ 7, 8] );
```

Ausgabe der Referenzen aller anonymen Arrays:

```
print "@array\n";
# ARRAY(0x176f0b4) ARRAY(0x176f198) ARRAY(0x1765504)
```

Ausgabe des nullten Elements des refenzierten anonymen Arrays $array[1]:

```
print $array[1]->[0],"\n";    # 'A' wird ausgegeben.
```

Möchten Sie alle Elemente des Arrays @array ausgeben, können Sie folgende Programm-zeilen verwenden:

```
#!/usr/bin/perl -w

@array= ( [2, 3] , [ A .. D] , [7, 8] );
foreach (@array) {
      foreach (@$_) {print "$_ "}
      print "\n";
}
```

Die Ausgabe ist:

```
2 3
A B C D
7 8
```

Die äußere foreach-Schleife durchläuft die anonymen Array-Referenzen des Gesamtar-rays. Die innere foreach-Schleife greift über die aktuelle Referenz auf das zugehörige untergeordnete anonyme Array zu und gibt die einzelnen Elemente aus.

Mehrdimensionale Arrays sind in ihrer Form eindimensional, wobei ihre Werte Referenzen auf andere Datenstrukturen sind. Wird nicht dereferenziert, erhalten Sie die jeweiligen ano-nymen Array-Referenzen bei der Ausgabe.

Die grafische Darstellung des obigen Beispiels sieht wie folgt aus:

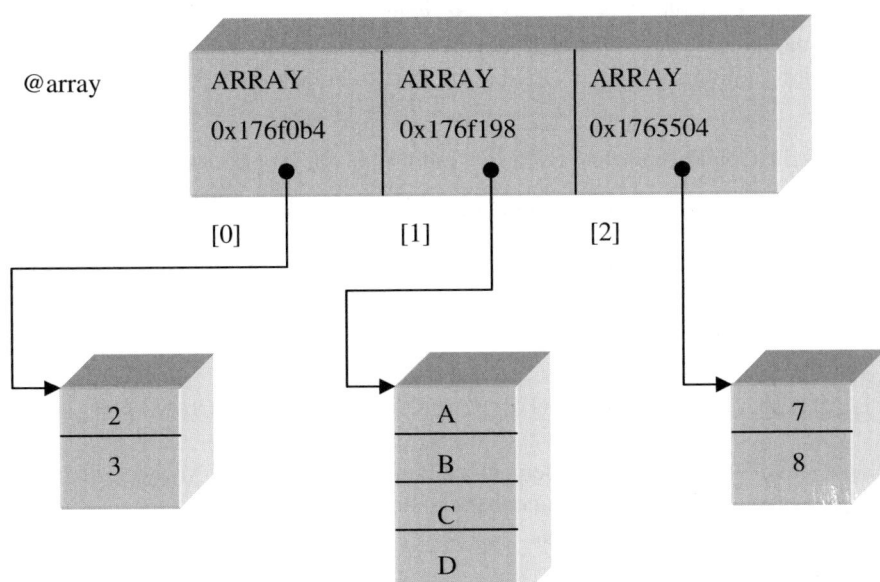

Es ist deutlich zu sehen, dass mit der Ausgabe des Arrays `@array` die jeweiligen Array-Referenzen der Liste, d. h. die Referenzen der drei enthaltenen anonymen Arrays, ausgegeben werden:

```
ARRAY(0x176f0b4)   ARRAY(0x176f198)   ARRAY(0x1765504)
```

Perl derefenziert die Variablen nur, wenn eine Referenzierung vorgenommen wird. Um ein einzelnes Element anzusprechen, können Sie wieder die drei Syntax-Formen verwenden. Die äußere `foreach`-Schleife liefert die Referenzen, die innere die Werte. Im obigem Programm wird die gesamte Liste einem Array `@array` zugewiesen. Soll stattdessen auf eine Referenz eines Arrays zugegriffen werden und eine Schachtelung erfolgen, sind hierzu eckige Klammern erforderlich.

Mit der Schachtelung von nur runden Klammern kommen Sie nicht ans Ziel. Das Ergebnis von `@liste1` und `@liste2` ist im folgenden Beispiel identisch:

```
@liste1 = ( (2, 3), ( A .. D ), (7, 8 ) );
@liste2 = ( 2, 3, A, B, C, D, 7, 8 );
```

Anders ist es, wenn Sie nur mit Referenzen auf Arrays arbeiten. Hier verwenden Sie statt der runden Klammern (die eine Liste bedeuten) eckige Klammern (die die Erzeugung einer Referenz auf ein Array angeben). Das obige Beispiel erhält jetzt folgende Struktur:

```
$array_array = [ [2, 3], [ A .. D ], [7, 8] ];
```

Durch die Verwendung von Referenzen – die skalare Werte sind –, erfolgt auch die Zuweisung auf eine Variable $array_array vom Typ Skalar. Im Gegensatz zum Array @array, das eine Liste von drei anonymen Arrays enthält, besitzt $array_array die Referenz des anonymen Arrays. Letztere besitzt Referenzen auf drei weitere anonyme Arrays.

Die entsprechenden Referenzen lassen sich mit folgenden Programmzeilen ausgeben.

Ausgabe der Referenz des äußeren anonymen Gesamtarrays:

```
print "$array_array\n";                        # ARRAY(0x17655e8)
```

Ausgabe der drei enthaltenen Referenzen:

```
print "@$array_array\n";
# ARRAY(0x176f0b4) ARRAY(0x176f198) ARRAY(0x1765504)
```

Möchten Sie ein entsprechendes Element aus den verschachtelten Arrays mittels Dereferenzierung ausgeben (z. B. nulltes Element des ersten anonymen Arrays [A..D]), können Sie folgende Programmzeilen schreiben:

```
#!/usr/bin/perl -w

$array_array = [ [2, 3], [ A .. D ], [7, 8] ];

print "\n
1.:     $array_array->[1][0]
2.:     $array_array->[1]->[0]
3.:     ${$array_array->[1]}[0]
4.:     ${${$array_array}[1]}[0]
5.:     $$array_array[1][0]
\n";
```

Sämtliche fünf Möglichkeiten liefern den Buchstaben "A".

Im ersten Beispiel wird mit der Referenz begonnen. Das zweite Beispiel liefert das Gleiche mit zwei expliziten Pfeil-Operatoren. Ausgabe drei liefert das Ergebnis in kanonischer Syntax. Diese Form der Pfeilkaskadierung bedeutet aber nicht, dass Sie beliebig Pfeile weglassen können. Nur wenn eine eindeutige Struktur vorliegt, können Sie einen Pfeil weglassen, so wie z. B. in der vierten Ausgabe, wo eine kanonische, und in der fünften Ausgabe, wo eine Variablen-Syntax vorliegt.

Möchten Sie alle Elemente der anonymen Arrays ausgeben, geschieht dies wieder über die Derefenzierung:

```
#!/usr/bin/perl -w

$array_array = [ [2, 3], [ A .. D ], [7, 8] ];

foreach ( @$array_array ) {
     foreach ( @$_ ) { print "$_ "}
     print "\n";
}
```

Die Ausgabe ist:

```
2  3
A  B  C  D
7  8
```

Dabei spricht die äußere Schleife durch die Dereferenzierung von @$array_array die einzelnen Referenzen der anonymen Subarrays an. Die innere Schleife greift durch die erneute Dereferenzierung auf die Elemente des entsprechenden Subarrays zu.

9.8.2   Array von Hashes

Beim Erzeugen eines Arrays von Hashes werden im folgenden Beispiel die einzelnen Hash-Referenzen in einem anonymen Array aufgenommen. Ein Array mit Referenzen macht Sinn, wenn Sie mehrere Objekte speichern möchten. Ein Objekt im Sinne der objektorientierten Programmierung ist eine Referenz auf ein Hash mit Attributen, die mit den Methoden seiner Klasse verbunden werden. Eine solche Struktur lässt sich einfach in einem Array speichern. Möchten Sie sequentiell auf eine Reihe von Datensätzen zugreifen, die Schlüssel-Wert-Paare enthalten, können Sie diese Struktur verwenden.

Ein geschachteltes Programm mit der Struktur eines anonymen Arrays von Hashes wird unter Verwendung des Standardmoduls **Data::Dumper** dargestellt:

```
#!/usr/bin/perl -w

use Data::Dumper;                         # Standardmodul

$array_hash = [ {"Nachname" => "Heit", "Vorname" => "Tom"},
                {"Beruf" => "Butler" , "Alter" => 47} ];
print "$array_hash\n";
# ARRAY(0x17654d4)
print "@$array_hash\n";
# HASH(0x176f0b4) HASH(0x176f198)
print $array_hash->[0] {"Nachname"}, "\n";     # Heit
print $array_hash->[1] {"Alter"}, "\n";        # 47

# Neuer Datensatz
```

```
$array_hash->[2] {"Wohnort"} = "Epe";        # 'Wohnort' => 'Epe'
print "@{$array_hash}[2]\n";                  # HASH(0x17654bc)

print Dumper ($array_hash);                   # Ausgabe der Stuktur
```

Im obigen Beispiel enthält `$array_hash` eine Array-Referenz mit weiteren Hash-Referenzen. Somit wird mit der ersten `print`-Anweisung die Referenz des anonymen Arrays ausgegeben. Die folgende `print`-Anweisung gibt die Referenzen der einzelnen anonymen Hashes aus. Anschließend werden Werte bezüglich ihres Schlüssels ausgegeben. Des Weiteren wird ein neues Schlüssel-Wert-Paar als weiterer Datensatz aufgenommen und die entsprechende Referenz ausgegeben:

Die Ausgaben lauten:

```
ARRAY(0x17654d4)
HASH(0x176f0b4) HASH(0x176f198)
Heit
47
HASH(0x17654bc)
```

Die Ausführung mit dem Standardmodul **Data::Dumper** ergibt anschließend die Struktur:

```
$VAR1 = [      {

                      'Nachname' => 'Heit',

                      'Vorname'  => 'Tom'

               },

               {

                      'Beruf'  => 'Butler',

                      'Alter'  => 47,

               },

               {      'Wohnort' => 'Epe'        }

         ];
```

Simulation des Standardmoduls Data::Dumper

Mit der äußeren `foreach`-Schleife erhalten Sie mittels Dereferenzierung `@$array_hash` die jeweiligen Referenzen, die das Array enthält. Mit der inneren `foreach`-Schleife wird über die aktuelle Referenz `$_` durch Dereferenzierung `%$_` auf das zugehörige untergeordnete Hash mit seinen Datensätzen zugegriffen:

```
#!/usr/bin/perl -w
```

```
$array_hash = [ {"Nachname" => "Heit", "Vorname" => "Tom"},
                {"Beruf" => "Butler" , "Alter" => 47} ];
# Neuer Datensatz
$array_hash->[2] {"Wohnort"} = "Epe";        # 'Wohnort' => 'Epe'

foreach (@$array_hash) { print "{";
     foreach  $key ( keys  %$_ )  {
     print " $key  =>  ",  $_->{$key};
}
print " }\n";
}
```

Die Ausgabe ist:

```
{ Nachname  =>  Heit Vorname  =>  Tom }
{ Beruf     =>  Butler Alter  =>  47 }
{ Wohnort   =>  Epe }
```

Die grafische Darstellung des obigen Beispiels sieht wie folgt aus:

9.8.3   Hash von Arrays

Hashes können pro Schlüssel nur einen Wert speichern. Mit Hilfe von Referenzen lassen sich jedoch mehrere Werte problemlos speichern. Anstelle eines Wertes wird die Referenz auf ein anonymes Array verwendet.

Somit ist die verschachtelte Datenstruktur ein anonymes Hash mit normalen Schlüsseln, wobei als Werte Referenzen auf Arrays eingesetzt werden. Im folgenden Programm wird zur Darstellung der Struktur das Standardmodul **Data::Dumper** verwendet.

Auch bei diesem Programm muss zwischen geschweiften und runden Klammern unterschieden werden. Geschweifte Klammern erzeugen eine Referenz auf ein anonymes Hash. Im unten stehenden Beispiel erfolgt die Zuweisung eines skalaren Wertes (Referenz) an die Variable $hash_array. Runde Klammern hingegen bedeuten ein Hash mit Referenzen auf anonyme Arrays. Demzufolge muss auch die Variable vom Typ Hash sein:

```perl
#!/usr/bin/perl -w

use Data::Dumper;

$hash_array = { "Werte" => [ 1..3 ] ,
                "Pegel" => [ "tief", "mittel" ] };
print "$hash_array\n";                    # HASH(0x17654ec)

# Ein spezielles Element ausgeben:
print $hash_array->{"Pegel"}[1],"\n";              # mittel

# Mit push() wird das anonymes Array erweitert:
push ( @{$hash_array->{"Pegel"}}, "hoch");      # hoch am Ende

# Ein neues anonymes Array hinzufügen:
push(@{$hash_array->{"Jahr"}}, 1996, 1997, 1999);

foreach (%$hash_array) {print "$_ "; print " ";}
# Jahr ARRAY(0x1765534 Werte ARRAY(0x176f0b4)
# Pegel ARRAY(0x176548c)
print"\n";
print Dumper ($hash_array);               # Ausgabe der Struktur
```

Die obige Struktur sieht wie folgt aus:

```
$VAR1 = {
          'Jahr' => [
                      1996,
                      1997,
                      1999
                    ],
          'Werte' => [
```

                                          1,

                                          2,

                                          3

                              ],

          'Pegel' => [

                              'tief',

                              'mittel',

                              'hoch'

                       ]

        };

Simulation des Standardmoduls Data::Dumper

Damit sämtliche Elemente ausgegeben werden können, durchläuft die äußere foreach-Schleife die jeweiligen Schlüssel des anonymen Hashs. Durch diese Schlüssel sind auch die Referenzen der anonymen Arrays bekannt. Sie können jetzt diese Referenzen dereferenzieren und mit der inneren foreach-Schleife alle Elemente des Arrays ausgeben:

```perl
#!/usr/bin/perl -w

$hash_array = { "Werte" => [ 1..3 ] ,
                "Pegel" => [ "tief", "mittel" ] };
push ( @{$hash_array->{"Pegel"}}, "hoch");
push( @{$hash_array->{"Jahr"}}, 1996, 1997, 1999);

foreach (keys %$hash_array ){ print "  $_  => ";
     foreach $element ( @{$hash_array->{ $_}}) { print "
$element ";}
     print "\n";
}
```

Die Ausgabe ist:

```
Jahr   =>  1996  1997  1999
Werte  =>  1 2 3
Pegel  =>  tief  mittel  hoch
```

Anstelle der obigen Dereferenzierung mit der Arrow-Syntax kann auch die kanonische Syntax eingesetzt werden:

```perl
foreach (keys %$hash_array ){ print "  $_  => ";
```

```
        foreach $element ( @{${$hash_array}{ $_}}) {
              print " $element ";
        }
print "\n";
}
```

Die grafische Darstellung des obigen Beispiels sieht wie folgt aus:

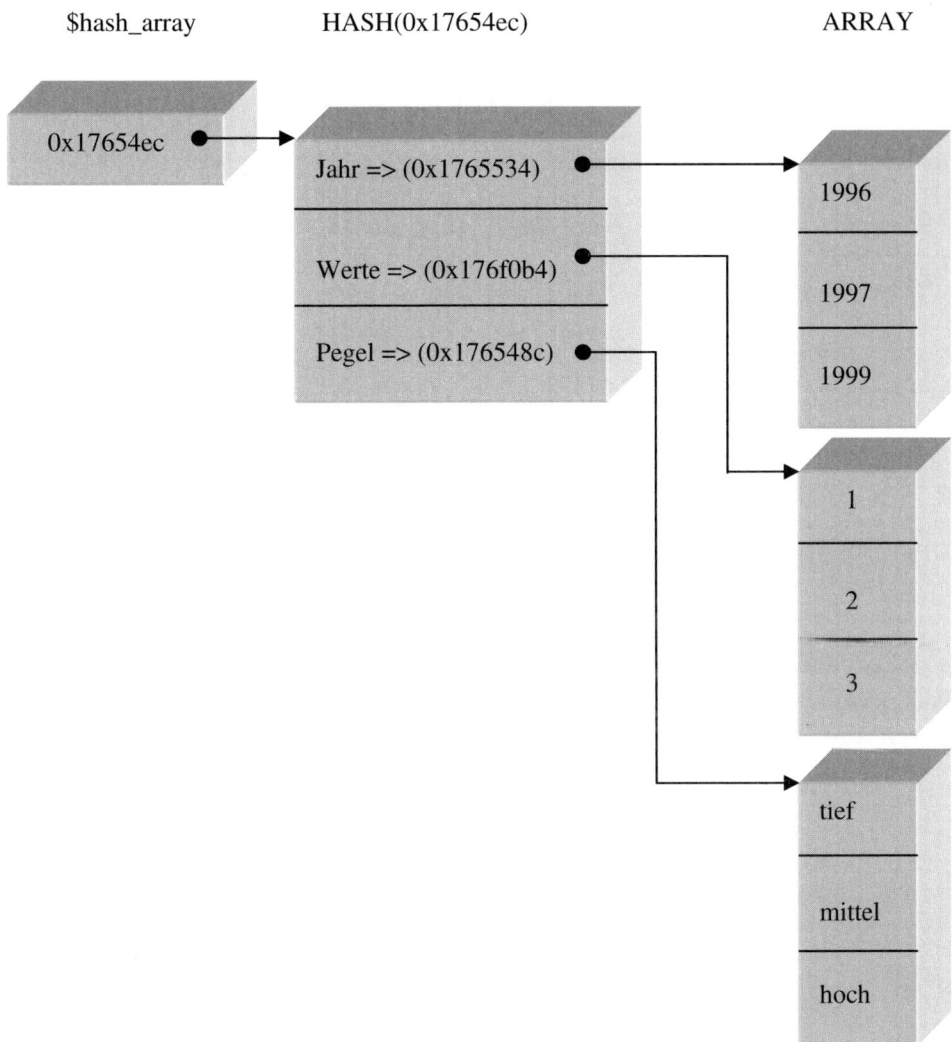

9.8.4   Hash von Hashes

In der folgenden Struktur werden Hash von Hashes gebildet. Damit lassen sich ebenfalls komplexe Datenstrukturen erzeugen. Beim Hash von Hashes enthält die verschachtelte Datenstruktur ein anonymes Hash mit Schlüsseln, wobei als Werte Referenzen auf ein anonymes Hash eingesetzt werden. Dieses mehrdimensionale Hash ist die flexibelste homogene Perl-Struktur.

Zur Darstellung der Programmstruktur wird das Standardmodul **Data::Dumper** eingesetzt:

```perl
#!/usr/bin/perl -w

use Data::Dumper;

$hash_hash = {"Eller"=>{"Vorname"=>"Max",
"Matr.Nr"=>4711,"Semester"=>4},
"Heit"=>{"Vorname"=>"Tom", "Matr.Nr"=>6511,"Semester"=>2}};

# Übergeordnetes anonymes Hash ausgeben:
print %{$hash_hash},"\n";
# EllerHASH(0x176f0b4)HeitHASH(0x176548c)


# Wert vom Schlüssel Matr.Nr des anonymen Hashs Heit ausgeben:
print %{$hash_hash}->{"Heit"}->{"Matr.Nr"},"\n";          # 6511

# Ohne zweiten Arrow-Operator:
print %{$hash_hash}->{"Heit"}{"Semester"},"\n";          # 2

# In kanonischer Syntax ganz ohne Arrow-Operator:
print ${${$hash_hash}{"Heit"}}{"Semester"},"\n";          # 2

# Anonyme Hash um einen Datensatz ("Fach" => "WI") erweitern:
%{$hash_hash}->{"Heit"}->{"Fach"}  = "WI";

# Ausgabe eines anonymen Hashes Heit:
print %{$hash_hash->{"Heit"}},"\n";          # nicht interpoliert
# Semester2Matr.Nr6511FachWIVornameTom

# Ein neues anonymes Hash (Lerk) hinzufügen:
%{$hash_hash}->{"Lerk"} =
{"Vorname"=>"Kai", "Matr.Nr"=>2411, "Semester"=>1 };

print Dumper ($hash_hash);          # Ausgabe der Struktur
```

Die Ausgabe eines anonymen Hashs, z. B. "Heit", wird nicht interpoliert, so dass mit der print-Anweisung die Schlüssel-Wert-Paare ohne Leerzeichen ausgegeben werden.

Beziehen Sie sich auf ein entsprechendes Hashelement, zum Beispiel "Semester", können Sie die Anführungszeichen für den Schlüssel weglassen, wenn es sich um einen gültigen Perl-Bezeichner handelt.

Vergessen sollten Sie nicht, dass die Schlüssel-Wert-Paare in der Reihenfolge der Hash-Speicherung ausgegeben werden. Eine Sortierung können Sie mit der bekannten Funktion sort() vornehmen.

Die obige Struktur sieht wie folgt aus:

```
$VAR1 = {
            'Eller'    =>      {
                                'Semester'  => 4,

                                'Matr.Nr'  => 4711,

                                'Vorname'  => 'Max'

                                },
            'Heit'    =>      {
                                'Semester'  => 2,

                                'Matr.Nr' => 6511,

                                'Fach'  => 'WI',

                                'Vorname'  => 'Tom',

                                },
            'Lerk'    =>      {
                                'Semester'  => 1,

                                'Matr.Nr'  => 2411,

                                'Vorname'  => 'Kai'

                                }

        };
```

Simulation des Standardmoduls Data::Dumper

Mit der folgenden geschachtelten `foreach`-Schleife lässt sich die gleiche Struktur mit all ihren Schlüssel-Wert-Paaren wie beim Standardmodul **Data::Dumper** ausgeben:

```perl
#!/usr/bin/perl -w

$hash_hash = {"Eller"=>{"Vorname"=>"Max",
"Matr.Nr"=>4711,"Semester"=>4},
"Heit"=>{"Vorname"=>"Tom","Matr.Nr"=>6511,"Semester"=>2}};
%{$hash_hash}->{"Heit"}->{"Fach"}= "WI";          # Fach => WI
%{$hash_hash}->{"Lerk"} =
{"Vorname"=>"Kai", "Matr.Nr"=>2411, "Semester"=>1 };

foreach  ( keys %{$hash_hash}) {
     print "$_  =>  \n";
          foreach  $element ( keys %{$hash_hash->{$_}}) {
```

```
                        print "\t\t", $element," => ",
                        %{$hash_hash}->{$_}{$element};
                        print "\n";
                }
};
```

Die Ausgabe ist:

```
Eller =>
                Semester      =>   4
                Matr.Nr       =>   4711
                Vorname       =>   Max
Heit  =>
                Semester      =>   2
                Matr.Nr       =>   6511
                Fach          =>   WI
                Vorname       =>   Tom
Lerk  =>
                Semester      =>   1
                Matr.Nr       =>   2411
                Vorname       =>   Kai
```

Auch mit der Funktion each() lassen sich die entsprechenden Schlüssel-Wert-Paare einer Liste ($name, $ref) zuweisen. Anstatt der foreach-Schleife ermöglicht die geschachtelte while-Schleife die Ausgabe sämtlicher Schlüssel-Wert-Paare:

```
while (  ($name, $ref ) = each %{$hash_hash}) {
        print "$name  => \n";
                while (( $key, $wert ) = each %{$ref}) {
                print "\t\t", $key,  " => ", $wert ,"\n";
                }
        print "\n";
};
```

Mit der Funktion sort() können Sie eine Sortierung aller Schlüssel vornehmen:

```
#!/usr/bin/perl -w

$hash_hash = {"Eller"=>{"Vorname"=>"Max",
"Matr.Nr"=>4711,"Semester"=>4},
"Heit"=>{"Vorname"=>"Tom","Matr.Nr"=>6511,"Semester"=>2}};

%{$hash_hash}->{"Heit"}->{"Fach"}= "WI";        # Fach => WI
%{$hash_hash}->{"Lerk"} =
{"Vorname"=>"Kai", "Matr.Nr"=>2411, "Semester"=>1 };
```

```
foreach ( sort keys %{$hash_hash}) {
    print "$_   =>  \n";

    foreach $element ( sort keys %{$hash_hash->{$_}}) {
        print "\t\t", $element," =>  ",
        %{$hash_hash}->{$_}{$element};
        print "\n";
    }
}
```

Die Ausgabe in sortierter Form ist:

```
Eller =>
            Matr.Nr      =>  4711
            Semester     =>  4
            Vorname      =>  Max
Heit   =>
            Fach         =>  WI
            Matr.Nr      =>  6511
            Semester     =>  2
            Vorname      =>  Tom
Lerk   =>
            Matr.Nr      =>  2411
            Semester     =>  1
            Vorname      =>  Kai
```

Im folgenden Bild wird das obige Beispiel Hash von Hashes (ohne Sortierung der Schlüssel) grafisch dargestellt:

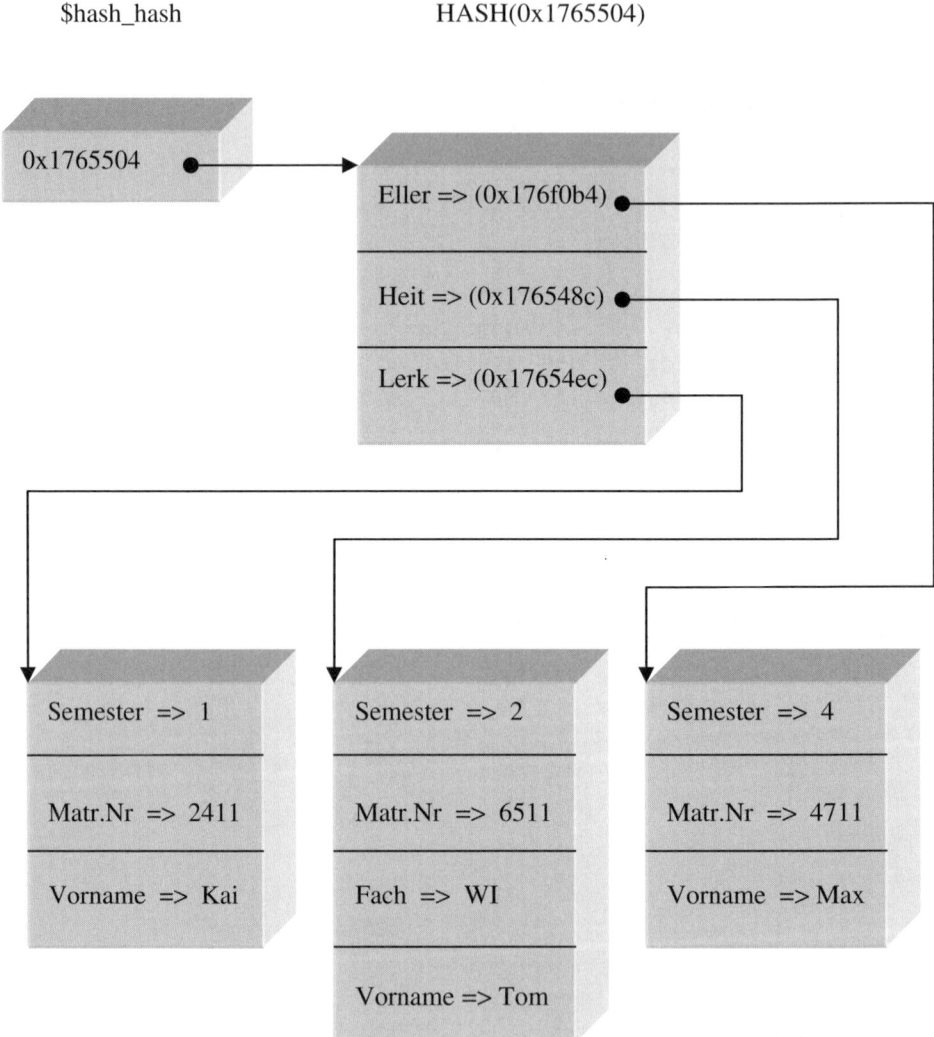

In diesem Abschnitt haben Sie einige komplexe homogene Datenstrukturen kennen gelernt. Es lassen sich natürlich weitere beliebige Kombinationen komplexer Datenstrukturen erstellen.

9.9   Verwendete Funktionen

In der folgenden Tabelle werden die wichtigsten Funktionen aus diesem Kapitel nochmals erläutert.

Tabelle 9.9: Verwendete Funktionen

Funktion	Bedeutung
each()	Liefert das nächste Schlüssel-Wert-Paar
delete()	Löscht den oder die Schlüssel-Wert-Paar(e)
join()	Verbindet die einzelnen Strings der Liste zu einem einzigen String
pop()	Entfernt das letzte Element aus der Liste
push()	Fügt Elemente ans Ende der Liste an
ref()	Gibt den Typ des Objektes zurück
shift()	Entfernt das erste Element aus der Liste
sort()	Sortiert die Liste
unshift()	Fügt Elemente an den Anfang der Liste ein

10 Dateien und Verzeichnisse

Mindestens ebenso wichtig wie die Standardeingabe über die Tastatur und die Standardausgabe auf den Bildschirm ist das Verarbeiten von Daten aus Dateien. Anstatt dass Sie selber eine Datei öffnen, werden beim Programmstart automatisch drei globale Datei-Handles, nämlich STDIN (Standardeingabe), STDOUT (Standardausgabe) und STDERR (Standardfehlerausgabe) geöffnet. Demzufolge können über die Tastatur Eingaben getätigt werden, am Bildschirm erscheinen Ausgaben und Fehlermeldungen, ohne dass explizit per Programm entsprechende Dateien geöffnet werden.

Datei-Handles (File-Handles) werden benötigt zum Bearbeiten und zum Lesen von Dateien bzw. zum Schreiben auf Dateien. Datei-Handles sind keine Variablen, die mit $, @ oder % als erstes Präfix-Zeichen im Namen beginnen, sondern Teil der Symboltabelle. Datei-Handles sind eine besondere Art von Variablen, vor allem dann, wenn Sie diese an Funktionen übergeben. Datei-Handles sind als Pakete vorhanden; sie können den gleichen Namen besitzen, werden aber trotzdem getrennt behandelt.

Ein Datei-Handle ist eine Zugangsberechtigung für eine Datei. Es ist eine Imput/Output-Verbindung zwischen dem Perl-Prozess und dem Betriebssystem. Hierbei sind Dateien nicht nur dauerhafte Speicherungsorte für Daten, wie z. B. Festplatte, Diskette etc., sondern auch Dateiverzeichnisse, Gerätedateien und Netzverbindungen (Sockets).

Nachdem Sie dem Betriebssystem mitgeteilt haben, dass Sie Ein- und Ausgabeoperationen mit einer Datei vornehmen wollen, erstellen Sie ein Datei-Handle, um z. B. in eine Datei zu schreiben bzw. sie zu lesen. Die Datei wird geschlossen, nachdem das Datei-Handle nicht mehr benötigt wird. Nicht geschlossene Dateien werden bei Programmende automatisch geschlossen. Das Schließen einer Datei bewirkt, dass Ressourcen vom Betriebssytem wieder freigegeben werden.

10.1 Standard Ein-/Ausgabe

Wie bereits erwähnt, werden automatisch bei jedem gestarteten Programm drei Datei-Handles geöffnet:

10.1.1   Die Standardeingabe STDIN

Die Eingabe eines Programms erfolgt über das Datei-Handle STDIN. Da die Standardeingabe normalerweise mit der Tastatur verbunden ist, liest der <STDIN>-Operator eine
Zeile von der Tastatur. Er blockiert so lange, bis die Zeile mit einem Return (ENTER) abgeschlossen wird. Somit besitzt jede Zeile am Ende das abschließende Return als New-Line-
Zeichen \n. Die Funktion chomp() bzw. chop() entfernt das abschließende Return.
Während die Funktion chomp() alle New-Line-Zeichen \n eines Strings entfernt, entfernt
die Funktion chop() jedes letzte Zeichen eines Strings:

```perl
#!/usr/bin/perl -w

print "Ihre Eingabe: ";          # Aufforderung zur Eingabe
$eingabe = <STDIN>;              # Standardeingabe
chomp ($eingabe);                # Entfernen des New-Line-Zeichen
print " Ihre Eingabe war: $eingabe\n";   # Ihre Eingabe war:
```

10.1.2   Die Standardausgabe STDOUT

Die Ausgaben eines Programms werden normalerweise zum Datei-Handle STDOUT geschickt. Da im Normalfall die Standardausgabe mit dem Bildschirm verbunden ist, erscheinen diese dann auf dem Bildschirm.

Mit Hilfe der Funktionen print(), printf() (zur formatierten Ausgabe) sowie wri-
te() werden Daten zur Standardausgabe geschickt. Auf die Angabe des Datei-Handles
STDOUT kann verzichtet werden, da auf das Default-Datei-Handle STDOUT geschrieben
wird, was bei jedem Programmstart geschieht.

Bei folgenden Programmzeilen:

```perl
print  STDOUT "Eine Ausgabe\n";
printf STDOUT "Ausgabe_Wert: %.2f\n", 4711;
write  STDOUT;
```

kann STDOUT als Default-Datei-Handle entfallen und die Programmzeilen lassen sich wie
folgt schreiben:

```perl
print  "Eine Ausgabe\n";
printf "Ausgabe_Wert: %.2f\n",4711;
write;
```

Perl bietet die Möglichkeit, Funktionen in gepufferter (z. B. print, seek, tell) und
ungepufferte (z. B. sysread, syswrite, sysseek) Form für die Ein-/Ausgabe zu verwenden. Sie sollten die gepufferte und ungepufferte Ein-/Ausgabe aber nicht mischen.

Bei der obigen Standardausgabe handelt es sich um eine gepufferte Form. Das heißt, dass nicht jeder der drei Ausgabe-Aufrufe unmittelbar eine Ausgabe bewirkt. Erst wenn der Puffer gefüllt ist, erfolgt die Ausgabe. New-Line \n bewirkt aber, dass sofort der Puffer entleert wird und die Daten zur Ausgabe gelangen. Durch Verwendung der Spezial-Variablen $|=1 ($OUTPUT_AUTOFLUSH) wird erreicht, dass sämtliche Ausgaben auf dem Default-Handle ungepuffert sind.

10.1.3   Die Standardfehlerausgabe STDERR

STDERR ist die Standardfehlerausgabe und wird für Fehlermeldungen genutzt, die nicht Teil der eigentlichen Ausgabe sind. Normalerweise werden sowohl STDERR-Daten als auch STDOUT-Daten auf dem Bildschirm ausgegeben. Trotzdem sind Standardfehlerausgabe und Standardausgabe verschieden. Es gibt Fälle, wo normale Daten für die Standardausgabe in einer Datei abgelegt – umgelenkt werden –, während Fehlermeldungen nicht umgelenkt werden, sondern direkt auf dem Bildschirm erscheinen.

Die Funktion die() gibt die Fehlermeldung auf STDERR aus und beendet das Programm.

Die Funktion warn() erzeugt wie die Funktion die() eine Fehlermeldung auf STDERR, aber beendet nicht das Programm.

STDERR ist ungepuffert, da die Fehlermeldungen unmittelbar auf dem Bildschirm erscheinen sollen.

Die Funktion open()
open *dateihandle, dateiname*

Wenn Sie mit Perl in eine Datei schreiben bzw. aus einer Datei lesen möchten, muss diese mit der Funktion open() geöffnet werden. Sie verknüpft ein Datei-Handle mit einer Datei. Mit entsprechenden Operatoren (Zeichen: <, >, +<, >>) lassen sich die entsprechenden Zugriffsarten, wie z. B. Lesen, Schreiben, Lesen und Schreiben sowie Anhängen, einfach ausführen. Möchten Sie jedoch Zugriffsrechte, mit denen Dateien erzeugt werden, festlegen, benötigen Sie die Funktion sysopen(). Dazu wird neben den Argumenten *dateihandle, dateiname* noch der Parameter *modus* sowie optional der Parameter [*rechte*] benötigt. Für ein anonymes Datei-Handle wird das Modul **IO::FILE** verwendet.

Anhand der obigen Syntax erwartet die Funktion open() zwei Argumente. Durch *dateiname* wird die angegebene Datei geöffnet und mit *dateihandle* verbunden.

Neben den vordefinierten Datei-Handles STDIN, STDOUT und STDERR kann als Datei-Handle ein beliebiger Bezeichner (in Großbuchstaben) gewählt werden, über den nach erfolgreicher Ausführung der Funktion open() auf die Datei zugegriffen werden kann.

Mit dem zweiten Argument, nämlich *dateiname*, wird angegeben, welche Datei geöffnet werden soll. Es ist ein String, der den Dateinamen enthält. Dabei kann der Dateiname über den Pfad oder als Variable eingegeben werden.

Wird dem Dateinamen-Parameter *dateiname* kein Pfad vorangestellt, sondern die Datei direkt angegeben, versucht Perl die angegebene Datei im aktuellen Verzeichnis zu öffnen. Ansonsten sucht Perl im angegeben Pfad. In Windows-Systemen werden Verzeichnisse mit einem Backslash \ getrennt. Das führt dann nicht zu Konflikten, wenn der Pfadname in einfachen Anführungszeichen steht, z. B. *'C:\temp\daten.txt'*. Ein Backslash in doppelten Anführungszeichen stellt in Perl ein Sonderzeichen dar und könnte einen unsinnigen Pfad ergeben. Im folgenden Beispiel erzeugen die doppelten Anführungszeichen bei *"C:\temp\daten.txt"* im ersten Teil z. B. einen Tabulator \t und nicht den oben gewünschten Pfad. Um ein korrektes Ergebnis mit einem Backslash in einen Pfadnamen zu erzielen, müssen Sie vor dem Backslash ein Escape-Zeichen (ebenfalls einen Backslash) setzen: *"C:\\temp\\daten.txt"*.

Die meisten Windows-Versionen erlauben die Verwendung eines einfachen Slashs beim Pfadnamen *"C:/temp/daten.txt"*. Dadurch wird auch eine Portierbarkeit auf Unix/Linux-Systeme erzielt.

Nach dem eventuellen Pfadnamen ist noch anzugeben, ob die Datei zum Lesen, zum Schreiben oder zum Anhängen geöffnet werden soll. Hierzu werden die drei wichtigsten Zugriffsarten < für das Lesen, > für das Schreiben (Überschreiben) und >> für das Anhängen eingesetzt.

10.2   Lesen von Daten aus Dateien

Steht vor *dateiname* der <-Operator oder gar nichts, wird die Datei zum Lesen (read-only) geöffnet. Dabei erfolgt das Lesen einer Datei in drei Schritten:

1.   Datei öffnen und mit Datei-Handle verbinden
2.   Daten aus Datei lesen
3.   Datei schließen

Als Beispiel wird die Datei `daten.txt` verwendet:

Datei öffnen und mit Datei-Handle verbinden
Zum Öffnen von Dateien verwenden Sie wie zum Schreiben in Dateien die Funktion `open()`. Der erste Parameter der Funktion ist das zu öffnende Datei-Handle (`DATEI`). Der zweite Parameter `$lies` ist ein String, der die Datei `daten.txt` enthält, aus der gelesen werden soll:

```
#!/usr/bin/perl -w

$lies = "C:/Eigene Dateien/Perl/daten.txt";
# Pfad als Variable
open (DATEI, "< $lies")
or die "Fehler beim Lesen der Datei\n";
```

Es werden Klammern für die Funktion open() verwendet sowie die Pfad-Variable $lies für den String und der logische Operator or für die Funktion die().

Die Funktion die()
die *string*

Da das Öffnen einer Datei fehlschlagen kann (z. B. die angegebene Datei ist nicht vorhanden), wird der logischen Operator or und die Funktion die() eingesetzt. Dies ist die meist benutzte Form zum Öffnen einer Datei und zur gleichzeitigen Überprüfung, ob das Öffnen der Datei gelungen ist, nach dem Motto: "Öffne oder stirb".

Perl bietet hier zwei Arten von logischen Operatoren an: Operatoren mit hoher Präzedenz (z. B. C-Operatoren &&, ||), die ihre Argumente stärker binden, und Operatoren mit niedriger Präzedenz (z. B. Perl-Operatoren and, or). Obwohl beide Kombinationen nach dem Parsen (Aufteilen von Daten entsprechend einer bestimmten Menge syntaktischer Regeln) sich identisch verhalten, sollten Sie die Kombination or die der Kombination || die vorziehen (siehe Abschnitt: **Logische Operatoren**).

Alle diese Vergleichs-Operatoren werten ihre Ausdrücke nur so lange aus, bis das Ergebnis des gesamten Vergleichsausdrucks feststeht (Short-cut Auswertung).

Das Programm soll nicht weiter ausgeführt werden, wenn etwas falsch läuft und die Datei zum Lesen nicht gefunden wird. Schlägt z. B. der Aufruf zur Datei fehl, wird undef zurückgegeben. Da undef im Booleschen Kontext false liefert, kommt es zur Ausführung der Funktion die().

Wird die Datei gefunden, liefert die Funktion open() den Wahrheitswert true.

Dies wird im folgenden Beispiel erläutert:

```
open (DATEI, "< $lies")
or die "Fehler beim Lesen der Datei\n";
```

Wenn open() erfolgreich ist, liefert der linke Teilausdruck den Wahrheitswert true. Da eine or-Konstruktion bereits true ist, wenn nur einer der Teilausdrücke true ist, bedeutet dies, dass die Funktion die() nicht ausgeführt und das Programm weiter fortgesetzt wird.

Im anderen Fall, wenn die Funktion open() einen Wahrheitswert false liefert (z. B. sich eine Datei nicht öffnen lässt bzw. nicht gelesen werden kann), muss, da der **ODER**-Ausdruck noch nicht feststeht, der rechte Ausdruck noch berücksichtigt werden. Dieser Ausdruck ruft aber die Funktion die() auf. Die Funktion die() beendet automatisch das Perl-

Programm und gibt als Argument einen Rückgabewert – es ist die Fehlermeldung als String-Kontext – über das Datei-Handle STDERR am Bildschirm aus.

Die Systemfehlermeldung oder Systemfehlernummer ist über die Spezial-Variable $! verfügbar. Durch Einbindung der Spezial-Variablen $! in den String-Kontext wird die Information der entsprechenden Systemfehlermeldung hinzugefügt.

Wird am Ende des Strings das New-Line-Zeichen \n weggelassen, gibt Perl als zusätzliche Information noch den Namen des verwendeten Programms sowie die aktuelle Zeilennummer an, an der die Funktion die() ausgelöst wurde.

Im folgenden Beispiel wird statt der Datei daten.txt (von der gelesen werden soll) versehentlich Datei raten.txt geschrieben – die aber nicht existiert. Folgende Fehlermeldung wird durch die Funktion die() ausgegeben:

```perl
#!/usr/bin/perl -w

$lies = "C:/Eigene Dateien/Perl/raten.txt";
open (DATEI, "< $lies")
or die "Fehler beim Lesen der Datei: $!";
# Fehler beim Lesen der Datei: No such file or directory at
# test.pl line 4.
```

Daten aus Datei lesen
Der zweite Parameter von open() ist ein Formatstring, der angibt, welche Datei geöffnet werden und wie diese verwendet werden soll. In diesem Beispiel soll die Datei daten.txt über die Pfad-Variable $lies geöffnet werden.

Normalerweise muss beim Öffnen einer Datei mit open() der Öffnungsmodus im Formatstring angegeben werden. Wird kein Öffnungsmodus angegeben, wird der Defaultmodus verwendet. Es lassen sich folgende äquivalente Beispiele zum Öffnen einer Datei angeben:

```perl
open (DATEI, "< $lies")
or die "Fehler beim Lesen der Datei\n";
open (DATEI, "$lies")
or die "Fehler beim Lesen der Datei\n";
open (DATEI, $lies)
or die "Fehler beim Lesen der Datei\n";
```

Zum Lesen der Daten über das Datei-Handle wird der Eingabe-Operator (Diamond-, Spitzeklammern- oder Eingabe-Operator) <> zusammen mit dem Namen des Datei-Handles verwendet. Eine so geöffnete Datei kann nur zum Lesen verwendet werden.

Perl macht bei der Darstellung keinen Unterschied, ob von der Tastatur oder von einer Datei gelesen wird. In einem skalaren Kontext liest der Eingabe-Operator eine einzige Zeile bis zum Zeilenvorschub (New-Line-Zeichen \n). Im Listenkontext wird jede Zeile als ein Element in eine Liste abgelegt, und zwar so lange, bis das Dateiende (end-of-file)-Zeichen erreicht ist.

Bezogen auf das Lesen nur einer Zeile aus einer Datei sieht die Struktur wie folgt aus:

```perl
#!/usr/bin/perl -w

$lies = "C:/Eigene Dateien/Perl/daten.txt";
open (DATEI, "< $lies")
or die "Fehler beim Lesen der Datei: $!";
$zeile = <DATEI>;
print "$zeile\n";
close(DATEI) or die "Fehler beim Schließen:$!";
# Schließen mit Fehlermeldung
```

Nachdem die Daten aus der Datei gelesen wurden, folgt die Anweisung Datei schließen.

Datei schließen

Die Anweisung lautet:

```perl
close (DATEI) or die "Fehler beim Schließen: $!";
# Schließen mit Fehlermeldung
```

Zum Schluss wird mit der Funktion close(DATEI) die Datei mit dem angegeben Datei-Handle geschlossen. Diese Funktion kann entfallen, wenn an ihrer Stelle wiederum die Funktion open() verwendet werden soll. In diesem Fall wird durch open() das Datei-Handle geschlossen. Ebenso wie bei open() lässt sich bei close() die Kombination or die einsetzen.

Handelt es sich um ein Text, dessen einzelne Zeilen durch Trennzeichen \n aufgeteilt sind, können die Dateien mit dem Eingabe-Operator <> in einer while-Schleife zeilenweise gelesen werden.

Im folgenden Programm wird bei jedem Schleifendurchlauf jeweils eine Zeile eingelesen und dem Array @array durch die Funktion push() zugewiesen:

```perl
#!/usr/bin/perl -w

$lies= "C:/Eigene Dateien/Perl/daten.txt";
open (DATEI, "< $lies")
or die "Fehler beim Lesen der Datei\n";
while (<DATEI>) {
      chomp;
      push (@array, $_);
}
print "@array\n";              # Ausgabe der gesamten Zeilen
close (DATEI) or die "Fehler beim Schließen: $!";
```

Im Schleifenkörper werden durch die Funktion chomp() jeweils die letzten Zeichen \n von jeder Zeile abgeschnitten. Mit der Funktion push() wird an das Array @array die jeweilige Zeile angefügt. Nach Beendigung der while-Schleife wird das gesamte Array ausgegeben. Zum Schluss wird sogar überprüft, ob die Schließoperation der Datei erfolgreich war oder nicht. Es ist durchaus sinnvoll diesen Systemaufruf zu definieren, z. B. könnte bei Netzausfall eine Verbindung zum Gerät ausfallen.

Kürzer lassen sich obige Zeilen in einem weiteren Beispiel schreiben:

```
#!/usr/bin/perl -w

$lies = "C:/Eigene Dateien/Perl/daten.txt";
open (DATEI, "< $lies")
or die "Fehler beim Lesen der Datei\n";
@array = <DATEI>;          # Lesen von daten.txt ins Array @array
chomp (@array);            # Entfernen des letzten Zeichen
print "@array\n";          # Ausgabe der gesamten Zeilen
close (DATEI) or die "Fehler beim Schließen: $!";
```

Im obigen Beispiel wird der Eingabe-Operator <> dazu eingesetzt, um Daten aus einer Datei über das Datei-Handle zu lesen und in das Array @array abzulegen. Der Eingabe-Operator enthält den Namen des entsprechenden Datei-Handles:

```
@array = <DATEI>;
```

Im Anschluss werden sämtliche Zeilen (ohne das letzte Zeichen) des Arrays mittels der Funktion print() ausgegeben.

Möchten Sie aus der Datei daten.txt nur bestimmte Zeilen (Muster-Zeilen) auslesen, benötigen Sie dazu ein entsprechendes Muster. Im aufgeführten Beispiel werden alle Zeilen ausgegeben, die das Wort "Perl" enthalten:

```
#!/usr/bin/perl -w

$lies= "C:/Eigene Dateien/Perl/daten.txt";
open (DATEI, "< $lies")
or die "Fehler beim Lesen der Datei\n";
while ( <DATEI> ) {             # Lesen der Datei daten.txt
    print if /Perl/;           # Muster Perl
}
close (DATEI) or die "Fehler beim Schließen: $!";
```

Der obige Eingabe-Operator mit Angabe eines Datei-Handles ist nicht mit dem Datei-Handle STDIN zu verwechseln. Wird der Eingabe-Operator ohne STDIN (<> identisch <STDIN>) verwendet, liest er über die Standardeingabe STDIN alle Eingaben, die in der Kommandozeile @ARGV eingegeben werden. Dieses Array wird vom Perl-Interpreter mit den Kommandoargumenten initialisiert. Jedes Kommandoargument ist ein Element dieses Arrays. Anders als argv in C/C++ und Unix enthält @ARGV nur die Argumente und nicht den Namen des Programms selber ($ARGV[0] enthält somit das erste Element, $ARGV[1] das zweite Element usw.).

Im folgenden Programm wird von der Kommandozeile @ARGV die jeweilige Zeile eingelesen und anschließend wieder ausgegeben, solange, bis Sie mit der Tastenkombination **STRG-C** das Programm beenden:

```perl
#!/usr/bin/perl -w

while ( <> ) {print ; }
```

10.3   Schreiben (Überschreiben) von Daten in Dateien

Im folgenden Abschnitt wird gezeigt, wie Sie mit dem >-Operator auf eine Datei entsprechende Daten schreiben (überschreiben) können.

Möchten Sie auf Dateien z. B. daten.txt schreiben, erfolgt dies wieder in drei Schritten:

1.   Datei öffnen und mit Datei-Handle verbinden
2.   Daten in Datei schreiben
3.   Datei schließen

Das nachstehende Programm zeigt, wie Daten auf die Datei daten.txt geschrieben werden:

```perl
#!/usr/bin/perl -w

$schreib = "C:/Eigene Dateien/Perl/daten.txt";
open (DATEI, "> $schreib")
or die "Fehler beim Schreiben der Datei: $!";
@array = qw(ilse udo uwe);
foreach (@array) {# Schreiben auf Datei daten.txt
     print DATEI "$_";
}
close (DATEI) or die "Fehler beim Schließen: $!";
```

Die jeweiligen Schritte werden im Einzelnen erläutert:

Datei öffnen und mit Datei-Handle verbinden
Die Anweisung lautet:

```perl
$schreib = "C:/Eigene Dateien/Perl/daten.txt";
open (DATEI, "> $schreib")
or die "Fehler beim Schreiben der Datei: $!";
```

Wie beim Lesen aus einer Datei wird auch zum Schreiben auf eine Datei mittels der Funktion open() die Datei geöffnet. Der erste Parameter der Funktion gibt wieder das entsprechende Datei-Handle an (DATEI). Der zweite Parameter ist die entsprechende Datei daten.txt, auf der geschrieben und die als String oder als Pfad-Variable $schreib angegeben werden kann.

Existiert die Datei nicht, wird sie neu angelegt. Ist sie vorhanden, wird ihr alter Inhalt überschrieben; somit ist nur der aktuelle Inhalt vorhanden.

Es wird die Funktion die() mit der logischen or-Konstruktion eingesetzt, damit das Öffnen der Datei überprüft wird. Scheitert dies, gibt die Funktion die() wieder eine umfassende Fehlermeldung aus und beendet das Programm.

Daten in Datei schreiben

Um die Ausgabe über ein Datei-Handle zu schreiben, können Sie die gleichen Funktionen verwenden, z. B. print(), printf() oder write() (für Ausgabeformate), wie bei der gewöhnlichen Ausgabe von Daten, mit dem Unterschied, dass den Funktionen als erstes Argument das Datei-Handle vorangestellt wird:

```perl
#!/usr/bin/perl -w

$schreib = "C:/Eigene Dateien/Perl/daten.txt";
open (DATEI, "> $schreib")
or die "Fehler beim Schreiben der Datei: $!";
@array = qw(ilse udo uwe);
foreach (@array) {
      print DATEI " $_ ";        # Inhalt der Datei
}
```

Mit der foreach-Schleife werden aus dem entsprechen Array @array die einzelnen Elemente in die Datei daten.txt geschrieben. Somit enthält die Datei daten.txt (ilse udo uwe).

Einfacher lässt sich der Inhalt des Arrays @array mit folgenden Zeilen in die Datei daten.txt schreiben:

```perl
#!/usr/bin/perl -w

$schreib = "C:/Eigene Dateien/Perl/daten.txt";
open (DATEI, "> $schreib")
or die "Fehler beim Schreiben der Datei: $!";
@array = qw(ilse udo uwe);
print DATEI "@array";           # Inhalt der Datei
```

Werden keine Klammern für die Datei-Funktion verwendet, wird das Datei-Handle nicht durch ein Komma vom anderen Argument getrennt.

Datei schließen
Im dritten Schritt wird die Datei mit `close(DATEI)` geschlossen. Auch hier wird beim Scheitern des Schließens eine ausführliche Fehlermeldung ausgegeben:

```
close (DATEI) or die "Fehler beim Schließen: $!";
# Schließen mit Fehlermeldung
```

10.4   Anhängen von Daten an eine Datei

Möchten Sie die Datei nicht jedesmal mit dem neuen Inhalt überschreiben, wie im obigen Abschnitt dargestellt, sondern ans Ende anfügen, verwenden Sie beim Öffnen der Datei den Operator `>>`.

Auch hier geschieht der Ablauf in drei Schritten:

1. Datei öffnen und mit Datei-Handle verbinden
2. Daten in Datei schreiben
3. Datei schließen

Im folgenden Programm wird die Datei neu.txt nicht neu beschrieben, sondern es wird jeweils der entsprechende Text: "Alles wieder neu" angehängt:

```
#!/usr/bin/perl -w

$schreib = "C:/Eigene Dateien/Perl/neu.txt";
foreach ( 1..2 ) {
      open (DATEI, ">> $schreib")
      or die "Fehler beim Schreiben: $!";
      @array = qw(Alles wieder neu);
      print DATEI "@array\n";                 # Alles wieder neu
}                                             # Alles wieder neu
close (DATEI) or die "Fehler beim Schließen: $!";
```

Datei öffnen und mit Datei-Handle verbinden
Der Ablauf ist identisch mit den vorherigen Beispielen. Mit der Funktion `open()` wird die Datei geöffnet. Der erste Parameter (DATEI) gibt das entsprechende Datei-Handle an, der folgende Parameter die entsprechende Datei – hier neu.txt. Der vorangestellte Operator `>>` besagt, dass der Inhalt der Datei durch das Anhängen nicht zerstört wird. Da die Datei bisher noch nicht existiert, wird sie jetzt beim Schreiben erzeugt. Ebenso wird im Fehlerfall der entsprechende Fehlerstring ausgegeben.

Zwischen den beiden spitzen Klammern `>>` darf kein Leerzeichen stehen.

Daten in Datei schreiben

In diesem Beispiel wird bedingt durch die `foreach`-Schleife die noch nicht vorhandene Datei neu.txt mit dem Inhalt des Arrays `@array` zweimal beschrieben. Beim zweiten Mal wird der Inhalt an den bestehenden angehängt.

Datei schließen

Wenn der Systemaufruf erfolgreich ist, wird die Datei im letzten Schritt mit `close(DATEI)` wieder geschlossen. Im anderen Fall wird der entsprechende Fehlerstring ausgegeben.

Als Ergebnis steht jetzt durch das Anhängen in der neuen Datei neu.txt folgender Inhalt:

```
Alles wieder neu
Alles wieder neu
```

Die folgende Tabelle gibt einen Überblick über mögliche Zugriffsarten.

Tabelle 10.2-10.4: Zugriffsarten

Zugriffsart	Bedeutung
`open (Datei, "< `*dateiname*`");`	Öffnet *dateiname* zum Lesen
`open (Datei, "> `*dateiname*`");`	Öffnet *dateiname* zum Schreiben
`open (Datei, ">> `*dateiname*`");`	Öffnet *dateiname* zum Anhängen
`open (Datei, "+< `*dateiname*`");`	Öffnet *dateiname* zum Lesen/Schreiben
`open (Datei, "+> `*dateiname*`");`	Gleiche Bedeutung wie +<, zuerst wird gelöscht
`open (Datei, "+>> `*dateiname*`");`	Öffnet *dateiname* zum Lesen/(Schreiben - nur am Ende)

10.5   Dateitest-Operatoren

In einigen Fällen möchten Sie zum Beispiel die Eigenschaft einer Datei überprüfen, bevor Sie diese öffnen bzw. diese aufgrund ihrer Eigenschaft entsprechend verarbeiten.

Die Dateitest-Operatoren dienen dazu, verschiedene Eigenschaften einer Datei zu ermitteln, zum Beispiel, ob eine Datei, in der geschrieben werden soll, bereits existiert.

Ebenso gibt es Operatoren, die z. B. die Größe einer Datei feststellen bzw. Informationen über Leserechte oder Schreibrechte von einer Datei bekannt geben.

Die Operatoren bestehen aus verschiedenen Buchstaben, die die angegebene Datei auf eine spezielle Eigenschaft testen.

In folgender Tabelle sind die zur Verfügung stehenden Dateitest-Operatoren aufgelistet.

Tabelle 10.5: Dateitest-Operatoren

Operator	Bedeutung
-r -R	Leserechte (Unix: Effektive/Reale)
-w -W	Schreibrechte (Unix: Effektive/Reale)
-x -X	Ausführungsrechte (Unix: Effektive/Reale)
-o -O	Eigentümer (Unix: Effektive/Reale)
-e -z	Existiert/Größe 0
-s	Größer als 0 Bytes
-f -d	Datei oder Verzeichnis
-l	Unix: symbolischer Link
-S -p -b -c	Unix: Socket/Named Pipe/Block/Char Device
-u -g -k	Unix: Setuid/Setgid/Sticky-Bit gesetzt
-T -B	Text/Binärdatei
-M -C	Tageszahl der letzten Modifikation/Rechteänderung
-A	Tageszahl seit dem letzten Zugriff

An der obigen Datei neu.txt unter dem absoluten Pfad *C:/Eigene Dateien/Perl* werden einige Dateitest-Operatoren zur Überprüfung angewendet:

Der Operator -f überprüft, ob die Datei neu.txt eine Datei ist und es sich hier nicht um ein Verzeichnis, einen Link oder eine Netzwerkverbindung handelt. Da neu.txt als Datei vorhanden ist, liefert die if-Abfrage des -f-Operators den Wahrheitswert true und somit die Ausgabe: "neu.txt ist vorhanden":

```
#!/usr/bin/perl -w

$schreib = "C:/Eigene Dateien/Perl/neu.txt";
if (-f "$schreib") {
     print "neu.txt ist vorhanden\n";
}
```

Der Operator -e hingegen unterscheidet nicht die Art des Eintrags, sondern meldet true, wenn ein Eintrag existiert. Somit würde auch ein Verzeichnis einen wahren Wert liefern.

Mit dem Dateitest-Operator -w können Sie testen, ob in die aufgeführte Datei geschrieben werden kann:

```
#!/usr/bin/perl -w

$schreib = "C:/Eigene Dateien/Perl/neu.txt";
if (-w "$schreib") {
     print "neu.txt kann beschrieben werden\n";
}
```

Die `if`-Abfrage des `-w`-Operators ergibt einen wahren Wert, was zur Folge hat, dass: "`neu.txt kann beschrieben werden`", ausgegeben wird.

Der `-s`-Operator sagt Ihnen, wie groß eine Datei ist:

```
#!/usr/bin/perl -w

$schreib = "C:/Eigene Dateien/Perl/neu.txt";
$groesse = -s "$schreib";
print "Groesse :$groesse\n";                      # Groesse: 36
```

Statt den Dateitest-Operator `-s` für die Größe einer Datei einzusetzen, können Sie die gleiche Information durch die aufwendigere `stat`-Funktion erreichen:

```
#!/usr/bin/perl -w

$schreib = "C:/Eigene Dateien/Perl/neu.txt";
$groesse = (stat "$schreib")[7];
print "Groesse: $groesse\n";                      # Groesse: 36
```

Einige Dateitest-Operatoren stehen nicht für alle Plattformen zur Verfügung.

Die Abfragen der Dateitest-Operatoren liefern den Wahrheitswert `true` oder `false` zurück. Nur `-e`, `-s`, `-M` und `-A` liefern andere Werte. Der `-e`-Test liefert `undef` zurück, sollte die Datei nicht vorhanden sein. Mit `-s` erhalten Sie die Anzahl der Bytes der entsprechenden Datei. Die Zeitoperatoren `-M` und `-A` liefern als Ergebnis das Alter der letzten Änderung bzw. des letzten Zugriffs zurück.

Die Funktion `stat()`
`stat` *dateihandle,* *ausdruck*

In einigen Fällen ist es notwendig, detaillierte Kenntnisse über Dateien und Verzeichnisse zu ermitteln. Hierzu wird die integrierte Funktion `stat()` aufgerufen, die alle zugeordneten Informationen liefert.

Sie liefert eine Liste mit 13 Elementen zur Statistik einer Datei zurück. Als Parameter akzeptiert sie entweder einen Pfadnamen, ein Datei-Handle oder kein Argument – ohne Argument vermutet `stat()`, dass der Pfad in der Spezial-Variablen `$_` vorhanden ist.

Liste der 13 Elemente zur Statistik:

```
($dev,             # Gerätenummer
$inode,            # I-Node-Nummer
$mode,             # Modus der Datei (Typ und Rechte)
$nlink,            # Links auf der Datei
$uid,              # User-ID
$gid,              # Gruppen-ID
$rdev,             # Geräte-ID (nur bei Gerätedateien)
```

```
$size,              # Gesamtgröße der Datei in Bytes
$atime,             # Letzter Lese-Zugriffs der "Epoche"
$mtime,             # Letzte Modifikation der "Epoche"
$ctime,             # Letzte Mode-Änderung der "Epoche"
$blksize,           # Bevorzugte I/O Blockgröße
$blocks)            # Aktuelle Anzahl belegter Blocks
         = stat($name);
```

Für Informationen über die Datei datei.pl mit der Pfad-Variablen $dir = "*C:/Eigene Dateien/Perl/datei.pl*" lässt sich die unten aufgeführte stat-Funktion verwenden. Möchten Sie aber Informationen über den Zustand der eigenen Programmdatei gewinnen, verwenden Sie statt der Pfad-Variablen $dir die Spezial-Variable $0:

```
#!/usr/bin/perl -w

$dir = "C:/Eigene Dateien/Perl/datei.pl";
@verz = stat("$dir");
print "Information von datei.pl:\n@verz\n";
```

Es erfolgen Informationen der datei.pl:

```
2 0 33206 1 0 0 2 616 104007960 1027964752 1027963372
```

Dieses Ergebnis ist schwer zu interpretieren. Wünschen Sie eine lesbare Form mit detaillierten Informationen zu der jeweiligen Datei, können Sie den Inhalt der entsprechenden stat-Elemente wie folgt ausgeben (die Elemente $blksize und $blocks sind nicht definiert worden):

```
#!/usr/bin/perl -w

use Date::Calc qw(:all);
$datum = "10. Februar. 2003";
Language(Decode_Language("d"));
print"\nInformationen einer Datei vom:
",Date_to_Text_Long(Decode_Date_EU($datum)),"\n";

$dir = "C:/Eigene Dateien/Perl/datei.pl";
($dev, $inode, $mode, $nlink, $uid, $gid,
$rdev, $size, $atime, $mtime, $ctime)
      = stat ("$dir") or
die "Fehler bei stat() datei.pl: $!";
# Zuweisung der stat-Elemente
$t1 = localtime ($atime);      # Letzter Zugriff auf die Datei
$t2 = localtime ($mtime);      # Letzte Änderung der Datei
$t3 = localtime ($ctime);      # Letzte Mode-Änderung
print <<Ausgabe;
```

```
Datei                     \t$dir
Letzter Zugriff        =>\t$t1
Datei-Aenderung        =>\t$t2
Mode-Aenderung         =>\t$t3
Geraete-Nummer         =>\t$dev\tGeraete-ID\t=>\t$rdev
                          \tI-Node-Nr\t=>\t$inode
Type und Rechte        =>\t$mode \tAnzahl Links\t=>\t$nlink
                          \tGroesse \t=>\t$size
Nutzer-Gruppen-Nr =>\t ($uid, $gid)
Ausgabe
```

Zunächst wird mit dem Modul **Date::Calc** das aktuelle Datum ausgegeben. Anschließend werden ausführliche Informationen durch die Funktion stat() mittels Here-Dokument ausgegeben. Die folgende Ausgabe bezieht sich auf die Datei datei.pl:

```
Informationen einer Datei vom: Montag, den 10. Februar 2003
Datei C:/Eigene Dateien/Perl/datei.pl


Letzter Zugriff     =>     Tue Dec 17 00:00:00 2002
Datei-Aenderung     =>     Mon Sep 23 23:33:40 2002
Mode-Aenderung      =>     Mon Sep 23 23:19:25 2002
Geraete-Nummer      =>     2        Geraete-Id        =>        2
I-Node-Nr           =>     0
Type und Rechte     =>     33206 Anzahl Links        =>        1
Groesse             =>     616
Nutzer-Gruppen-Nr =>       (0, 0)
```

Möchten Sie Einzelergebnisse über eine Datei erfahren, brauchen Sie nur den entsprechenden Index des Elements einsetzen. Im folgenden Programm wird die entsprechende Größe der Datei datei.pl ausgegeben. Um die **size**-Größe der Datei zu bestimmen, brauchen Sie nur den Index [7] verwenden:

```
#!/usr/bin/perl -w

$dir = "C:/Eigene Dateien/Perl/datei.pl";
$groesse = (stat "$dir")[7];
print "Datei-Groesse: $groesse\n";          # Datei-Groesse: 616
```

Mit Listen-Slices lassen sich die jeweiligen Datumsangaben einer Datei ermitteln:

```
#!/usr/bin/perl -w

$dir = "C:/Eigene Dateien/Perl/datei.pl";
($atime, $mtime) = (stat "$dir")[8,9];
$t1 = localtime ($atime);                # Letzter Zugriff
$t2 = localtime ($mtime);                # Datei-Aenderung
```

```
print "Letzter Zugriff:\t$t1\nDatei-Aenderung:\t$t2\n";
```

Die Ausgabe ist:

```
Letzter Zugriff:        Tue Dec 17 00:00:00 2002
Datei-Aenderung:        Mon Sep 23 23:33:40 2002
```

10.6   Manipulation von Dateien

Mit Perl können Sie nicht nur Dateien schreiben oder lesen, Sie können sie auch manipulieren. Perl bietet eine Reihe von Funktionen, die Sie vom Betriebssystem her kennen, wie z. B. Dateien umbenennen, löschen, Zugriffsrechte ändern usw.

Die Funktion `rename()`
rename *altname*, *neuname*

Die Funktion `rename()` ändert den vorhandenen Namen der Datei in einen neuen Namen, ohne den Inhalt der Datei zu zerstören. Sie gibt den Booleschen Wert `true` zurück, wenn die Änderung gelingt, im anderen Fall wird `false` zurückgegeben. Eine Umbenennung über Datei-Systemgrenzen hinweg ist mit `rename` nicht möglich.

Im folgenden Beispiel wird der Pfad *C:/Eigene Dateien/Perl* verwendet. Zunächst wird in das übergeordnete Verzeichnis *Eigene Dateien* gewechselt. In diesem Verzeichnis wird das Unter-Verzeichnis *Test* aufgerufen. Im Anschluss daran wird im Verzeichnis *Test* die Datei `alt.pl` mit der Funktion `rename()` in `neu.pl` umbenannt:

```
#!/usr/bin/perl -w

$verz = "../Test";
rename ("$verz/alt.txt", "$verz/neu.txt")
or die "Fehler beim Oeffnen: $!";
```

Statt über die Variable `$verz` ins Verzeichnis *Test* zu wechseln, können Sie direkt in das Unter-Verzeichnis *Test* wechseln und dort die Datei `alt.txt` in `neu.txt` umändern:

```
#!/usr/bin/perl -w

rename ("../Test/alt.txt", "../Test/neu.txt")
or die "Fehler beim Oeffnen: $!";
```

Des Weiteren können Sie auch den absoluten Pfad angeben, um die Datei umzuändern:

```
#!/usr/bin/perl -w

rename ("C:/Eigene Dateien/Test/alt.txt",
```

```
       "C:/Eigene Dateien/Test/neu.txt")
     or die "Fehler beim Oeffnen: $!";
```

Selbstverständlich können Sie auch extern über die Kommandozeile den Namen der Datei ändern. Da der absolute Pfad hierbei *C:/Eigene Dateien/Perl* lautet, müssen Sie mit dem Befehl `chdir ..` zunächst vom aktuellen Verzeichnis *Perl* auf das übergeordnete Verzeichnis *Eigene Dateien* wechseln. Mit `chdir` *Test* wechseln Sie zum gewünschten Verzeichnis *Test*. Mit der Funktion `rename` (*alt.txt, neu.txt*) wird nun die Datei `alt.txt` in `neu.txt` geändert, d. h. nur die Datei `neu.txt` ist vorhanden.

Dieses schrittweise Vorgehen können Sie verkürzen, indem Sie vom Verzeichnis *C:/Eigene Dateien/Perl* einen direkten Wechsel in das Verzeichnis *Test* wie folgt vornehmen:

```
chdir ..\Test          # Sie sind jetzt im Verzeichnis Test
```

Anschließend können Sie mit der Funktion `rename` (*alt.txt,neu.txt*) eine Änderung des Dateinamens herbeiführen.

Die Funktion copy ()
copy *woher, wohin*

Da in Perl kein Kopierbefehl integriert ist, verwenden Sie die Funktion `copy()` des Standardmoduls **File::Copy**. Das Copy-Modul verlangt zwei Parameter: Die Datei, aus der kopiert, und die Datei, in die kopiert werden soll.

Im folgenden Beispiel soll die vorhandene Datei `neu.txt` aus dem Verzeichnis *C:/Eigene Dateien/Test* in eine Datei `neuste.txt` kopiert werden:

```
#!/usr/bin/perl -w

use File::Copy;
copy ("../Test/neu.txt", "../Test/neuste.txt")
or die "Datei kann nicht kopiert werden: $!";
```

Im Verzeichnis *Test* sind jetzt die Dateien `neu.txt` und auch `neuste.txt` vorhanden.

Die Funktion move ()
move *altname, neuname*

Statt der Funktion `rename()` können Sie auch die Funktion `move()` des **Modul::Copy** verwenden. Die Funktion `move()` funktioniert auch über Datei-Systemgrenzen hinweg:

```
#!/usr/bin/perl -w

use File::Copy;
move ("../Test/neuste.txt", "../Test/neuste.bak")
```

or die "Fehler beim Verschieben: $!";

Nach diesen Beispielen sind die Dateien neu.txt und neuste.bak übrig geblieben.

Die Funktion compare()
compare *datei1, datei2*

Zum Vergleich zweier Dateien können Sie die Funktion compare() des Standardmoduls **File::Compare** benutzen. Mit der Funktion compare() wird überprüft, ob in den obigen Beispielen die Datei neu.txt und neuste.bak gleiche Byte-Größen besitzen:

```
#!/usr/bin/perl -w
```

```
use File::Compare;
if (compare ("../Test/neu.txt", "../Test/neuste.bak") == 0) {
     print "Beide Dateien sind identisch!\n";
     } else {
     print "Beide Dateien sind nicht identisch!\n";
     }
```

Da beide Dateien neu.txt und neuste.bak identisch sind, erfolgt auch bei der if-Abfrage die Ausgabe:

```
Beide Dateien sind identisch!
```

Die Funktion unlink()
unlink *liste*

Mit der Funktion unlink() (benannt nach dem POSIX-Systemaufruf) wird der entsprechende Name der Datei aus dem Verzeichnis entfernt, d. h. die Verbindung zwischen dem entsprechenden Datei-Namen und der physischen Datei aufgehoben. Die Verwendung von delete() auf Dateien ist nicht möglich; sie bezieht sich auf Schlüssel-Wert-Paare eines Hashs.

Im Folgenden wird, da keine Liste angegeben ist, zunächst die Datei neu.txt unter *C:/Eigene Dateien/Test* gelöscht:

```
#!/usr/bin/perl -w
```

```
unlink ("../Test/neu.txt")
or die "Datei kann nicht geloescht werden: $!";
```

Es wird wieder der relative Pfad angegeben, damit die Datei neu.txt gelöscht werden kann. Natürlich können Sie auch den absoluten Pfad einsetzen.

Außerdem bietet die Funktion unlink() noch einen weiteren Vorteil: Mit ihr können Sie auch eine Liste von Dateien löschen. Sie müssen die Dateien im Klartext angeben. Um z. B.

vom Standard-Verzeichnis *C:/Eigene Dateien/Perl* zum Verzeichnis *Test* zu wechseln und dort sämtliche Dateien mit Wildcard `*.txt` zu löschen, verwenden Sie den Datei-Globbing-Operator:

```
#!/usr/bin/perl -w

unlink (<../Test/*.txt>)
or die "Dateien können nicht geloescht werden: $!";
```

Unter dem Verzeichnis *Test* sind jetzt keine Dateien mit der Endung `.txt` mehr vorhanden.

10.7   Zugriff auf Verzeichnisse

Möchten Sie nun statt Dateien Verzeichnisse (Directories, Ordner) bearbeiten, sind selbstverständlich in Perl entsprechende Funktionen vorhanden. Sie können z. B. das aktuelle Verzeichnis ermitteln oder vom aktuellen Verzeichnis in ein anderes wechseln bzw. Inhalte auswerten und auflisten, bis hin zum Erstellen oder Löschen von Verzeichnissen.

Die Verzeichnisse enthalten entsprechende Dateinamen, die durch Größe, Schutzrechte, Eigentümer- und Gruppeninformationen usw. gekennzeichnet sind.

Soll ein Verzeichnis bearbeitet werden, wird statt eines Datei-Handles jetzt ein Verzeichnis-Handle verwendet. Diese Handles beziehen sich ausschließlich auf Verzeichnisse. Das bedeutet auch, dass Datei- und Verzeichnis-Handle unterschiedlich sind. Sie können z. B. den Eingabe-Operator <> nicht zum Lesen eines Verzeichnisses einsetzen.

Das Öffnen bzw. das Schließen einer Datei wird mit den Funktionen `open()` und `close()` realisiert. Für das Öffnen bzw. Schließen eines Verzeichnisses werden in ähnlicher Weise die Funktionen `opendir()` und `closedir()` verwendet.

So besitzt z. B. die Syntax der Funktion `opendir`(*verzhandle,verz*) ähnlich wie die Funktion `open`(*dateihandle,dateiname*) ebenfalls zwei Argumente, nämlich ein Verzeichnis-Handle und den Namen des Verzeichnisses. Mit dieser Funktion `opendir()` wird das entsprechende Verzeichnis geöffnet und kann z. B. mit `readdir`, `telldir`, `seekdir` und mit `rewinddir` bearbeitet werden. Mit folgenden Funktionen können entsprechende Aktionen erzielt werden:

- `opendir`:   Öffnet das Verzeichnis

- `readdir`:   Liest die Verzeichniseinträge mit einem Verzeichnis-Handle

- `telldir`:   Liefert die aktuelle Position der Directory

- `seekdir`:   Springt an beliebige Stelle innerhalb des Verzeichnisses

- `rewinddir`: Positioniert auf den Anfang des Verzeichnisses

- `closedir`: Schließt das Verzeichnis

Auch hier gilt beim Lesen eines Verzeichnisses wieder die gleiche Reihenfolge wie bei der Datei:

1. Verzeichnis öffnen und mit Verzeichnis-Handle verbinden
2. Daten aus dem Verzeichnis bearbeiten
3. Verzeichnis schließen

Wird aus einem Verzeichnis *C:/Eigene Dateien/Perl* der entsprechende Inhalt gelesen, benötigen Sie zum Öffnen des Verzeichnisses `opendir`, zum Lesen des Inhalts `readdir` und zum Schließen `closedir`. Sie erhalten als Inhalt alle Dateien des Verzeichnisses, einschließlich der Dateien, die mit einem Punkt `"."` und mit zwei Punkten beginnen `".."` (bei Globs nicht erhalten). Die Punkte kennzeichnen das aktuelle Verzeichnis `"."` sowie das übergeordnete Verzeichnis `".."`.

Wollen Sie Dateien von beliebigen Verzeichnissen auslesen, ist nur der entsprechende Pfad mit der Pfad-Variablen anzugeben. Die verschiedenen Optionen wie beim Datei-Handle gibt es dabei nicht.

Verzeichnis öffnen und mit Verzeichnis-Handle verbinden
Das Öffnen erfolgt ähnlich wie bei einer normalen Datei. Der erste Parameter ist ein Verzeichnis-Handle. Da Datei-Handles ebenso wie Verzeichnis-Handles paketorientierte Konstrukte besitzen, gelten für beide die gleichen Regeln. So werden auch hier die Namen in Großbuchstaben geschrieben. Verzeichnis-Handles besitzen ihren eigenen Namensraum, d. h. Sie können den gleichen Namen für ein Verzeichnis-Handle auch für ein Datei-Handle verwenden, ohne dass es zu Konflikten führt.

Der zweite Parameter von `opendir` ist das Verzeichnis; er gibt den Pfadnamen des entsprechenden Verzeichnisses an. Wenn kein absoluter Pfad angegeben wird, wird das aktuelle Verzeichnis eingesetzt, das z. B. mit der Funktion `chdir()` (change directory) geändert werden kann.

Im Fehlerfall liefert `opendir` als Wert `undef` zurück. Mit der Spezial-Variablen `$!` kann der Fehlergrund ermittelt werden.

Daten aus einem Verzeichnis bearbeiten
Nachdem das Verzeichnis mit der Funktion `opendir()` erfolgreich geöffnet wurde, kann es bearbeitet werden. Durch die Funktion `readdir()` wird jeweils der nächste Eintrag des Verzeichnisses zurückgeliefert bzw. `undef`, wenn das Ende des Verzeichnisses erreicht ist. Im skalaren Kontext liefert `readdir` einen einzelnen Dateinamen, im Listenkontext die ganze Liste der Dateinamen. Hierbei ist zu beachten, dass `readdir` keine automatische Zuweisung an die Spezial-Variable `$_` vornimmt.

Verzeichnis schließen

Wird ein Verzeichnis-Handle nicht mehr benötigt, wird es automatisch bei Programmende zurückgegeben. Ähnlich wie bei Dateien kann mit `closedir` das Verzeichnis geschlossen werden.

Im folgenden Programm können die Inhalte (Einträge, Unterverzeichnisse) des aktuellen Verzeichnisses (hier ist es *Perl*) aufgelistet werden:

```perl
#!/usr/bin/perl -w

$dir = "C:/Eigene Dateien/Perl";          # Verzeichnis Perl
opendir (DIR, "$dir") or die "Fehler beim Oeffnen: $! ";
while (defined ($inhalt = readdir DIR)) {
      next if $inhalt eq '.';          # Eliminieren von "."
      next if $inhalt eq '..';         # Eliminieren von ".."
      $i++;                            # Einträge zählen
print "$i.-te Eintrag\t$inhalt\t mit Return geht's weiter\n";
      <>;                              # Eingabe z. B. Return
}
closedir (DIR) or die "Fehler beim Schließen: $!";
```

Zunächst wird mit `opendir` das aktuelle Verzeichnis *Perl* geöffnet. Sollte es nicht zu öffnen sein, erfolgt eine Fehlermeldung.

Im Skalarkontext gibt `readdir` den nächsten Verzeichniseintrag zurück, wenn dieser definiert ist. Ist kein weiterer Eintrag mehr vorhanden, wird `undef` zurückgeliefert und die `while`-Schleife beendet.

Im Bedingungsteil der `while`-Schleife liest `readdir(DIR)` jeweils die definierten Verzeichniseinträge mit dem Verzeichnis-Handle, das mit `opendir` geöffnet wird. Mit der Funktion `defined()` wird der Inhalt `$inhalt` getestet, und zwar nicht nur auf **true**, sondern auch darauf, ob der jeweilige Inhalt überhaupt definiert ist.

Im Anschluss werden die speziellen Verzeichniseinträge "." (Link auf das aktuelle Verzeichnis) und ".." (Link auf das übergeordnete Verzeichnis) durch die `next`-Funktionen eliminiert.

Der Zähler `$i`, der die Einträge zählt, wird um den Wert 1 erhöht. Anschließend wird durch die `print`-Funktion der Zählerstand der Variablen `$i` und der Name des entsprechenden Verzeichniseintrags `$inhalt` ausgegeben. Nach dem zweiten Tabulatorzeichen `\t` erfolgt noch die Angabe, wie Sie zum nächsten Eintrag kommen, nämlich mittels Return (ENTER). Das abschließende New-Line-Zeichen `\n` bewirkt in der Ausgabe einen Zeilenvorschub.

Die nächste Programmzeile enthält einen alleinstehenden Eingabe-Operator `<>`, der aber keiner Variablen zugewiesen wird. Diese STDIN-Eingabe ist eine Dummy- bzw. eine Abfall-Eingabe (garbage). An dieser Stelle hält das Programm an und wartet auf eine Eingabe in der Kommandozeile @ARGV. Erfolgt diese, wird das Programm fortgesetzt. Auch mit Return (erscheint nicht auf dem Bildschirm) wird das Programm fortgesetzt.

Ist ein weiterer Eintrag im Verzeichnis vorhanden, wird dieser wieder im Bedingungsteil der while-Schleife der Variablen $inhalt zugewiesen und das Programm läuft wieder wie oben beschrieben ab. Ist kein Eintrag mehr vorhanden, erhält die Variable $inhalt den Wert undef. Die Auswertung des Bedingungsteil ist somit false, was eine Beendigung der while-Schleife bedeutet.

In der letzten Zeile des Programms wird mit der Funktion closedir (DIR) das entsprechende Verzeichnis geschlossen; ist dies nicht möglich, wird eine Fehlermeldung ausgegeben.

Im obigen Programm wird nicht unterschieden, ob es sich um ein Verzeichnis oder um eine Datei handelt.

Dies wird im folgenden Beispiel untersucht. Sowohl die vorhandenen Verzeichnisse als auch die vorhandenen Dateien werden in sortierter Reihenfolge ausgegeben. Da bei readdir die zurückgegebenen Verzeichniseinträge (bestehend aus Dateien, Verzeichnissen und sonstigen Einträgen) implementierungsabhängig sind, ist es sinnvoll eine Sortierung für die Ausgabe vorzunehmen:

```perl
#!/usr/bin/perl -w

$dir = "C:/Eigene Dateien/Perl";
opendir (DIR, "$dir") or die "Fehler beim Oeffnen: $! ";
foreach (readdir (DIR) ) {
        next if $_ eq '.';          # Eliminieren von "."
        next if $_ eq '..';         # Eliminieren von ".."
        push (@verz, $_)  if -d  "$dir/$_";       # Verzeichnis?
        push (@datei, $_) if -f  "$dir/$_";       # Eine Datei?
        }
closedir (DIR) or die "Fehler beim Schließen: $!";
print "\nDirectories:\n";
foreach (sort @verz) {print " $_ \n";}
# Sortierte Verzeichnisse
print "\nDateien:\n";
foreach (sort @datei) {print " $_ \n";}
# Sortierte Dateien
```

Mit opendir wird zunächst das entsprechende Verzeichnis geöffnet. Möchten Sie ein anderes Verzeichnis untersuchen, geben Sie den entsprechenden Pfad in der Pfad-Variablen $dir an. Mit readdir(DIR) werden durch die foreach-Schleife die jeweiligen Einträge dahingehend ausgewertet, ob es sich um Verzeichnisse bzw. um Dateien handelt. Durch die next-Funktion wird das aktuelle Verzeichnis "." bzw. das übergeordnete Verzeichnis ".." übersprungen.

Die Dateitest-Operatoren prüfen dann, ob es sich um ein Verzeichnis (if -d) oder um eine Datei (if -f) handelt. Das entsprechende Ergebnis wird mittels der push-Funktion in die Array-Variablen @verz bzw. @datei eingetragen. Das Verzeichnis $dir mit der Spezial-

Variablen $_ (entsprechender Inhalt vom Verzeichnis) muss in Hochkommas gesetzt wer-
den, da die von readdir zurückgegebenen Namen nicht den Verzeichnisnamen selbst
enthalten. Möchten Sie den von readdir zurückgegebenen Namen bearbeiten, müssen Sie
in das gewünschte Verzeichnis wechseln oder das Verzeichnis vor die jeweilige Variable in
Hochkommas stellen.

Für die Auswahl von Text-Dateien kann auch der Datei-Operator -T, verwendet werden.

Danach wird mit closedir(DIR) das entsprechende Verzeichnis geschlossen. In den
folgenden Zeilen werden über die foreach-Schleife die sortierten Verzeichnisse @verz
bzw. die sortierten Dateien @datei ausgegeben.

Es ist zu berücksichtigen, dass die sort-Anweisung die sortierte Liste nach folgenden Regeln ausgibt:

- Sonderzeichen vor Zahlen,
- Zahlen aufsteigend von 0 bis 9 nach ihren einzelnen Ziffern und nicht nach Wertigkeit
  der gesamten Zahl,
- Zahlen vor Buchstaben,
- Großbuchstaben vor Kleinbuchstaben,
- Sonderbuchstaben.

Das obige Programm lässt sich wesentlich kürzer schreiben. Um die Einträge des aktuellen
Verzeichnisses "." zu erhalten, setzen Sie statt der push-Funktion die grep-Funktion ein.
Diese arbeitet jedes Element der Liste ab, wobei der Ausdruck auf seinen Wahrheitsgehalt in
Bezug auf das jeweilige Element überprüft wird.

Die Ausgabe des Inhalts bezieht sich auf das aktuelle Verzeichnis *Perl*, demzufolge wird "."
verwendet:

```
#!/usr/bin/perl -w

opendir (DIR, ".") or die "Fehler beim Oeffnen: $! ";
@array = readdir (DIR);
@verz = grep  -d, @array;      # Überprüfen auf Verzeichnisse
@datei = grep -T, @array;      # Überprüfen auf Text-Datei
closedir (DIR) or die "Fehler beim Schließen: $!";
print "\nDirectories:\n";
foreach (sort @verz) {print " $_ \n";}
# Sortiertes Verzeichnis
print "\nDateien:\n";
foreach (sort @datei) {print " $_ \n";}
# Sortierte Dateien
```

Mit der grep-Funktion wird überprüft, ob die einzelnen Elemente Verzeichnisse -d bzw.
Text-Dateien -T sind. Die Ergebnisse werden den Array-Variablen @verz bzw. @datei
zugewiesen.

In einem weiteren Beispiel wird überprüft, ob ein beliebiges Verzeichnis (z. B. *Test*) Verzeichnisse oder Dateien enthält. Der absolute Pfad ist wieder *C:/Eigene Dateien/Perl* und das zu prüfende Verzeichnis *Test* steht im Verzeichnis *Eigene Dateien*. Der Inhalt des Verzeichnisses *Test* wird in den folgenden Programmzeilen auf entsprechende Verzeichnisse -d bzw. auf Text-Dateien -T überprüft und diese werden im Anschluss sortiert ausgegeben. Zum Eliminieren des aktuellen Verzeichnisses "." bzw. des übergeordneten Verzeichnisses ".." wird ein regulärer Ausdruck eingesetzt:

```perl
#!/usr/bin/perl -w

$dir = "../Test";              # Wechseln zum Verzeichnis Test
opendir (DIR, "$dir") or die "Fehler beim Oeffnen: $! ";
@array = readdir (DIR);        # Eintrag lesen
@array = grep !/^\.\.?$/, @array;
# Eliminieren von "." und ".."
@verz = grep -d   "$dir/$_", @array;
# Überprüfen auf Verzeichnisse
@datei = grep -T  "$dir/$_", @array;
# Überprüfen auf Text-Dateien
closedir (DIR) or die "Fehler beim Schließen. $!";
print "\nDirectories:\n";
foreach (sort @verz)  {print " $_ \n";}
# Sortiertes Verzeichnis
print "\nDateien:\n";
foreach (sort @datei)  {print " $_ \n";}
# Sortierte Dateien
```

Zum Testen sind wieder die Dateitest-Operatoren verwendet worden. Diese liefern jeweils true, wenn es sich um ein Verzeichnis bzw. um eine Text-Datei handelt.

In diesem Programm muss beim Prüfen mit -d und -T der entsprechende Pfadname (wie weiter oben erläutert) mit angegeben werden. Da durch opendir das relative Arbeitsverzeichnis *Test* geöffnet wird, muss auch beim Prüfen mit -d und -T das gleiche relative $dir-Verzeichnis angesprochen werden.

Die Funktion rewinddir()
rewinddir *verzhandle*

Mit der Funktion rewinddir() wird der Verzeichniszeiger wieder auf den Anfang zurückgesetzt. Beim Einsatz dieser Funktion können Sie sich ein erneutes Schließen und Öffnen sparen:

```perl
#!/usr/bin/perl -w

$i = 0;
opendir (DIR, ".") or die "Fehler beim Oeffnen: $! ";
```

```
foreach ( 1..2 ) {
     print "\nVerzeichnisanfang:\n\n";   # Verzeichnisanfang
     foreach (sort readdir(DIR)) {        # Eintrag lesen
          next if $_ eq '.';        # Eliminieren von "."
          next if $_ eq '..';       # Eliminieren von ".."
          print " $_ \n";
          last if $i >= 4;
          $i++;
     }
     $i = 0;
     rewinddir (DIR);
}
closedir (DIR) or die "Fehler beim Schließen: $!";
```

Zunächst beginnt das Öffnen des Verzeichnisses, anschließend der zweimalige Durchlauf der foreach-Schleife mit jeweils der Ausgabe:

```
Verzeichnisanfang
```

Im Anschluss werden mit der inneren foreach-Schleife die sortierten Einträge behandelt. Wie bereits erwähnt, liegen die Einträge nicht in einer sortierten Form vor. Die Funktion readdir() liefert im Listenkontext eine Liste zurück. Die anschließende Funktion sort() sortiert die Liste und liefert den sortierten Listenwert zurück. Bei der foreach-Schleife wird die voreingestellte Spezial-Variable $_ verwendet (da keine andere definiert worden ist). Danach werden das aktuelle und das übergeordnete Verzeichnis eliminiert.

Es werden insgesamt fünf sortierte Einträge ausgegeben, bevor durch den last-Operator die Schleife verlassen wird.

Mit rewinddir wird die aktuelle Position des Verzeichnisses auf den Anfang im Verzeichnis-Handle DIR zurückgestellt.

Es beginnt nun der zweite Durchlauf. Dieser behandelt bis auf rewinddir die gleichen Aussagen.

Da nach zwei Durchläufen die foreach-Schleife beendet ist, wird mit closedir das Verzeichnis geschlossen.

10.8   Manipulation von Verzeichnissen

Es lassen sich in Perl die bekannten Funktionen zum Erzeugen eines Verzeichnisses mit mkdir() (make directory) oder zum Löschen des Verzeichnisses mit rmdir() (remove directory) verwenden. Im Folgenden werden außer diesen beiden noch weitere Funktionen dargestellt.

Die Funktion mkdir ()
mkdir *verzname, modus*

Verzeichnisse lassen sich ebenso einfach erstellen wie neue Dateien. Mit mkdir *verzname*
wird ein neues Verzeichnis im aktuellen Verzeichnis erzeugt. Soll das Verzeichnis woanders
angelegt werden, brauchen Sie nur den entsprechenden Pfad angegeben.

Zusätzlich zum Verzeichnisnamen wird mit dem zweiten Parameter *modus* der Code für die
entsprechenden Rechte festgelegt. Unter Windows ist dieser Code nicht von Bedeutung.
Unter Unix werden die Dateiattribute (mit dem Befehl ls) mit den entsprechenden Zugriffs-
rechten in einer vierstelligen Zahl angegeben. Jede Zahl ist ein Dreier-Block mit den Attributen r (lesen), w (schreiben) und x (ausführen). Dieser Dreier-Block ist für drei Userbereiche
gedacht. Diese Bereiche lauten:

user, group, all

Die erste Stelle mit dem Wert 0 zählt nicht zu den Dateiattributen, sondern zum Verzeichnis.
Die zweite Stelle im Dreier-Block gilt den Rechten für den **user** (Besitzer der Datei). Der
nächste Dreier-Block gilt für die Gruppe **group**. Die letzten Attribute gelten schließlich für
den Bereich Rest der Welt **all**.

Zur Ermittlung des Zahlenwertes werden die Zugriffsrechte (r, w, x) als Stellen einer Zahl
im Binärsystem mit folgenden Kombinationen interpretiert.

Tabelle 10.8: Zugriffsrechte

Zugriffsrechte	Zahl
rwx	7
rw-	6
r-x	5
r--	4
-wx	3
-w-	2
--x	1
---	0

Um den Modus als vierstelligen Zahlenwert mit entsprechenden Rechten darzustellen, verwenden Sie folgenden Code: -rwxr--r--. Dieser entspricht dem Zahlenwert: 0744.

Ein neues Verzeichnis mit entsprechendem Modus lässt sich nun wie folgt erstellen:

```perl
#!/usr/bin/perl -w

$verzeichnis = "verzneu";
mkdir ($verzeichnis, 0744)
or warn "Fehler beim Erstellen: $!\n";
```

```
print "Neues Verzeichnis: $verzeichnis\n";
```

In diesem Beispiel wird ein neues Verzeichnis im aktuellen Verzeichnis mit den Zugriffs-
rechten 0744 erzeugt. Bei einem Fehler werden der Warn-String `Fehler beim Erstel-
len` und der genaue Fehlercode durch `$!` ausgegeben.

Ebenso können Sie auch unter dem Verzeichnis *Test* ein Verzeichnis mit gleichem Namen
anlegen:

```
#!/usr/bin/perl -w

mkdir "../Test/verzneu",1
```

Mit dem Parameter *modus* werden die entsprechenden Zugriffsrechte auf das Verzeichnis
festgelegt (für Unix-Systeme relevant). Bei Win32-Perl reicht eine 1 als Modus.

Die Funktion `rmdir()`
`rmdir` *name*

Mit remove-directory *name* wird das im obigen Programm angelegte Verzeichnis *verzneu*
entfernt. Damit es gelöscht werden kann, muss das Verzeichnis leer sein. Fehlt *name*, wird
die Funktion von der Spezial-Variablen `$_` bearbeitet:

```
#!/usr/bin/perl -w

rmdir "verzneu";
```

Ebenso einfach ist es im Verzeichnis *Test* das angelegte Verzeichnis z. B. *verzneu* zu löschen:

```
#!/usr/bin/perl -w

rmdir "../Test/verzneu";
```

Die Funktion `glob()`
`glob` *ausdruck*

Eine weitere Möglichkeit, den Inhalt eines Verzeichnisses aufzulisten, bietet die Funktion
`glob()`. Sie erlaubt es, eine Liste von Dateien aus einem Verzeichnis nach einem bestimmten Muster zu behandeln. Hierzu stehen das Schlüsselwort `glob` sowie der `<>` Fileglob-
Operator zur Verfügung. Dieser Operator ist nicht mit dem Eingabe-Operator zu verwechseln.

Die Funktion `glob()` darf auch nicht mit Typeglob verwechselt werden. Sie arbeitet genau
wie ein Shell-Kommando und enthält als Parameter nur das gewünschte Suchmuster, z. B. `*`,
das in Anführungszeichen gesetzt wird. Die Funktion `glob()` übernimmt das Öffnen und
Schließen des Verzeichnisses.

Im folgenden Programm werden alle Text-Dateien im aktuellen Verzeichnis sortiert in Großbuchstaben ausgegeben:

```perl
#!/usr/bin/perl -w

chdir (".") or die "Fehler bei chdir ";
foreach (sort glob "*") {
        # Sortiert in Großbuchstaben
        print uc $_,"\n", if -T $_;}
        # Ausgabe von Text-Dateien
```

In einem weiteren Programm werden im entsprechenden Verzeichnis alle Dateien mit der
Endung .pl gesucht, wobei Wildcard Stern * als beliebiges Zeichen betrachtet wird.

Des Weiteren wird im Programm die Funktion chdir() eingesetzt.

Im Beispiel wird mittels chdir vom aktuellen Verzeichnis *C:/Eigene Dateien/Perl* zunächst
in ein übergeordnetes Verzeichnis *Eigene Dateien* gewechselt, und von dort in das Verzeichnis *Test* (relativer Pfad). In diesem Verzeichnis werden alle Dateien sortiert mit der Endung
.pl in Großbuchstaben ausgegeben:

```perl
#!/usr/bin/perl -w

chdir "../Test" or die "Fehler bei chdir \n";
# Wechsel ins Verzeichnis Test
@array = glob  "*.pl";
# Suchen in Test nach *.pl
@array = grep -T, @array;          # Text-Dateien
foreach (sort @array) {print uc $_, "\n";}
# Sortierte Text-Dateien
```

Die entsprechenden pl-Dateien mit Pfadnamen können Sie in der Ausgabe mit dem Suchmuster *.pl erhalten:

```perl
#!/usr/bin/perl -w

@array = glob "../Test/*.pl";          # *.pl-Dateien
@array = grep -T, @array;
foreach (sort @array) {print uc $_, "\n";}
# Sortierte Text-Dateien
```

Neben der Funktion glob() besteht eine weitere Möglichkeit, nämlich die Verwendung des
<> Fileglob-Operators (kein Eingabe-Operator). Möchten Sie wie im obigen Beispiel die
Text-Einträge mit der Endung .pl sortiert in Großbuchstaben aus dem Verzeichnis *Test*
auswerten, können Sie folgende Zeilen verwenden:

```perl
#!/usr/bin/perl -w
```

```
chdir "../Test" or die "Fehler bei chdir \n";
# Wechsel ins Verzeichnis Test
@array = <*.pl>;                  # Fileglob-Operator für *.pl
@array = grep -T, @array;
foreach (sort @array) {print uc $_, " \n";}
# Sortierte Text-Dateien
```

Natürlich können Sie die sortierten Dateien auch mit Pfadnamen ausgeben:

```
#!/usr/bin/perl -w

@array = <../Test/*.pl>;                        # *.pl-Dateien
@array = grep -T, @array;
foreach (sort @array) {print uc $_, "\n";}       # sort. Dateien
```

10.9   Verwendete Funktionen

In der folgenden Tabelle werden die wichtigsten Funktionen aus diesem Kapitel nochmals erläutert.

Tabelle 10.9: Verwendete Funktionen

Funktion	Bedeutung
chdir()	Wechselt in ein neues Verzeichnis
chomp()	Entfernt das Zeilenende
compare()	Vergleicht zwei Dateien unter dem Modul File::Compare
chop()	Entfernt das letzte Zeichen
copy	Kopiert Dateien unter dem Modul File::Copy
close()	Schließt die geöffnete Datei
closedir()	Schließt das Verzeichnis
die()	Gibt Informationen über STDERR aus, mit Abbruch
glob()	Gibt den Dateinamen zurück der dem Muster entspricht
grep()	Evaluiert jedes Element aus einer Liste
mkdir()	Erzeugt ein neues Verzeichnis
move()	Verschieben von Dateien über Dateigrenzen hinaus
open()	Öffnet eine Datei und verbindet sie mit dem *datei-handle*
opendir()	Öffnet eine Datei zum Lesen
print()	Gibt die Elemente der Liste aus

`printf()`	Gibt formatiert Elemente der Liste aus
`push()`	Hängt Elemente ans Ende eines Arrays
`readdir()`	Liefert Verzeichniseinträge
`rename()`	Namensänderung der Datei
`rewinddir()`	Positioniert zum Anfang des Verzeichnisses
`rmdir()`	Löscht ein leeres Verzeichnis
`seekdir()`	Legt Position für readdir im Verzeichnis fest
`sort()`	Gibt die sortierten Elemente zurück
`stat()`	Liefert eine Liste mit 13 Elementen zurück
`telldir()`	Liefert aktuelle Position im Verzeichnis zurück
`uc()`	Wandelt in Großbuchstaben um
`unlink()`	Löscht Dateien
`warn()`	Gibt Informationen über STDERR aus, ohne Abbruch

11   Datum und Uhrzeit

Bei vielen Anwendungen sind Sie auf die Behandlung von Datum und Uhrzeit angewiesen. Perl stellt hierzu nicht nur grundlegende Funktionen zur Verfügung. Sie können mit der **CPAN**-Modulsammlung **Date** und dem enthaltenen Modul **Date::Calc** (über 45 Funktionen) weitergehende Datums- und Zeitberechnungen vornehmen.

Für die Datums- und Zeitberechnung verwendet Perl skalare Typen (Skalarkontext) und Array-Typen (Listenkontext). Der Typ bestimmt jeweils die Darstellung von Datums- und Zeit-Rechnungen.

Folgende Darstellungen sind möglich:

- Als Zahl: Alle Datums- und Zeitrechnungen beziehen sich auf ein Referenzdatum (Epoche), nämlich seit Mitternacht 01.01.1970, 00:00:00 Uhr Weltzeit (UTC: Universal Time Coordinated oder GMT: Greenwich Mean Time). Ein Datum ist in Perl der Zeitraum in Sekunden (Timestamp), der seit dem Beginn der Epoche bis zum entsprechenden Datum vergangen ist, z. B. 1052509630.
- Als String: Der übergebene Timestamp wird als ein Datum (als lokale Zeit) im Format D M Y H:M:S zurückgegeben, z. B. 9 Mai 2003 21:47:10.
- Als Array: Die Funktion localtime() gibt eine aus neun Elementen bestimmte Liste mit Datumsangaben zurück, z. B. 10 47 21 9 4 103 5 128 1 (sek, min, std, Tag, Monat, Jahr, Wochentag, Jahrestag, Sommer/Winterzeit).

Auf den meisten Systemen wird zur Anzeige der Zeit die Funktion time() eingesetzt. Sie gibt die Anzahl der Sekunden an, die seit dem 1. Januar 1970, 00:00:00 Uhr GMT bis zur Abrufzeit vergangen ist. Durch Einsatz der Funktion leap_year() erfahren Sie, ob ein Jahr ein Schaltjahr ist oder nicht. Beim Wahrheitswert true handelt es sich um ein Schaltjahr.

Mit den Werten von Timestamp hatten Perl-Anwendungen kein **Jahr-2000-Problem** (Y2K). Da die Zahl in Sekunden seit Beginn – wie in C/C++ – als int-Typ gespeichert wird, besteht für die Darstellung mit 32-Bit bis dato kein Problem. Erst ab dem Jahr 2038 wird der Timestamp für 32-Bit-Systeme zu groß, so dass dann mindestens Wortbreiten von 64 Bit und größer nötig sind.

Die folgenden Berechnungsbeispiele beziehen sich, wenn kein anderes Datum angegeben ist, auf den 9. Mai 2003.

Die Funktion time()

```
time
```

Wie Sie am folgenden Beispiel deutlich sehen können, ist die Darstellung als Zahl durch die Funktion time() schwer lesbar. Aus diesem Grund wird die Zeit (Timestamp) der Funktion time() durch die Zeitfunktionen localtime() bzw. gmtime() in eine lesbare Form konvertiert:

```
#!/usr/bin/perl -w

$aktuell = time;
print "Aktuelle Zeit seit dem Beginn der Epoche in Sekunden:
$aktuell\n";
$jahre = $aktuell / (60*60*24*365);        # Berechnung in Jahre
printf "Dies sind umgerechnet: %5.2f Jahre\n", $jahre;
```

Dieses Programm gibt auf Grund des Datums vom 9. Mai 2003 Folgendes aus:

```
Aktuelle Zeit seit dem Beginn der Epoche in Sekunden:
1_052_509_630
Dies sind umgerechnet: 33.37 Jahre
```

Die Funktion time() zählt die Anzahl der seit der Epoche (01.01.1970) bis zum aktuellen Zeitpunkt (09.05.2003) verflossenen Sekunden (1_052_509_630). Diese Anzahl wird mit der print-Anweisung ausgegeben. Die folgende Zeile berechnet die entsprechenden Jahre, wobei aus Gründen der Einfachheit das Jahr mit 365 Tagen angenommen wird. Das Ausgabeformat der printf-Anweisung liefert 33.37 Jahre als Ergebnis.

Die Funktion localtime()

```
localtime [sekunden]
```

Sie können in den folgenden Programmzeilen mit der Funktion localtime() die aktuellen Sekunden in einen String umwandeln. Im skalaren Kontext gibt diese Funktion einen ausführlichen String im Format **D M Y H:M:S** zurück. Dabei kann der Parameter time weggelassen werden. Hier bezieht sich die Funktion localtime() auf die lokale Zeitzone, z. B. Mitteleuropäische Zeit (MEZ):

```
#!/usr/bin/perl -w

$aktuell = localtime time;
# time entspricht 1052509630 Sekunden
print "Das aktuelle Datum ist: $aktuell\n";
```

Bezogen auf 1_052_509_630 Sekunden ergibt sich daraus folgendes Datum:

```
Das aktuelle Datum ist: Fri May 9 21:47:10 2003
```

Mit `localtime` wird die Referenzzeit – die Funktion `time()` gibt die vergangenen Sekunden seit der Epoche an – in ein Datum mit Uhrzeit relativ zum 01.01.1970 (Epoche) umgewandelt. Ist der Wert des Parameters 0, ergibt dies für `localtime` natürlich das Ursprungsdatum sowie die Ursprungszeit. Wird ein anderer Parameterwert eingeben, wird das entsprechende Referenzdatum bzw. die Referenzzeit geliefert.

Wird an Stelle der vergangenen Sekunden `time` z. B. ein anderer Sekunden-Wert verwendet, wird die entsprechende Referenzzeit seit dem 01.01.1970 ausgegeben:

```perl
#!/usr/bin/perl -w

@epoche = (0, 2, 5, 12);            # Sekundenwerte
foreach (@epoche) {
      $date = localtime $_;
      print "$date\n";
}
```

Mit der `foreach`-Schleife werden die einzelnen Werte der Liste (0, 2, 5, 12) als Sekundenwerte an `localtime` übergeben. Der Parameter von `localtime` ist die Spezial-Variable `$_`.

Die Ausgabe ist:

```
Thu Jan 1 01:00:00 1970      # Ursprungsdatum (Epoche)
Thu Jan 1 01:00:02 1970      # nach   2 Sekunden
Thu Jan 1 01:00:05 1970      # nach   5 Sekunden
Thu Jan 1 01:00:12 1970      # nach  12 Sekunden
```

Im Listenkontext gibt `localtime` Zahlenwerte als Liste in folgender Reihenfolge aus: Sekunden, Minuten, Stunden, Tag (0..31), Monat (0..11), Jahreszahl (minus 1900), Wochentag (0..6), Tag im Jahr (0..365), DST (Daylight Saving Time). Das heißt bei Sommerzeit wird der Wahrheitswert `true` zurückgeliefert:

```perl
#!/usr/bin/perl -w

@date = localtime;
print "Als Listenkontext: @date";
# Als Listenkontext: 10 47 21 9 4 103 5 128 1
```

Um die Rückgabewerte der Funktion `localtime()` lesbarer zu gestalten, sind folgende Zuweisungen getroffen worden:

```perl
#!/usr/bin/perl -w

$aktuell = time;
($sek, $min, $std, $tag, $mon, $jahr, $wt, $jtag, $sn)
      = localtime ($aktuell);
print "

Sekunden:              $sek
Minuten:               $min
Stunden:               $std
Tag im Monat:          $tag
Monat:                 $mon
Jahreszahl:            $jahr
Wochentag:             $wt
Jahrestag:             $jtag\n";
if ($sn) {print "Sommerzeit\n";} else {print "Normalzeit\n";}
```

Die Ausgabe der einzelnen Elemente von localtime beziehen sich weiterhin auf die vergangene Zeit von 1_052_509_630 Sekunden.

Die Ausgabe ist:

```
Sekunden:    10
Minuten:     47
Stunden:     21
Tag im Monat:        9
Monat:       5
Jahreszahl: 103
Wochentag:   5
Jahrestag:  128
Sommerzeit
```

Bei dieser Ausgabe müssen Sie berücksichtigen, dass die Werte für Sekunden, Minuten, Stunden, Monat beginnend mit 0 zurückgegeben werden, während der Tag im Monat sowie der Wochentag mit der Zählung von 1 beginnt.

Das Jahr wird als Wert seit dem Jahr 1900 zurückgegeben. Sie erhalten die tatsächliche Jahreszahl 2003, indem Sie zum obigen Ausgabewert Jahreszahl 103 den Offset 1900 addieren.

Die Funktion gmtime()
gmtime [*sekunden*]

Die Funktion gmtime() konvergiert die Zeit, die von time geliefert wird, in Greenwich Mean Time (GMT) als Zeitzone, und zwar in ($sek, $min, $std, $tag, $mon, $jahr, $wt, $jtag, $dst). Sie entspricht der Funktion localtime().

Die Funktion `timelocal()`
`timelocal` *datumsliste*

Mit dieser Funktion (aus dem Package **Time::Local**) können Sie ein beliebiges Datum in Listenform wieder in Sekunden bis zum 01.01.1970 zurückrechnen. Die Liste enthält sechs Elemente, die denen der Rückgabewerte der Funktion `localtime()` entsprechen – sie sind die Umkehrfunktion von `localtime`.

Berücksichtigen Sie beim Einsatz der Funktion `timelocal()`, dass alle sechs Variablen als Listen-Elemente übergeben werden, obwohl Sie nicht allen Variablen Werte zuweisen müssen:

```perl
#!/usr/bin/perl -w

use Time::Local;

$sek = 10;        # Sekunden
$min = 47;        # Minuten
$std = 21;        # Stunden

$diff_jahr = 2003 - 1900;   # 103
$datum = "9 4 $diff_jahr";

($tag, $mon, $jahr) = split / /, $datum;
@date = ($sek, $min, $std, $tag, $mon, $jahr);
$zeit = timelocal @date;
# Sekunden vom 01.01.1970
print "Die Zeit in Sekunden: $zeit \n";
# Die Zeit in Sekunden: 1_052_509_630
$aktuell = localtime $zeit;
# Argument von localtime ist 1_052_509_630 Sek
print "Das entspricht dem Datum: $aktuell\n";
```

Die Ausgabe ist:

```
Die Zeit in Sekunden: 1052509630
Das entspricht dem Datum: Fri May 9 21:47:10 2003
```

Die Funktion `timegm()`
`timegm` *datumsliste*

Die Funktion `timegm()` arbeitet entsprechend, d. h. es erfolgt eine Umrechnung der Listenform von Datum/Uhrzeit in Sekunden nach dem 01.01.1970, aber diesmal in Greenwich Mean Time (GMT).

11.1   Datumsberechnungen mit dem Modul Date::Calc

Neben den Standardfunktionen bietet Perl mit seinem Modul **Date::Calc** eine weitere Möglichkeit zur Datumsberechnung an. Mehr als 45 Funktionen mit Daten des Gregorianischen Kalenders stehen gemäß ISO/R 2015-1971 und DIN 1355 zur Verfügung. Bei der Übergabe von Parametern wird bei einer eventuellen Zählung mit dem Wert 1 begonnen.

Mit den vorhandenen Funktionen des Moduls **Date::Calc** können Sie fast spielerisch ein beliebiges Zeitszenario entwickeln.

Im folgenden Beispiel werden Datumswerte einer Auftragsabwicklung dargestellt, und zwar vom Zeitpunkt der Projektvorstellung bis zum Zeitpunkt der Projektabgabe. Die benötigten Funktionen werden explizit in den qw-Klammern einzeln angegeben. Mit **use Date::Calc** bzw. qw(:all) können Sie alle vorhandenen Funktionen importieren. Im Anschluss daran werden die verwendeten verschachtelten Funktionen näher erläutert.

Bei diesem Programm sind als skalare Ausgangsgrößen nur die String-Variablen $vorstellung = "8 August 2003" und $abgabe = "22 November 2001" sowie die skalare Offsetgröße $offset = 14 (Zeitraum in Tagen zur Auftragserteilung) definiert. Der aktuelle Zeitpunkt (Today) ist der 9. Mai 2003. Dabei wird das Datum in der europäischen Reihenfolge **Tag Monat Jahr** angegeben. Zwischen diesen drei Elementen steht ein Leerzeichen. Der Monat kann entweder in Ziffern oder Buchstaben (ohne Abkürzung) dargestellt werden. Das Jahr besteht aus vier Ziffern.

Möchten Sie eventuell andere Datumswerte berechnen, brauchen Sie nur die jeweiligen Ausgangsgrößen ändern. Folgende Datumsangaben werden ausgeführt:

- Aktuelles Datum in der Überschrift.
- Ausgabe in deutscher Notation.
- Textdarstellung des Datums mit Wochentag der Projektvorstellung.
- Textdarstellung des Datums mit Wochentag der Auftragserteilung (14 Tage später).
- Textdarstellung mit Wochentag des Abgabedatums.
- Berechnung der Tage von der Auftragserteilung bis zur Abgabe.
- Bestimmung des Wochentags bei der Abgabe.
- Welcher Kalenderwoche entspricht der Abgabetag?

Das Programm sieht wie folgt aus:

```
#!/usr/bin/perl -w

use Date::Calc    qw(Today Date_to_Text_Long Decode_Date_EU
Add_Delta_Days Delta_Days Day_of_Week_to_Text Day_of_Week
Week_of_Year Decode_Month Decode_Language Language);
# bzw. use Date::Calc qw(:all);

Language(Decode_Language("Deutsch"));       # bzw."d" oder "de"
$vorstellung = "8 August 2003";             # Projektvorstellung
```

```
$abgabe = "7 November 2003";                    # Projektabgabe
($tag, $monat, $jahr) = split / /,$abgabe;
$offset = 14;                                   # Anzahl der Tage


# Überschrift
print "\n\t Aus heutiger Sicht vom ",
Date_to_Text_Long (Today),
" \n\t sieht der zeitliche Ablauf wie folgt aus:\n\n";

# Aus heutiger Sicht vom Freitag, den 9. Mai 2003
# sieht der zeitliche Ablauf wie folgt aus:

# Textdarstellung des Datums der Vorstellung
print "\n Eine Vorstellung erfolgte am  ",
Date_to_Text_Long (Decode_Date_EU ($vorstellung)), ".\n";

# Eine Vorstellung erfolgte am Freitag, den 8. August 2003.

# Textdarstellung des Datums (14 Tage später)
print "\n Der Auftrag wurde $offset Tage spaeter am ",
Date_to_Text_Long (Add_Delta_Days (Decode_Date_EU
($vorstellung),$offset)), " erteilt.\n";

# Der Auftrag wurde 14 Tage spaeter am Freitag, den 22. August
# 2003 erteilt.

# Textdarstellung des Datums der Abgabe
print "\n Die Abgabe ist am ",
Date_to_Text_Long (Decode_Date_EU ($abgabe)),".\n";

# Die Abgabe ist am Freitag, den 7. November 2003.

# Differenz in Tagen zwischen den zwei Datumsangaben
$diff = Delta_Days (Add_Delta_Days (Decode_Date_EU
($vorstellung), $offset), Decode_Date_EU ($abgabe));
print "\n Von der Auftragserteilung bis zur Abgabe sind nur
$diff Tage vergangen!\n";

# Von der Auftragserteilung bis zur Abgabe sind nur 77 Tage
# vergangen!

# Bestimmung des Wochentags
$wochentag = Day_of_Week_to_Text (Day_of_Week (Decode_Date_EU
($abgabe)));
print "\n Der $tag. war ein $wochentag.\n";
```

```
# Der 7. ist ein Freitag.

# Bestimmung der Kalenderwoche
($kw, $y) = Week_of_Year ($jahr, (Decode_Month ($monat),
$tag));
print "\n Der $tag.$monat $y war in der $kw. ";
print "Kalenderwoche.\n\n\n";

# Der 7.November 2003 ist in der 45. Kalenderwoche.
```

Die Ausgabe im MS-DOS-Fenster sieht wie folgt aus:

In den folgenden Zeilen werden die wichtigsten Funktionen näher erläutert:

Die Funktion Decode_Language()
```
$nr = Decode_Language ($str);
```

Die Funktion wandelt einen String (Name bzw. Abkürzung der vom Paket unterstützten Sprache) in eine Zahl (1..6) der entsprechenden Sprache (Deutsch = 3) um:

```
#!/usr/bin/perl -w

use Date::Calc            qw(Decode_Language);

print Decode_Language("Deutsch"),"\n";     # 3
```

Die Funktion Language_to_Text()
```
$str = Language_to_Text ($nr);
```

Die Funktion gibt den Namen der vom Paket unterstützten Sprachen zurück. Als Parameter wird die entsprechende Nummer übergeben:

```
#!/usr/bin/perl -w

use Date::Calc            qw(Language_to_Text Decode_Language);

print Language_to_Text (Decode_Language("Deutsch")),"\n";
# Deutsch
```

Die Funktion Today()
```
($jahr, $monat, $tag) = Today;
```

Die Funktion gibt das aktuelle Jahr, den Monat und den Tag der durch die Funktion System_Clock() gelieferten Werte zurück:

```
#!/usr/bin/perl -w

use Date::Calc            qw(Today);

# aktuelles Datum

($jahr, $monat, $tag) = Today;
print "$jahr $monat $tag\n";                  # 2003 5 9
```

Die Funktion Date_to_Text_Long()
```
$str = Date_to_Text_Long ($jahr, $monat, $tag);
```

Die Funktion liefert einen ausführlichen Text-String des angegebenen Datums zurück. Das aktuelle Datum (Today) ist wieder der 9. Mai 2003:

```
#!/usr/bin/perl -w

use Date::Calc    qw(Language Decode_Language Today
                     Date_to_Text_Long);

Language(Decode_Language("Deutsch"));
($jahr,$monat,$tag) = Today;          # (2003, 5, 9)
$str = Date_to_Text_Long ($jahr, $monat, $tag);
print "$str\n";
# Freitag, den 9. Mai. 2003
```

Natürlich können Sie als Parameter die Funktion Today() selbst einsetzen. Sie können auch den Variablen $jahr, $monat, $tag skalare Werte zuweisen oder die Zahlenwerte direkt einsetzen.

Die Funktion Decode_Date_EU()

```
($jahr, $monat, $tag) = Decode_Date_EU ($str);
```

Die Funktion untersucht den übergebenen String auf ein entsprechendes Datum. Hierbei soll der String in europäischer Reihenfolge **Tag Monat Jahr** angegeben werden. Zwischen den drei Elementen können entsprechende nicht-alphanumerische Zeichen stehen.

Der Monat kann entweder in Buchstaben (bzw. in eindeutiger Abkürzung) oder numerisch (zwischen 1..12) dargestellt werden:

```perl
#!/usr/bin/perl -w

use Date::Calc           qw(Language Decode_Language Today
                         Date_to_Text_Long Decode_Date_EU);
                         Language(Decode_Language("Deutsch"));

$vorstellung = "8 August 2003";
print Decode_Date_EU($vorstellung),"\n";         # 200388
print Date_to_Text_Long(Decode_Date_EU($vorstellung)),"\n";
# Freitag, den 8. August 2003
```

Um eine ausführliche Text-Darstellung zu erhalten, sollten Sie, wie die obigen Zeilen zeigen, die Funktion Date_to_Text_Long() verwenden.

Die Funktion Add_Delta_Days()

```
($jahr,$monat,$tag) = Add_Delta_Days ($jahr,$monat,$tag,$off-
set);
```

Bei dieser Funktion wird aus dem Anfangsdatum und dem Offset in Tagen das neue Datum berechnet:

```perl
#!/usr/bin/perl -w

use Date::Calc           qw(Language Decode_Language Today
                         Date_to_Text_Long
                         Decode_Date_EU Add_Delta_Days);

Language (Decode_Language ("Deutsch"));

$vorstellung = "8 August 2003";
$offset = 14;
```

```
print Add_Delta_Days (Decode_Date_EU ($vorstellung),
$offset),"\n";
# 2003822
print Date_to_Text_Long (Add_Delta_Days (Decode_Date_EU
($vorstellung), $offset)),"\n";
# Freitag, den 22. August 2003
```

Auch in diesem Beispiel wird die ausführliche Textdarstellung mit der Funktion Date_to_Text_Long() vorgenommen.

Die Funktion `Delta_Days()`
```
$diff = Delta_Days ($jahr1,$monat1,$tag1,$jahr2,$monat2,
$tag2);
```

Diese Funktion berechnet die Differenz in Tagen zwischen den beiden Datumseingaben:

```
#!/usr/bin/perl -w

use Date::Calc          qw(Delta_Days);

$jahr1 = 2003;          # erstes Datum 22.08.2003
$monat1 = 8;
$tag1 = 22;
$jahr2 = 2003;          # zweites Datum 7.11.2003
$monat2 = 11;
$tag2 = 7;


$diff = Delta_Days ($jahr1, $monat1, $tag1, $jahr2, $monat2,
$tag2);
print " Die Differenz zwischen dem $tag1.$monat1.$jahr1 und
dem $tag2.$monat2.$jahr2 ";
print "betraegt: $diff Tage.\n";
```

Die Ausgabe ist:

```
Die Differenz zwischen dem 22.8.2003 und dem 7.11.2003
betraegt: 77 Tage.
```

Mit der Funktion Delta_Days() können Sie sehr einfach die Differenz in Tagen zwischen zwei Datumseingaben (Datum 1 und Datum 2) bestimmen. So können Sie z. B. vom Referenz-Datum (Today 9.05.2003) die Anzahl der Tage bis zum Jahresende 2003 ermitteln. Für Today können Sie auch die direkten Werte (2003, 5, 9) einsetzen.

Dabei ist der Rückgabewert zwischen den beiden Datumseingaben positiv, wenn die zweite Datumseingabe (Datum 2) chronologisch nach der ersten Datumseingabe (Datum 1) liegt;

anderenfalls ist das Ergebnis negativ. Sind beide Datumseingaben identisch, wird null zurückgegeben:

```perl
#!/usr/bin/perl -w

use Date::Calc    qw(Language Decode_Language Today
                     Decode_Date_EU Date_to_Text_Long
                     Delta_Days);

Language (Decode_Language ("Deutsch"));

$jahresende = "31 Dezember 2003";
($jahr2, $monat2, $tag2) = Decode_Date_EU ($jahresende);
# 20031231
$str = Date_to_Text_Long ($jahr2, $monat2, $tag2);
# Mi, den 31. Dez. 2003
$diff = Delta_Days (Today, $jahr2, $monat2, $tag2);
# Today = (2003, 5, 9)
print "\n Bis zum $str sind es $diff Tage\n";
# Bis zum Mittwoch, den 31. Dezember 2003 sind es 236 Tage
```

Im obigen Beispiel enthält die Variable $jahresende den String "31 Dezember
2003".

Die Funktion Day_of_Week()
```perl
$nr = Day_of_Week ($jahr,$monat,$tag);
```

Die Funktion Day_of Week() gibt die Zahl des Wochentags (1–7, Montag = 1) des angegebenen Datums zurück:

```perl
#!/usr/bin/perl -w

use Date::Calc    qw(Day_of_Week);
$jahr = 2003;
$monat = 11;
$tag = 7;
print Day_of_Week ($jahr, $monat, $tag), "\n";
# 5 entspricht dem Wochentag Freitag
```

Als Ausgabe erscheint eine 5 für den Wochentag Freitag.

Die Funktion Day_of_Week_to_Text()
```perl
$str = Day_of_Week_to_Text ($nr);
```

Die Funktion gibt den Namen des Wochentags zur eingegebenen Nummer des Wochentags zurück:

```perl
#!/usr/bin/perl -w

use Date::Calc    qw(Language Decode_Language Day_of_Week
                     Day_of_Week_to_Text);

Language (Decode_Language ("Deutsch"));

$jahr = 2003;
$monat = 11;
$tag = 7;
print Day_of_Week_to_Text (Day_of_Week ($jahr, $monat, $tag));
# Freitag
```

Im obigen Beispiel wird `Freitag` ausgegeben.

Die Funktion Week_of_Year()
```perl
($kw,$jahr) = Week_of_Year ($jahr,$monat,$tag);
```

Möchten Sie z. B. die Kalenderwoche eines Datums bestimmen, verwenden Sie die Funktion `Week_of_Year()`. Als Parameter übergeben Sie das entsprechende Datum. Die Funktion `Week_of_Year()` berechnet die Nummer der Woche `$kw` und das Jahr `$jahr` des entsprechenden Datums:

```perl
#!/usr/bin/perl -w

use Date::Calc        qw(Week_of_Year Language
                         Decode_Language);

Language (Decode_Language ("Deutsch"));
$jahr = 2003;
$monat = 11;
$tag = 7;
($kw, $jahr) = Week_of_Year ($jahr, $monat, $tag);
print "\n Der $tag.$monat.$jahr ist die $kw. Kalenderwoche\n";
# Der 7.11.2003 ist die 45. Kalenderwoche
```

Die Ausgabe ist:

```
Der 7.11.2003 ist die 45. Kalenderwoche
```

Die Funktion Decode_Month()
```perl
$nr = Decode_Month ($str);
```

Diese Funktion wandelt einen Monats-String in die entsprechende Monats-Nummer (1..12) um.

Wie im obigen Programm "Auftragsabwicklung" wurde die Funktion `Decode_Month()` eingesetzt, um den String November, der durch die `split`-Funktion erzeugt wurde, in eine Zahl umzuwandeln. Dieser skalare Wert wurde als Parameter für die Funktion `Week_of_Year()` benötigt:

```perl
#!/usr/bin/perl -w

use Date::Calc           qw(Decode_Month Week_of_Year Language
                            Decode_Language);

Language (Decode_Language ("Deutsch"));

$jahr = 2003;
$monat = "November";
$tag = 7;
$nr = Decode_Month ($monat);          # nr = 11
($kw, $jahr) = Week_of_Year ($jahr, $nr, $tag);
print "\n Der $tag.$monat $jahr ist die $kw. Kalenderwoche\n";
# Der 7. November 2001 ist die 45. Kalenderwoche
```

Die Ausgabe ist:

```
Der 7. November 2003 ist die 45. Kalenderwoche.
```

Die Funktion `Calendar()`
```perl
$str = Calendar ($jahr,$monat);
```

Perl bietet in seinem Modul **Date::Calc** auch die Ausgabe eines Kalenders durch die Funktion `Calendar()` an. Diese Funktion gibt einen Kalender des angegebenen Monats für das entsprechende Jahr zurück.

Im folgenden Beispiel wird die Funktion `Calendar()` für die Ausgabe eines Kalenders des ersten Quartals 2004 eingesetzt.

Die Anweisung zur Funktion `Calandar()` lautet: `$str = Calendar ($jahr, $monat)`. Für den Parameter `$jahr` wird in diesem Beispiel das Jahr `2004`, für `$monat` der Wertebereich `1..3` der Monate Januar bis März eingesetzt. Mit den geschachtelten Funktionen `Language (Decode_Language ("Deutsch"))` erfolgt eine Notation in deutscher Sprache.

Dadurch erfolgt die Ausgabe in dieser Sprache:

```perl
#!/usr/bin/perl -w

use Date::Calc          qw(Calendar Language Decode_Language);

Language (Decode_Language ("Deutsch"));

$jahr = 2004;
@quartal = 1..3;          # Quartal Januar bis Maerz
foreach (@quartal) {
     $monat = $_;
     $str = Calendar ($jahr, $monat);
     print $str;              # Ausgabe in Deutsch
}
```

Die Ausgabe des ersten Quartals des Jahres 2004 wird exemplarisch am Monat Februar dargestellt:

```
                    Februar   2004

     Mon    Die    Mit    Don    Fre    Sam    Son
                                                1
     2      3      4      5      6      7      8
     9      10     11     12     13     14     15
     16     17     18     19     20     21     22
     23     24     25     26     27     28     29
```

Die Funktion Days_in_Month()
$nr = Days_in_Month ($jahr,$monat);
Möchten Sie zum Beispiel die Anzahl der Tage des Monats Februar vom Jahr 2004 ausgeben, verwenden Sie hierzu die Funktion Days_in_Month(). Als Parameterwerte werden für ($jahr,$monat) die Werte (2004, 2) erwartet. Da im obigen Programm der Parameter für den Monat aber als String vorhanden ist und nicht als Monats-Wert 12, wird durch den Einsatz der Funktion Decode_Month() der String in eine Zahl umgewandelt:

```perl
#!/usr/bin/perl -w

use Date::Calc          qw(Days_in_Month Decode_Month
                           Language Decode_Language);
Language (Decode_Language ("Deutsch"));

$jahr = 2004;
$monat = "Februar";
$nr = Days_in_Month ($jahr, (Decode_Month ($monat)));
print "\n Der Monat $monat im Jahr $jahr hat $nr Tage.\n";
# Der Monat Februar im Jahr 2004 hat 29 Tage.
```

Die Ausgabe ist:

```
Der Monat Februar im Jahr 2004 hat 29 Tage.
```

An diesen praktischen Beispielen sehen Sie, wie einfach es ist, in Perl eine Datumsberechnung unter Verwendung von Modulen auszuführen.

In Perl stehen noch weitere Module für die Datumsberechnung zur Verfügung, z. B. **Date::Format** (konvertiert Zeitangaben in ASCII-Zeichenketten), **Date::Parse** (Gegensatz zu **Date::Format**), **Date::Manip** (mehr als 20 Funktionen zur Vereinfachung von Datums- und Zeitangaben), um nur einige zu nennen.

11.2   Verwendete Funktionen

In der folgenden Tabelle werden die wichtigsten Funktionen aus diesem Kapitel nochmals erläutert.

Tabelle 11.2: Verwendete Funktionen

Funktion	Bedeutung
time()	Gibt die Anzahl der Sekunden seit dem 1. Januar 1970 (Epoche) UTC zurück
localtime()	Wandelt Epoche-Sekunden in Datums-Werte
timelocal()	Wandelt Datums-Werte in Epoche-Sekunden
Decode_Language()	Wandelt den String einer Sprache in eine Zahl
Language_to_Text()	Entspricht der jeweiligen Sprache
Today()	Gibt die aktuelle Zeit zurück
Date_to_Text_Long()	Gibt eine Textdarstellung des Datums zurück
Decode_Date_EU()	Wandelt einen String ins jeweilige Datum
Add_Delta_Days()	End-Datum = Anfangsdatum + Offset
Delta_Days()	Differenz in Tagen Anfangsdatum bis Enddatum
Day_of_Week()	Wert des Wochentags
Day_of_Week_to_Text()	Name zum Wert des Wochentags
Week_of_Year()	Wert der Wochenzahl vom Jahr
Decode_Month()	Wandelt einen String in einen Monatswert
Calendar()	Gibt einen Kalender des Monats zurück
Days_in_Month()	Gibt die Anzahl der Tage des Monats zurück

12 Formate

Formate zählten mit zu den ersten Konstrukten von Perl. Mit Formaten (Reports) lässt sich die Gestaltung von textbasierten Ausgaben im Sinne des Akronyms von Perl (Praktische Extraktions- und Reportsprache) vornehmen. Formate können wie Funktionen und Pakete an jedem Punkt im Programm stehen. Formate besitzen ihren eigenen Namensraum. Das bedeutet, dass ein Format DATEI, ein Datei-Handle DATEI und eine Datei DATEI unabhängig voneinander sind.

Wie in FORTRAN lässt sich auch mit Perl auf jeder Seite ein definiertes Format zum Beispiel für Spaltenüberschriften, Textzeilen usw. ausgeben. Auch **format** zur Deklaration und **write** zur Ausgabe sind die gleichen Schlüsselwörter wie bei FORTRAN.

Vor allem für übersichtliche Präsentationen von Tabellen und Textausgaben ist der Einsatz von Formaten besser geeignet als die Ausgabe durch die print-Anweisung. Mit Hilfe von Formaten können Sie eine spezielle Schablone (Template) erstellen, die festlegt, wie Ihre Ausgabe aussehen soll. Eine Schablone beginnt mit dem Schlüsselwort format. Es folgt der Name sowie eine Anordnung von Format- und Argument-Zeilen.

Format-Zeilen können aus normalem Text und etwaigen speziellen Zeichen Platzhaltern bestehen. In einer neuen Zeile folgen in gleicher Reihenfolge wie die Zeichen-Platzhalter die entsprechenden Argumente, d. h. die Variablen. Zeichen-Platzhalter geben mit ihren entsprechenden Symbolen Größe und Position an. In der folgenden Zeile werden sie durch die entsprechenden Variablen-Werte ersetzt. Die Variablen werden in der Argument-Zeile als Liste – durch Kommas getrennt – spezifiziert. Erstreckt sich die Liste über mehrere Zeilen, ist sie in geschweifte Klammern zu setzen.

Danach wird das Format mit einem Punkt am Anfang einer neuen einzelnen Zeile beendet.

Hier ein Beispiel einer Schablone mit Format-Zeile aus normalem Text und Zeichen-Platzhaltern sowie nachfolgender Argument-Zeile mit ihren Variablen:

```
#!/usr/bin/perl -w

format STDOUT =

@|||||||||||||||||||||||||||||||||||||||||||||||||||||
'Format-Beispiel:'

Die Programmiersprache @<<< erlaubt die Ausgabe von @<<<<<<!
```

```
                $name,                              $format
   .

$name = 'Perl';
$format = 'Formaten';
write STDOUT;
```

Die Ausgabe des obigen Formats sieht wie folgt aus:

```
                Format-Beispiel:
Die Programmiersprache Perl erlaubt die Ausgabe von Formaten!
```

Die Schablone wird im obigen Programm mit dem Schlüsselwort `format` eingeleitet, gefolgt vom Standardnamen `STDOUT` und einem Gleichheitszeichen. Wie bereits gesagt, verfügt der Formatname über seinen eigenen Namensraum. Wird der Name weggelassen, wird `format` über `STDOUT` definiert.

Anschließend erfolgt die Formatierung der Schablone. Sie besteht in der ersten Zeile aus dem Zeichen-Platzhalter @| |, der ein zentriertes Feld ausgibt. Dann folgt die Argument-Zeile, die hier aus einem normalen Text (Format-Beispiel:) besteht, der aber zentriert ausgegeben werden soll.

Eine weitere Zeile besteht aus Text und Zeichen-Platzhaltern @<<. Die nächste Zeile – die Argument-Zeile – enthält, durch Komma getrennt, die entsprechenden Variablen: $name (für den ersten Zeichen-Platzhalter) und $format (für den zweiten Zeichen-Platzhalter). Zur besseren Übersicht stehen sie an der gleichen Position wie ihre Platzhalter. Das Format endet mit einem Punkt am Anfang einer neuen Zeile.

Getrennt von der Schablone werden anschließend die Variablen definiert, deren Werte anstelle der Zeichen-Platzhalter eingesetzt werden. An der Stelle des ersten Zeichen-Platzhalters wird die Variable $name, nämlich "Perl", eingesetzt, an der Stelle des zweiten Zeichen-Platzhalters die Variable $format, nämlich "Formaten".

Zur Ausgabe des Formats wird die `write`-Funktion eingesetzt. Beachten Sie, dass der Name des Formats mit dem des Datei-Handles, an das die Ausgabe erfolgt, übereinstimmen muss. In dem obigen Beispiel wird das Format mit der Funktion `write()` über `STDOUT` auf dem Bildschirm ausgegeben.

Es gibt nun verschiedene Arten von Zeichen-Platzhaltern.

12.1 Textfelder

In den meisten Fällen beginnt jedes zu ersetzende Feld des Zeichen-Platzhalters mit einem @-Zeichen. Die dem @ folgenden Zeichen geben den Typ an, die Anzahl der Zeichen (einschließlich @-Zeichen) legen die Breite des Ausgabefeldes fest. Das @-Zeichen ist nicht mit dem Array-Symbol zu verwechseln.

Folgende Zeichensymbole sind möglich:

Verwenden Sie nach dem @-Zeichen linke spitze Klammern <<<, erhalten Sie ein linksbündig ausgerichtetes Feld. Es wird nach rechts mit Leerzeichen aufgefüllt, wenn der Variablen-Wert weniger Zeichen hat als die vorgesehene Feldbreite. Überschreitet der Variablen-Wert die spezifizierte Feldbreite, wird der Rest automatisch abgeschnitten.

Verwenden Sie nach dem @-Zeichen rechte spitze Klammern >>>, erhalten Sie ein rechtsbündig ausgerichtetes Feld. Hier wird nach links mit Leerzeichen aufgefüllt, wenn der Variablen-Wert weniger Zeichen hat als die vorgesehene Feldbreite. Ist der Variablen-Wert länger als die vorgesehene Feldbreite, wird auch hier der Rest automatisch abgeschnitten.

Ein weiterer Typ (Pipe-Symbol) sind die dem @-Zeichen folgenden senkrechten Striche

|||. Mit diesen erhalten Sie ein zentriertes Feld. Ist der Variablen-Wert kürzer als die Feldbreite, wird auf beiden Seiten des Zeichen-Platzhalters aufgefüllt, so dass der Wert zentriert im Feld steht.

12.2 Numerische Felder

Zeichen zur Ausgabe von Zahlen sind die numerischen Felder mit fester Stellenanzahl. Diese Felder beginnen ebenfalls mit einem @-Zeichen und den entsprechenden #-Zeichen. Durch Einfügen eines Punkts zwischen den einzelnen Gattern können Sie Kommazahlen gerundet ausgeben. Ohne Punkt werden sie zu Ganzzahlen gerundet.

Bei allen beschriebenen Zeichen-Platzhaltern wird das @-Zeichen mit zur Feldbreite gezählt.

Im folgenden einfachen Beispiel einer Zugverbindung werden die oben genannten Felder verwendet:

```
!#/usr/bin/perl -w

format STDOUT =

@||||||||||||||||||||||||||||||||||||||||||||||||||||||||||
'Zugverbindung'

Von:  @<<<<<<<<<<<<<            Nach: @>>>>>>>>>>>>>
```

```
        $von,                        $nach,

Ab:     @#.##                An:     @#.##
        $ab,                         $an,
Gleis:      @##              km:     @###          Zug:@>>@####
            $gleis,                  $km,               $zug,$nr,

Preis:      @###.## EUR
            $preis
```

```
$von = 'Landshut';
$nach = 'Regensburg';
$ab = 7.35;
$an = 8.16;
$gleis = 5;
$km = 61;
$zug = 'IR';
$nr = 2640;
$preis = 21;

write;
```

Die Ausgabe ist:

```
                    Zugverbindung

Von:   Landshut                Nach: Regensburg
Ab:       7.35                 An:    8.16
Gleis:  5                      km:    61     Zug: IR 2640
Preis:  21.00 EUR
```

Die Textfelder werden rechtsbündig, linksbündig oder zentriert in das entsprechende Feld eingepasst. Ist der Text zu kurz, wird er mit Leerzeichen aufgefüllt. Ist er zu lang, wird er abgeschnitten. Bei numerischen Feldern können Sie nach dem Dezimalpunkt angeben, wie viele Stellen hinter dem Komma stehen sollen. Das Format endet mit einem Punkt am Anfang einer neuen Zeile. Wenn Sie **use strict** verwenden, müssen die Variablen mit my deklariert werden.

12.3   Füll-Felder

Um Textfelder über mehrere Zeilen darzustellen, ist das Karet-Zeichen ^ statt des @-Zeichens vor den Zeichen-Platzhaltern <, > oder | zu setzen. Es wird nur soviel Text-String der skalaren Variablen in Form von Wörtern ausgegeben, wie in einer Text-Zeile an Platz vorgesehen ist. Die übrig gebliebenen Wörter des Text-Strings werden dann in einer weiteren Zeile untergebracht usw. Hier wird nicht wie in Textfeldern der Text an den Feldgrenzen gekappt, sondern entschieden, ob das Wort mit seiner Länge noch in die jeweilige Text-Zeile hineinpasst oder eine neue Text-Zeile benötigt wird. Der entsprechende Text für ein Füll-Feld muss eine skalare Variable sein.

Das folgende Beispiel ist ein bewährtes Hausmittel gegen Schnupfen:

```perl
#!/usr/bin/perl -w

$name = 'Thymus vulgaris';

$text = 'Ein Teeloefel des Thymian-Krauts wird
mit einer Tasse kochendem Wasser uebergossen.
Man laesst den Tee kurz ziehen und trinkt ihn warm.';

write;

format STDOUT =

@|||||||||||||||||||||||||||||||||||||||||||||
'Schnupfenmittel:'

Name: @<<<<<<<<<<<<         Anwendung: ^<<<<<<<<<<<<<<<<<<
      $name,                           $text
                                     ^<<<<<<<<<<<<<<<<<<
                                       $text
                                     ^<<<<<<<<<<<<<<<<<<
                                       $text
                                     ^<<<<<<<<<<<<<<<<<<
                                       $text
                                     ^<<<<<<<<<<<<<<<<<<
                                       $text
                                     ^<<<<<<<<<<<<<<<<<<
                                       $text
                                     ^<<<<<<<<<<<<<<<<<<
                                       $text
                                     ^<<<<<<<<<<<<<<<<<<
                                       $text
```

Die Ausgabe ist:

```
Schnupfenmittel:
Name: Thymus vulgaris    Anwendung:  Ein Teeloeffel des
                                     Thymian-Krauts wird
                                     mit einer Tasse
                                     kochendem Wasser
                                     uebergossen. Man
                                     laesst den Tee kurz
                                     ziehen und trinkt
                                     ihn warm.
```

Zunächst wird der Text "Schnupfenmittel:" zentriert ausgegeben. Danach folgt die Ausgabe: "Name: Thymus vulgaris". Für die Ausgabe der Anwendung stehen der skalaren Variablen $text ein Füll-Feld bestehend aus acht Text-Zeilen mit jeweils neunzehn Zeichen-Platzhaltern zur Verfügung.

Die erste Textzeile wird mit den Wörtern "Ein Teeloeffel des" gefüllt. Die restlichen Wörter des Text-Strings der Variablen $text passen in diese Text-Zeile nicht mehr hinein und müssen auf die restlichen Text-Zeilen aufgeteilt werden.

Diese Art der Ausgabe hat folgende Nachteile:

Um den Text unterzubringen, müssen Sie für den entsprechenden Platz im Füll-Feld selbst sorgen. Es werden die Text-Zeilen des Text-Strings nur solange mit Wörtern gefüllt, wie Wörter hineinpassen. Kann der verbleibende Rest von Wörtern des Text-Strings nicht mehr untergebracht werden, da keine Text-Zeilen mehr vorhanden sind, wird dieser nicht ausgegeben.

Haben Sie nun zu viele Text-Zeilen beim Füll-Feld für ihren Text-String vorgesehen, werden die nicht benötigten Text-Zeilen als Leer-Strings ausgegeben. Möchten Sie dies verhindern, setzen Sie am Anfang Ihrer Text-Zeile ein Tilde-Zeichen ~ . Mit Tilde (wird nicht ausgegeben) unterdrücken Sie die leeren, nicht benötigten Text-Zeilen.

Möchten Sie sich nicht um die Anzahl der benötigten Text-Zeilen sowie um die Ausgabe der Leer-Strings kümmern, setzen Sie zwei aufeinander folgende Tilden an den Anfang einer Text-Zeile. Dies hat zur Folge, dass diese Zeile jedes Mal solange wiederholt wird, bis eine vollständig leere Text-Zeile entsteht (die nicht ausgegeben wird).

Das obige Beispiel wird jetzt mit der doppelten Tilde dargestellt:

```
#!/usr/bin/perl -w

$name = 'Thymus vulgaris';

$text = 'Ein Teeloeffel des Thymian-Krauts wird
mit einer Tasse kochendem Wasser uebergossen.
Man laesst den Tee kurz ziehen und trinkt ihn warm.';
```

```
write;
format STDOUT=

@|||||||||||||||||||||||||||||||||||||||||||||
'Schnupfenmittel:'

Name: @<<<<<<<<<<<<         Anwendung: ^<<<<<<<<<<<<<<<<<
      $name,                          $text
~~                                   ^<<<<<<<<<<<<<<<<<
                                      $text

.
```

Wie Sie im MS-DOS Fenster sehen, erzielen Sie mit der doppelten Tilde das gleiche Ergebnis.

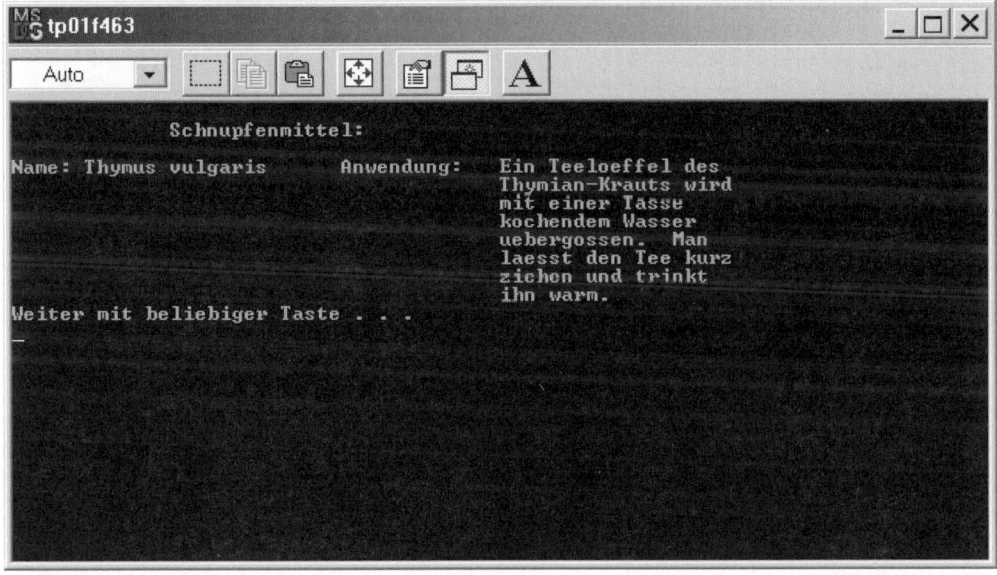

12.4   Seitenkopf-Format

Perl erlaubt neben dem normalen Rumpf-Format, das die entsprechenden Daten enthält, ein
weiteres Format, das Seitenkopf-Format (Top-of-Page-Format), das am Anfang einer jeden
neuen Seite angezeigt wird. Für beide Formate werden die entsprechenden Format-Variablen
mit aktuellen Daten versehen und lassen sich mit der Funktion write() ausgeben. Sie
können einem Datei-Handle zugewiesen werden.

Beide Formate werden dann automatisch durch den Report-Generator, der eine seitenorientierte Ausgabe erzeugt, ausgegeben.

Der Name des Seitenkopf-Formats wird genau wie das Datei-Handle mit nachfolgendem _TOP (ganz und in Großbuchstaben) angegeben.

Das nachfolgende Programm gibt Informationen über ein Hotel wieder und wird als Datei mit dem Namen Hotel im Verzeichnis Perl abgelegt:

```perl
#!/usr/bin/perl -w

# Seitenkopf-Format

format STDOUT_TOP =

==========================================================
Seite @<<         Hotel-Beschreibung        @>>>>>>>>>
      $%,                                    $datum
==========================================================

.

# Rumpf-Format

format STDOUT =

Hotel:        @<<<<<<<<<<<<<<<<<<<<<<
              $name

Strasse:      @<<<<<<<<<<<<<<<<<<<<<<
              $strasse,

Ort:          @<<<<<<<<<<<<<<<<<<<<<<
              $ort,

Tel:          @<<<<<<<<<<<<<<<<<<<<<<
              $tel,
Fax:          @<<<<<<<<<<<<<<<<<<<<<<
              $fax,

Preis:        @###.##EUR
              $preis,

Information:     @<<<<<<<<<<<<<<<<<<<<<<<<<<<<
                 $www
```

```
Besonderheiten:

~~              ^<<<<<<<<<<<<<<<<<<<<<<<<<<<<<<<<<<<<
                $besonderes
.


# Variablen

$datum      = 'Juli 2003';
$name       = 'Grand Hotel Le Golfe';
$strasse    = 'Allee de Collioure';
$ort        = '66700 Argeles';
$tel        = '04 68 81 08 33';
$fax        = '04 68 81 69 49';
$preis      = 267.00;
$www        = 'www.argeles-sur-mer.com';
$besonderes =
'Am Waldrand gelegen, mit fantastischem Blick,
in der Naehe der Golf- und Tennisplaetze,
offeriert Spezialitaeten.';

$dir = "C:/Eigene Dateien/Perl/Hotel";
open(STDOUT,">$dir") or die "Fehler beim Schreiben: $!";


# Ausgabe

write(STDOUT);
```

Die erste Seite sieht wie folgt aus:

```
=============================================
Seite 1      Hotel-Beschreibung     Juli 2003
=============================================
Hotel:          Grand Hotel Le Golfe
Strasse:        Allee de Collioure
Ort:            66700 Argeles
Tel:            04 68 81 08 33
Fax:            04 68 81 69 49
Preis:          267.00 EUR
Information:    www.argeles-sur-mer.com
Besonderheiten:
                Am Waldrand gelegen, mit
                fantastischem Blick, in der Naehe
                der Golf- und Tennisplaetze,
                offeriert Spezialitaeten.
```

Format-Variablen

Im Seitenkopf-Format ist die Format-Variable `$%` für die aktuelle Seitennummer verwendet worden. Es gibt eine Reihe weiterer Format-Variablen, die in der folgenden Tabelle aufgelistet sind.

Tabelle 12.4: Format-Variablen

Variable	Bedeutung	Alternative (use English)
`$%`	Aktuelle Seitennummer	`$FORMAT_PAGE_NUMBER`
`$~`	Report-Format Name	`$FORMAT_NAME`
`$-`	Verbleibende Zeilen je Seite	`$FORMAT_LINES_LEFT`
`$=`	Maximale Zeilen je Seite	`$FORMAT_LINES_PER_PAGE`
`$:`	Zeilenumbruch	`$FORMAT_LINE_BREAK_CHARACTERS`
`$^`	Name des Seitenkopf-Formats	`$FORMAT_TOP_NAME`
`$^L`	Seitenvorschub Variable	`$FORMAT_FORMFEED`

12.5   Formatierte Ausgaben

Sie können mit Perl ähnlich wie in C/C++ Ihre Ausgabe formatieren. Die Funktionen `printf()` und `sprintf()` ermöglichen eine formatierte Ausgabe von Werten. Formatierte Zahlen oder Strings werden nach angegebenen Mustern ausgegeben; diese lassen sich weitgehend variieren. Beide Funktionen benutzen die gleiche Formatsyntax. Sie unterscheiden sich in der Ausgabe.

Die Funktion `printf()`
`printf` *[dateihandle] format, liste*

Die Funktion `sprinf()`
`sprintf` *format, liste*

Die Funktion `printf()` gibt sofort das Ergebnis über STDOUT auf den Bildschirm aus, während die Funktion `sprintf()` einen formatierten String nicht ausgibt, sondern ihn in eine skalare Variable schreibt.

Wie in der C-Funktion wird sowohl bei `printf` als auch bei `sprintf` als erster Parameter *format* der Formatstring angegeben. Dieser legt fest, wie die nachfolgenden Parameter in der *liste* ausgegeben werden. Eine Formatanweisung beginnt immer mit einem %-Zeichen. Anschließend kann optional die Feldbreite mit Buchstaben und eine links- oder rechtsbündige Ausgabe folgen.

Bei Gleitpunktzahlen kann die Anzahl der Ziffern vor oder hinter dem Dezimalpunkt festgelegt werden (auch in Exponentenschreibweise).

Ein Formatierer wandelt Zahlen des Dezimalsystems durch %x und %X in hexadezimale Zahlen um.

Strings lassen sich mit %s entweder linksbündig (Minus-Zeichen mit Feldbreite) oder rechtsbündig (Plus-Zeichen mit Feldbreite) einpassen.

Die wichtigsten Formatanweisungen sind in der folgenden Tabelle zusammengefasst.

Tabelle 12.5: Formatanweisungen

Format	Bedeutung
%c	Zeichen (Char) im ASCII-Code
%s	String
%d	Zahl in Dezimaldarstellung
%u	Unsigned Integer, Dezimal
%o	Unsigned Integer, Oktal
%x	Unsigned Integer, Hexadezimal
%e	Exp.Darstellung
%E	Wie %e
%f	Gleitkommazahl, Festpunktdarstellung
%g	Gleitkommazahl in %e oder %f

Im folgenden Beispiel werden mit der Funktion printf() die Variablen in den verschieden Formaten ausgegeben. Die Feldbreite der Ausgabe ist zwölf Zeichen lang. Zwei Stellen der Gleitpunkzahl sollen als Nachkommastelle verwendet werden. Die Ausgabe erfolgt linksbündig bzw. rechtsbündig:

```
#!/usr/bin/perl -w

$name = "string";
$konst = 4711;
$pi = 3.14159;
$oktal = 36;

printf ("\nAusgabe der Variablen \n\n");
printf ("String linksb.   : %-12s\n",$name);
printf ("String rechtsb. : % 12s\n",$name);
printf ("Integer linksb. : %-12d\n",$konst);
printf ("Integer rechtsb.: % 12d\n",$konst);
printf ("Gleitpunkt : %f\n",$pi);
printf ("Gleitpunkt als Exp. : %E\n",$pi);
printf ("Gleitpunkt linksb.  : %-10.2f\n",$pi);
printf ("Gleitpunkt rechtsb. : %10.2f\n",$pi);
printf ("Gleitpunkt oktal linksb. : %-12o\n",$oktal);
```

```
printf ("Gleitpunkt oktal rechts. : %12o\n",$oktal);
printf ("\n\n\n");
```

Die Ausgabe sieht wie folgt aus:

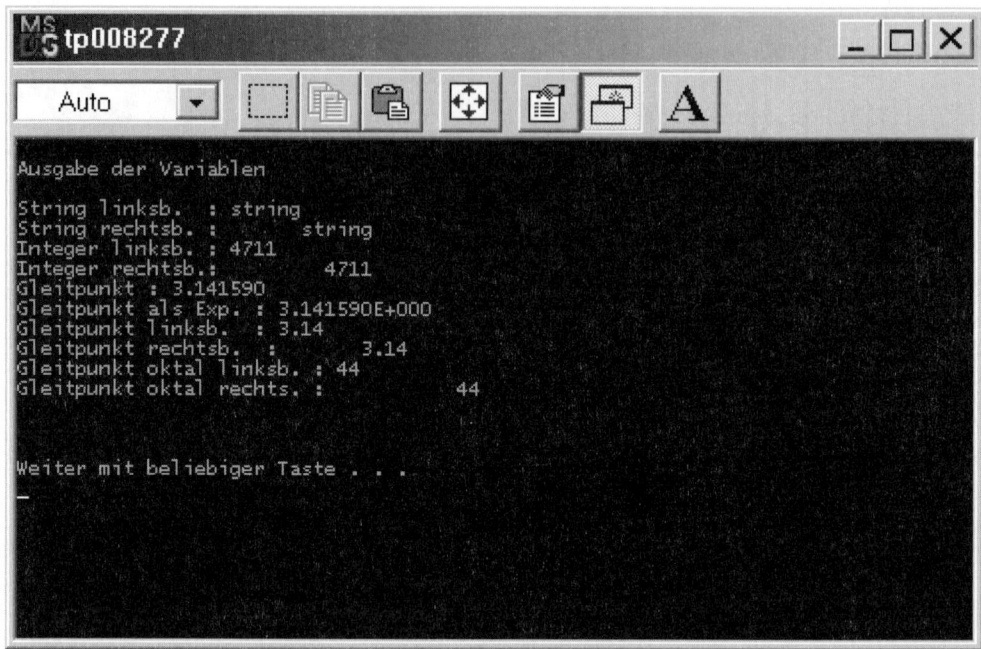

12.6   Verwendete Funktionen

In der folgenden Tabelle werden die wichtigsten Funktionen aus diesem Kapitel nochmals
erkäutert.

Tabelle 12.6: Verwendete Funktionen

Funktion	Bedeutung
format()	Reportgenerator
open()	Öffnet eine Datei und assoziiert sie mit Dateihandle
close()	Schließt die mit dem Dateihandle assoziierte Datei
write()	Ausgabe des Datensatz in den Reportgenerator
printf()	Gibt Elemente der Liste aus und wandelt sie bei Bedarf in Strings um

13 Reguläre Ausdrücke

Eine der großen Stärken von Perl sind die regulären Ausdrücke. Wenn Sie sich mit der Thematik von Modellen wie endliche Automaten (Sichtweise Sprachverarbeitung) befasst haben, ob nun deterministische oder nichtdeterministische Automaten, dann sind Sie auch mit der Problematik von Definition, Erkennung und Verwendung von Mustern vertraut, die sich durch sogenannte formale Sprachen beschreiben lassen. Reguläre Ausdrücke lassen sich durch eine Klasse der formalen Sprachen (die sogenannten einseitig linearen oder regulären Sprachen) charakterisieren.

Ein regulärer Ausdruck ist seiner Form nach entweder ein **DFA** (**D**eterministischer **F**initer **A**utomat) – textgesteuert – oder ein **NFA** (**N**icht **D**eterministischer **F**initer **A**utomat) – regexgesteuert (regex = regular expressions).

Beim textgesteuerten **DFA** wird nur dann ein Fortschreiten von Zeichen im String erreicht, wenn eine Übereinstimmung und somit ein Treffer mit dem regulären Ausdruck vorliegt. Nach jedem Fortschreiten der Zeichen wird eine Liste der möglichen Treffer neu formuliert. Dieses bewirkt, dass der Automat beispielsweise bei vorliegenden Alternativen weiß, welche Alternativen bezüglich Treffer nicht mehr in Frage kommen. Je mehr Zeichen ein String hat, um so mehr werden ausgesondert, bis eine passende Alternative vorliegt.

Der **DFA**-Automat wird von jedem Zeichen des Strings gesteuert und gilt somit als textgesteuert.

Reguläre Ausdrücke in Perl basieren auf **NFA**. Beim **NFA**-Automat wird jedes Element des regulären Ausdrucks auf Übereinstimmung mit dem Ziel-String (Element für Element) überprüft. Beim Überprüfen von Alternativen wird das Prinzip des Backtracking praktiziert: Wie im Irrgarten wird, wenn es nicht mehr weitergeht, entsprechend zurückgegangen und eine neue Alternative ausprobiert. Der **NFA**-Automat weiß, wohin er zurückkehren muss, um eine neue Alternative auszuprobieren, bis ein Treffer gefunden wird. Somit wird der Automat vom Regex kontrolliert. Durch dieses Vorgehen erlaubt Perl – wie in diesem Kapitel noch beschrieben wird – z. B. numerische Rückbezüge.

Eine weitere Variante von regulären Ausdrücken ist der **POSIX-NFA**. Dieser entspricht dem **POSIX**-Standard, d. h. dem **P**ortable **O**pen **S**ystem **I**nterface for UNIX. Somit können Sie z. B. die Zeichenklasse für Kleinbuchstaben `[:lower:]` auch in **POSIX**-Schreibweise verwenden.

Perl bietet als Erweiterung die Assertionsmechanismen (lookahead-, lookbehind-assertions) an. Sie können damit vorhersehen (lookahead), ob ein String passen könnte. Diese Muster

werden mit einem ? eingeleitet, dem dann ein Zeichen folgt, das die Art der Assertion festlegt (positive oder negative Assertion, Assertion ohne Speicherung usw.).

In der Folge werden praktische Beispiele mit regulären Ausrücken behandelt, mit denen ein
Text nach Wörtern, Textpassagen oder Zeichenmustern durchsucht weden kann. Mit diesen
regulären Ausdrücken können Sie Ihre Perl-Programme schneller, kürzer, einfacher und
somit wesentlich effektiver schreiben.

13.1   Pattern Matching

In Perl steht ein regulärer Ausdruck als String-Muster z. B. zwischen zwei Slahes (Schrägstrichen). Das Muster des regulären Ausdrucks besteht aus einzelnen Elementen, die Zeichen
aus dem Perl-Zeichenvorrat sind. Zeichen, die keine andere Bedeutung haben, als sich selbst
darzustellen, sind literale Zeichen. Somit sind alle Buchstaben und Ziffern, sofern sie in
einem regulären Ausdruck auftreten, literale Zeichen.

Der Matching-Operator, auch als Musterbindungs-Operator (pattern binding operator) bezeichnet, wird durch die Zeichenfolge =~ (Gleichheitszeichen mit Tilde) dargestellt. Es
handelt sich hierbei nicht um einen Zuweisungs-Operator, sondern der Ausdruck ist in Verbindung mit der Tilde als eine Operation auf die davor stehende Variable zu verstehen. Somit
analysiert der Matching-Operator, ob z. B. eine literale Zeichenfolge eines Musters auf der
rechten Seite der eines Zielstrings auf der linken Seite entspricht:

```
$string =~ /Katze/;
```

Die Frage lautet: Stimmt das Muster "Katze" des regulären Ausdrucks mit dem Zielstring
$string oder mit einem Teil davon überein? Das Ergebnis im Booleschen Kontext ist
entweder true oder false.

Beim obigen Ausdruck liefert der Matching-Operator true, falls das Muster oder der reguläre Ausdruck "Katze" im Zielstring $string enthalten ist. Dabei kann der Zielstring eine
Variable, ein String oder ein beliebiger Ausdruck sein.

Die Anwendung des regulären Ausdrucks "Katze" auf eine Variable $string könnte wie
folgt aussehen:

```
#!/usr/bin/perl -w

$string = "ABC die Katze lief im Schnee";
print "Das Ergebnis ist true.\n"
if $string =~ /Katze/ or die "Fehler\n";
```

Das Ergebnis muss – da die Buchstabenfolge "Katze" im Zielstring vorhanden ist – folgerichtig true lauten:

```
Das Ergebnis ist true.
```

Der reguläre Ausdruck mit dem Muster "Katze" testet alle seine einzelnen Zeichen auf Übereinstimmung im Zielstring. Zunächst wird das Anfangs-Zeichen des Zielstrings, das "A" mit dem Anfangsbuchstaben "K" aus dem Muster verglichen. Da keine Übereinstimmung vorhanden ist, wird die nächste Zeigerposition des Zielstrings – der Buchstabe "B" – bereitgestellt und wieder mit dem Anfangsbuchstaben "K" aus dem Muster verglichen. Hier ist auch keine Übereinstimmung vorhanden, somit wird die nächste Zeigerposition – der Buchstabe "C" – bereitgestellt. Auch hier schlägt der Versuch mit dem Anfangsbuchstaben "K" des Musters fehl. Dies geschieht so lange, bis die Zeigerposition den Buchstaben "K" aus dem Zielstring bereitstellt. Hier ist eine Übereinstimmung mit dem Anfangsbuchstaben "K" aus dem Muster vorhanden. Es folgt die nächste Zeigerposition des Zielstrings, die den Buchstaben "a" liefert und jetzt mit dem nächsten Element – Buchstabe "a" – aus dem Muster verglichen wird und so fort. Auch die folgenden drei Zeichen (Buchstabe "t", "z", und "e") des Zielstrings stimmen mit den Buchstaben des Musters überein. Sie sind somit deckungsgleich. Da Muster und ein Teilstring des Zielstrings übereinstimmen, ist der Wahrheitswert true.

Solche Such-Wort-Regex-Beispiele sind die einfachste Form für endliche Automaten. Es gibt wesentlich kompliziertere Formen, die von der Automatentheorie behandelt werden.

Statt der Slash-Striche / können Sie andere Regex-Begrenzer einsetzen, sofern es sich nicht um alphanumerische Symbole handelt. Erlaubt sind Doppelpunkt, runde, geschweifte, spitze Klammern, Raute-Zeichen usw. Setzen Sie diese statt der Slash-Striche als Begrenzer ein, müssen Sie den Muster-Operator m verwenden.

Das obige Beispiel sähe mit einem Doppelpunkt als Begrenzer wie folgt aus:

```
$string =~ m:Katze:;
# ohne Slash-Striche m-Operator einsetzen
```

oder mit geschweiften Klammern:

```
$string =~ m{Katze};
```

Des Weiteren wird beim Vergleich zwischen Groß- und Kleinbuchstaben unterschieden. Im folgenden Beispiel wird das Muster "katze" verglichen:

```
#!/usr/bin/perl -w

$string = "ABC die Katze lief im Schnee";
if ($string =~ m:katze:) { print "true\n"; }
                else { print "false\n"; }
```

Die Ausgabe ist:

```
false
```

Der Einsatz des Operators !~ anstelle von =~ bewirkt das Gegenteil, nämlich eine logische Negation. Wird der Operator !~ im obigen Ausdruck eingesetzt, liefert die anschließende if-Abfrage if($string !~ m:katze:){...} das Ergebnis true. Da das Muster "katze" nicht im Zielstring $string gefunden wird, ergibt !~ als Negation den Wert true.

Möchten Sie den Vergleich mit dem Suchmuster ohne Berücksichtigung der Groß- und Kleinschreibung durchführen, verwenden Sie als Option bzw. als Modifizierer das Flag i (case-insensitive). Dadurch wird die Suche aber verlangsamt. Um diese Verlangsamung zu vermeiden, benutzen Sie die Konvertierungs-Funktionen für Groß- und Kleinschreibung, wie uc(), lc() usw:

```
#!/usr/bin/perl -w

$string = "ABC die Katze lief im Schnee";
print "Das Ergebnis ist true"
if $string =~ /katze/i or die "Fehler\n"; # Ergebnis ist true
```

Die Ausgabe ist:

```
Das Ergebnis ist true
```

Schneller geht es mit folgenden Programmzeilen:

```
#!/usr/bin/perl -w

$string = "ABC die \LKatze\E lief im Schnee";
# \L bis \E klein
print "Das Ergebnis ist true"
if $string =~ /katze/ or die "Fehler\n";  # Ergebnis ist true
```

Die Ausgabe ist:

```
Das Ergebnis ist true
```

Diese Option funktioniert auch bei deutschen Umlauten:

```perl
#!/usr/bin/perl -w

$umlaut = "Kätzchen";
if ($umlaut =~ /kätz/ ) { print "true\n"; }
            else { print "false\n"; }      # false
if ($umlaut =~ /kätz/i) { print "true\n"; }
            else { print "false\n"; }      # true
```

Wollen Sie den Inhalt der Spezial-Variablen $_ durchsuchen, können Sie den Matching-Operator =~ weglassen:

```perl
#!/usr/bin/perl -w
$_ = "ABC die Katze lief im Schnee";
print "Das Ergebnis ist true\n" if /Katze/ or die "Fehler\n";
# Das Ergebnis ist true
```

Hier ist der String der Spezial-Variablen $_ zugeordnet.

Nach dem positiven Vergleich können Sie im Anschluss sogar ein leeres Muster verwenden. Es wird dabei das Muster des letzten erfolgreichen regulären Ausdrucks verwendet. Die Spezial-Variable $& enthält den erfolgreichen passenden String, der im folgenden Beispiel mit ausgegeben wird:

```perl
print "Es ist die: '$&' \n" if // or die "Fehler\n";
```

Somit lautet die Ausgabe:

```
Es ist die: 'Katze'
```

Sie können ferner auch nur nach einem Teil eines Wortes suchen, z. B. nach der Buchstabenfolge "ie":

```perl
#!/usr/bin/perl -w

$string = "ABC die Katze lief im Schnee";
print "Die Buchstabenfolge '$&' ist vorhanden\n"
if $string =~ /ie/ or die "Fehler\n";
```

Die Ausgabe ist:

```
Die Buchstabenfolge 'ie' ist vorhanden
```

Diese kleine Einführung in reguläre Ausdrücke zeigt die Stärke von Pattern Matching (Suche nach Mustern).

13.2   Metazeichen

Reguläre Ausdrücke können Metazeichen enthalten. Die Komplementärmenge von literalen Zeichen sind Metazeichen. Als reservierte Metazeichen in einem regulären Ausdruck gelten folgende Darstellungen:

```
+   ?   .   *   ^   $   (   )   [   ]   {   }   |   \
```

Solange diese Zeichen wie oben angegeben werden, haben sie eine besondere Bedeutung. Werden sie als literales Zeichen ohne ihre spezielle Bedeutung benötigt, muss diese durch einen vorangestellten Backslash \ aufgehoben werden. So besitzt z. B. der Punkt eine besondere Bedeutung. Möchten Sie aber nach einen gewöhnlichen Punkt im Zielstring suchen, müssen Sie einen Backslash davorsetzen.

Literale Zeichen werden durch den Backslash in Metazeichen (Sonderzeichen) umgewandelt.

So sucht ein "d" ohne Backslash nach dem Buchstaben "d", aber die Kombinataion \d sucht nach einer Dezimalziffer im Zielstring.

Ein Backslah wird somit dazu benutzt, die übliche Bedeutung des nachfolgenden Zeichens zu ändern.

Anfang und Ende eines regulären Ausdrucks werden durch Begrenzer, z. B. / (Slashes) gekennzeichnet. Diese gehören nicht zum regulären Ausdruck. Möchten Sie diese aber in einem regulären Ausdruck verwenden, der dann nach einer Zeichenfolge mit Slashes sucht, müssen Sie diese im regulären Muster durch einen vorangestellten Backslash markieren.

Die folgenden Zeilen suchen nach einer gewöhnlichen Zeichenfolge | / im Zielstring:

```perl
#!/usr/bin/perl -w

$string = " |/ ";
print "Die Zeichenfolge ist vorhanden.\n"
if $string =~ / \|\/ / or die "Fehler\n";
```

Die Ausgabe ist:

```
Die Zeichenfolge ist vorhanden.
```

Die Bedingung wäre false, wenn der entsprechende Backslash vor dem senkrechten Strich | und dem Slash / fehlen würde. Ebenso käme es zu einem Fehler, wenn zwischen dem senkrechten Strich und dem Slash ein Leerzeichen stehen würde und die if-Abfrage folgendes Aussehen hätte: if ($string =~ / \| \/ /).

Die übermäßige Verwendung von Backslashes im Muster zur Verwendung von normalen Zeichen (|, / usw.) ist schwer zu erkennen und wird als **LTS** (**L**eaning **T**oothpick **S**yndrome) bezeichnet. Etwas anschaulicher wird es, wenn Sie statt der Slashes andere Begrenzer nehmen:

```
#!/usr/bin/perl -w

$string = " |/ ";
print "Die Zeichenfolge ist vorhanden.\n"
if $string =~ /# |/ #/ or die "Fehler\n";
```

Die Ausgabe ist:

```
Die Zeichenfolge ist vorhanden.
```

Auch Buchstaben werden, wenn ihnen ein Backslash vorangestellt wird, zu Sonderzeichen. Ohne Backslash stellen Buchstaben sich im Normalfall selber dar:

```
/ABZ/        # sucht die Zeichenfolge ABZ

/\A\B\Z/     # Symbole für Bindungen bzw. Verankerungen
```

Außerdem lassen sich alle Zeichen durch einen dreistelligen oktalen ASCII-Code darstellen. Mit einem vorangestellten Backslash können Sie das Suchmuster /Katze/ in oktaler Schreibweise wie folgt realisieren:

```
#!/usr/bin/perl -w

$_ = "ABC die Katze lief im Schnee";
print "Das Wort '$&' ist vorhanden.\n"
if /\040\113\141\164\172\145/ or die "Fehler\n";
```

Da das Suchmuster /Katze/ im String enthalten ist, lautet die Ausgabe:

```
Das Wort ' Katze' ist vorhanden.
```

Hierbei besitzt das Leerzeichen im Suchmuster den dreistelligen oktalen Wert 040, der Buchstabe "K" den oktalen Wert 113, der Buchstabe "a" den oktalen Wert 141 usw. Das gefundene Muster wird mit der Spezial-Variablen $& ($MATCH erfolgreich erkannter String) ausgegeben.

Die überwiegende Anzahl von Metazeichen ist nicht verankert. Das bedeutet, dass ein regulärer Ausdruck mit Metazeichen an jeder Stelle im String erkannt wird. Lediglich die Zeichen ^ und $ ermöglichen einen Ankerpunkt für den Anfang und das Ende eines Strings:

```
/^ABC/
# Übereinstimmung nur, wenn ABC am Anfang eine Zeile steht.

/Schnee$/
# Übereinstimmung nur, wenn Schnee am Ende einer Zeile steht.
```

Bedeutung der reservierten Metazeichen

Ein **senkrechter Strich** als Metazeichen im regulären Ausdruck präsentiert Alternativen, d. h. es ist eine **ODER**-Verknüpfung. Innerhalb von Zeichenklassen signalisiert er, ob er zur Treffermenge der Zeichenklasse gehört oder nicht.

So prüft der reguläre Ausdruck mit dem Muster /a|b/, ob der Zielstring ein "a" oder ein "b" enthält.

Die Spezial-Variable $| kann in regulären Ausdrücken nicht verwendet werden, da diese Kombination als Anker und **ODER**-Verknüpfung interpretiert wird.

Die **geschweifte Klammer** wird zur Bildung von Quantifizierern benutzt. So entsprechen geschweifte Klammern mit einer Zahl oder zwei Zahlen darin entsprechenden Wiederholungen des Zeichens vor der Klammer.

Zum Beispiel prüft der reguläre Ausdruck mit dem Muster /a{2,4}/, ob der Zielstring 2-, 3- oder 4-mal ein "a" enthält.

Die **eckigen Klammern** signalisieren eine Zeichenklasse. Der reguläre Ausdruck prüft mit dem Muster /[ab]/, ob der Zielstring ein "a" oder ein "b" enthält.

Die **runden Klammern** im regulären Ausdruck können Sie für eine Vielzahl von Möglichkeiten nutzen. Ohne spezielle Zeichen hinter der öffnenden Klammer erfolgt die Bildung einer Gruppierung komplexer Elemente aus einfacheren Elementen. So prüft der reguläre Ausdruck mit dem Muster /^a(nsprechen)/, ob der Zielstring zu Beginn die passende Zeichenfolge "ansprechen" enthält.

Ferner können Sie eine Markierung eines Substrings vornehmen. Innerhalb des Musters können Sie z. B. mit \1 darauf Bezug nehmen, außerhalb mit $1.

Die Spezial-Variable $), die aus der Zeichenfolge Anker mit schließender Klammer besteht, kann in regulären Ausdrücken nicht verwendet werden.

Das **Dollar-Zeichen** wird in mehrfacher Weise als Metazeichen benutzt. Zum einen wird es als Anker verwendet, das zum Zeilen- und Textende im Zielstring passt. So prüft der reguläre Ausdruck mit dem Muster /a$/, ob der Zielstring am Ende das passende Zeichen "a" enthält. Zum anderen werden skalare Variablen durch ein einleitendes Dollar-Zeichen markiert.

Die Spezial-Variablen $|, $/ ,$), $? usw. können Sie, wie bereits erläutert wurde, nicht in Ihren regulären Ausdrücken verwenden.

Das **Caret-Zeichen** wird als Anker verwendet und bezeichnet normalerweise den Anfang des Textes. So prüft der reguläre Ausdruck mit dem Muster /^a/, ob der Zielstring mit einem "a" beginnt. Verwendet wird das Caret-Zeichen auch zur Kennzeichnung der negierten Zeichenklasse. So bedeutet der reguläre Ausdruck /^[\\]/ alles außer einem Backslash.

Das **Stern-Zeichen** bedeutet keine, eine oder mehrere Wiederholungen des Zeichens, das vor dem Stern-Zeichen steht. So prüft der reguläre Ausdruck mit dem Muster /a*/, ob es im Zielstring auf "a", "aa" und "aaaaa" sowie "b" (kein oder beliebig viele "a") passt.

Ein **Punkt-Zeichen** kennzeichnet ein beliebiges Zeichen, außer der Zeilenende-Markierung. So prüft der reguläre Ausdruck mit dem Muster /a./, ob im Zielstring nach dem "a" ein beliebiges Zeichen folgt (außer \n).

Das **Fragezeichen** im regulären Ausdruck kennzeichnet die genügsame Variante. So prüft der reguläre Ausdruck mit dem Muster /a?/, ob der Zielstring 0- oder 1-mal ein "a" enthält. Am Anfang in einer runden Klammer markiert das Fragezeichen gefolgt von einem Zeichen eine spezielle Bedeutung. So wird mit (?:) das Ergebnis z. B. nicht gespeichert. Bei der Definition einer Zeichenklasse [?] entspricht das Fragezeichen einem literalen Zeichen.

Das **Pluszeichen** als Quantifizierer deutet an, dass eine oder mehrere Wiederholungen des Zeichens vorgenommen werden, das vor dem Pluszeichen steht. Der reguläre Ausdruck mit dem Muster /a+/ passt im Zielstring auf "a", "aa" und "aaaaa" (ein und beliebig viele "a").

Nachdem Sie die grundlegenden Metazeichen in kurzen Erläuterungen kennen gelernt haben, werden jetzt prägnante reguläre Ausdrücke und deren Muster mit folgenden Konstrukten erstellt:

- Verkettung
- Beliebiges Zeichen
- Alternativen
- Ankerpunkte
- Zeichenwiederholung mit Quantifizierern
- Gruppierung von Ausdrücken
- Gruppierung und Rückverweise
- Zeichenklassen
- Erweiterte reguläre Ausdrücke

13.3   Verkettung

Als Verkettung können Sie zwei oder mehr Muster zu einem komplexeren Muster aufbauen. So können z. B. die einzelnen Muster, wie die Zeichenklasse Plus-Minus [+-] mit anschließender Dezimalzahl \d gefolgt von einem Punkt \. und weiteren Dezimalzahlen, zu einem regulären Ausdruck mit dem Muster /[+-]\d\.\d*/ verkettet werden. So wird im Zielstring nach einer Zahlenfolge gesucht, die mit einem Plus- oder Minuszeichen vor einer Zahl mit anschließendem Punkt beginnt. Im Anschluss kann eine beliebige Anzahl von Zahlen folgen:

```perl
#!/usr/bin/perl -w

$_ = "+3.14";
print "Wert: '$&'\n" if /[+-]\d\.\d*/ or die "Fehler\n";
```

Die Ausgabe ist:

```
Wert: '+3.14'
```

13.4   Beliebiges Zeichen

Als Symbol für ein beliebiges Zeichen können Sie, wie schon definiert, das Punktzeichen
"." einsetzen. Es stimmt mit jedem einzelnen Zeichen überein, ausgenommen dem Zeichen
für eine neue Zeile New-Line (\n-Zeichen).

Für das Muster /Ka.ze/ liegt dann eine Übereinstimmung vor, wenn nach der Buchsta-
benkombination "Ka" ein beliebiges Zeichen steht, dem anschließend die Buchstabenkombi-
nation "ze" folgt:

```
#!/usr/bin/perl -w

$_ = "ABC die Katze lief im Schnee";
print "True, da das beliebige Zeichen 't' in '$&' vorliegt.\n"
if /Ka.ze/ or die "Fehler\n";
```

Die Ausgabe ist:

```
True, da das beliebige Zeichen 't' in 'Katze' vorliegt.
```

Auch die obige Ausgabe ist erfolgreich, da der reguläre Ausdruck einen passenden Substring
findet. Der Positions-Zeiger des Zielstrings der Spezial-Variablen $_ findet bei seiner Suche
erst beim Zeichen "K" eine Übereinstimmung mit dem regulären Ausdruck. Auch mit dem
anschließenden "a" ist eine Übereinstimmung vorhanden. Der Punktoperator im regulären
Ausdruck stimmt mit allem überein, somit auch mit dem Zeichen "t" im Zielstring. Danach
werden noch die nächsten Zeichen "z" und "e" auf Übereinstimmung überprüft. Hier ist
ebenfalls eine Übereinstimmung mit dem Zielstring vorhanden. Das Ergebnis ist true und
die Spezial-Variable $& liefert den gefundenen Substring "Katze", welcher das beliebige
Zeichen "t" enthält.

Im folgenden Beispiel sollen mehrere Punktoperatoren verwendet und erkannt werden:

```
#!/usr/bin/perl -w

$_ = "ABC die Katze lief im Schnee";
print "True, da der Substring 'atze' zu '$&' passt.\n"
if /K..../ or die "Fehler\n";
```

Dies Ausgabe ist:

```
True, da der Substring 'atze' zu 'Katze' passt.
```

Auch hier werden die beliebigen übereinstimmenden Zeichen erkannt.

13.5   Alternativen

Wenn Sie einen vorgegebenen Text nach Alternativen absuchen, setzen Sie das Metazeichen | – den senkrechten Strich (**ODER**-Verknüpfung) –, der einzelne Alternativen trennt:

```perl
#!/usr/bin/perl -w

$_ = "Hauskatze";
print "Es ist die '$&'-Katze.\n"
if /Haus|Wild|Raub/ or die "Fehler\n";
```

Die Alternativen der Zeichenfolgen "Haus", "Wild" oder "Raub" werden von links beginnend durchsucht, bis die passende Zeichenfolge im Zielstring gefunden wird. Ist die entsprechende Zeichenfolge im Zielstring nicht vorhanden, verlässt die Funktion die() das Programm und der String "Fehler" wird ausgegeben.

Die Spezial-Variable $_ enthält in der obigen Zuweisung den Substring "Haus".

Die Ausgabe ist:

```
Es ist die 'Haus'-Katze.
```

Hier stimmt die Alternative "Haus" mit der Zeichenfolge im Zielstring "Hauskatze" überein. Das gefundene Muster wird somit durch die Spezial-Variable $& ausgegeben.

Im folgenden Beispiel soll eine einfache Form einer Gruppierung dargestellt werden:

Möchten Sie Substrings mit den Varianten "Haus-, "Wild- oder "Raubkatze" in einem vorgegebenen String "Wildkatze" untersuchen, werden die infrage kommenden Varianten in Klammern gesetzt /(Haus|Wild|Raub)katze/. In den folgenden Programmzeilen wird geprüft, ob die alternativen Substrings "Haus-, "Wild- oder "Raubkatze" zum Zielstring "Wildkatze" passen:

```perl
#!/usr/bin/perl -w

$_ = "Wildkatze";
print "Es ist die '$&'.\n"
if /(Haus|Wild|Raub)katze/ or die "Fehler\n";
```

Die Ausgabe ist:

```
Es ist die 'Wildkatze'.
```

Da die Alternative mit dem Muster "Wildkatze" des regulären Ausdrucks mit dem Ziel-string der Spezial-Variablen $_ übereinstimmt, wird "Es ist die 'Wildkatze'" ausgegeben. Würde im regulären Ausdruck die Buchstabenkombination "katze" fehlen, würde nur das Muster "Wild" mit dem Zielstring übereinstimmen und auch ausgegeben werden.

13.6   Ankerpunkte

Um Muster an einer bestimmten Position zu suchen, können Sie, wie bereits erwähnt, einen Ankerpunkt setzen. Er legt fest, an welcher Stelle bzw. an welchen Stellen im Zielstring ein Treffer vorkommen muss. Soll nach einem Muster nur am Anfang gesucht werden, setzen Sie als Positionsmarke das Caret-Zeichen ^ oder \A an den Beginn Ihres regulären Aus-drucks. Das Suchen am Ende eines Musters wird mit dem Dollarzeichen $ bzw. \Z reali-siert. Ein Unterschied zwischen ^ und \A bzw. $ und \Z liegt in der Bearbeitung des regulä-ren Ausdrucks mit dem Modifizierer m (multiple lines, nicht zu verwechseln mit dem Mus-ter-Operator m). Bei Verwendung des Modifizierers m können mehrere Zeilenanfänge bzw. Zeilenenden existieren. In der unten angegebenen Tabelle 13.6a: *Modifizierer* stehen noch weitere Beispiele von Modifizieren.

Allgemein gilt: Ohne den Modifizierer m steht Caret ^ für den Anfang eines Strings, das Dollarzeichen $ steht für sein Ende:

```
#!/usr/bin/perl -w

$_ = "Hauskatzen gehören keiner bestimmten Rasse an";
print "Treffer am Anfang: '$&'\n"
if /^Haus/ or die "Fehler\n";        # Treffer am Anfang:'Haus'
print "Treffer am Ende: '$&'\n"
if /an$/ or die "Fehler\n";          # Treffer am Ende:'an'
```

Der passende Substring "Haus" steht am Anfang und "an" am Ende des Strings. Somit ist das Ergebnis true, was zur Ausgabe von Treffern führt.

Mit \A bzw. dem Caret-Zeichen ^ wird nur der Beginn des Strings erkannt. Der Unterschied von \A bzw. ^ ist im folgenden Beispiel bei Verwendung des Modifizierers m erkennbar. Wie Sie sehen, legt der Modifizierer m fest, dass der zu untersuchende String als mehrzeili-ger String untersucht und der Anfang jeder Zeile erkannt werden soll:

```
#!/usr/bin/perl -w

$string = "Hauskatzen\ngehoeren
keiner
Rasse
an";
```

```
while ($string =~ /\A\w/g) { # gleich zu /^\w/g
    print "Anfang des Strings: '$&'\n";
    # Anfang des Strings: 'H'
}
while ($string =~ /^\w/mg) {
    print "'$&' ist ein Zeilenanfang\n";
    # Ausgabe der Zeilenanfänge
}
```

Die Ausgabe des jeweiligen Zeilenanfangs ist:

```
'H' ist ein Zeilenanfang
'g' ist ein Zeilenanfang
'k' ist ein Zeilenanfang
'R' ist ein Zeilenanfang
'a' ist ein Zeilenanfang
```

In der ersten while-Schleife wird mit /\A\w/g oder mit /^\w/g das erste alphanumeri-sche Zeichen des mehrzeiligen Strings, nämlich "H", ausgegeben. Die Abkürzung \w (Zei-chenklasse) bedingt alphanumerisches Zeichen. Der Modifizierer g (g steht für global und gilt als ein weiterer Modifizierer der Zeichenfolge gimosx) hinter dem abschließenden Begrenzer durchsucht den String nach alphanumerischen Zeichen. Die while-Schleife gibt den gefundenen Buchstaben "H" des Strings aus und ist damit beendet.

In der zweiten while-Schleife passt das Muster ^ mit dem Modifizierer m auf jeden Zei-lenanfang. Somit werden alle Zeilenanfänge mit der while-Schleife ausgegeben. Der regu-läre Ausdruck /\A\w/mg würde hier versagen.

Mit \Z bzw. $ können Sie das Ende des Strings einer ganzen Zeichenkette ausdrücken. Mit dem Modifizerers m in Verbindung mit $ werden die betreffenden Zeilenenden ausgegeben:

```
#!/usr/bin/perl -w

$string = "Hauskatzen\ngehoeren\nkeiner\nRasse\nan";

while ($string =~ /\w\Z/g) { # gleich zu /w$/g
    print "Zeichen am Stringende: '$&'\n";
    # Zeichen am Stringende: 'n'
}

while ($string =~  /\w$/mg) {
    print "Zeichen am Zeilenende: '$&'\n";
}
```

Die Ausgabe der Zeichen am Ende jeder Zeile ist:

```
Zeichen am Zeilenende: 'n'
Zeichen am Zeilenende: 'n'
Zeichen am Zeilenende: 'r'
Zeichen am Zeilenende: 'e'
Zeichen am Zeilenende: 'n'
```

In der ersten while-Schleife wird sowohl mit dem regulären Ausdruck /w\Z/g als auch mit /w$/g der letzte Buchstabe, nämlich "n", des gesamten Strings ausgegeben.

In der zweiten while-Schleife mit dem regulären Ausdruck /w$/mg – wobei hier auch der Modifizierer m verwendet wird – erhalten Sie die jeweiligen Endbuchstaben der Zeile.

Sie können also das Verhalten des regulären Ausdrucks durch Verwendung von entsprechenden Modifizierern beeinflussen.

In der folgenden Tabelle sind die jeweiligen Modifizierer mit ihrer Bedeutung dargestellt.

Tabelle 13.6a: Modifizierer

Modifizierer	Bedeutung
g	Globale Suche, sucht nach allen Übereinstimmungen mit dem Muster
i	Groß- und Kleinschreibung ignorieren
m	String wird mehrzeilig behandelt
o	Suchmuster wird nur einmal kompiliert
s	String wird einzeilig behandelt
x	Erweitert die regulären Ausdrücke

Ein weiterer Einsatz von Ankerpunkten ist die Kombination von String-Anfängen bzw. String-Enden mit Alternativen.

Dabei ist zu beachten, dass verwendete Ankerpunkte eine höhere Priorität besitzen als die Alternativen:

```
#!/usr/bin/perl -w

$_ = "Die Wildkatze";
print "Es ist die: '$&'\n"
if /^Hauskatze|Wildkatze|Raubkatze$/ or die "Fehler\n";
```

Die Ausgabe ist:

```
Es ist die: 'Wildkatze'
```

Bei dieser if-Abfrage ist der Wahrheitswert true, da "Wildkatze" oder auch "Raubkatze" am Ende des Strings stehen können. Würde die Spezial-Variable $_ stattdessen den

String "Die Hauskatze" enthalten, wäre der Wahrheitswert false (da der reguläre Ausdruck mit nur "Hauskatze" nicht mit dem Stringanfang "Die Hauskatze" übereinstimmt).

Im folgenden Programm wird der obige reguläre Ausdruck als Gruppierung vorgenommen:

```
#!/usr/bin/perl -w

$_ = "Die Wildkatze";
print "Es ist '$&'\n"
if /^(Hauskatze|Wildkatze|Raubkatze)$/
or die "Fehler\n";
# Fehler
```

Der reguläre Ausdruck mit seinem Muster "Hauskatze", "Wildkatze" oder "Raubkatze" als Gruppierung in runden Klammern stimmt vom Anfang bis zum Ende nicht mit der Zeichenfolge "Die Wildkatze" im Zielstring überein. Die Funktion die() gibt somit den String "Fehler" aus und beendet das Programm. Anders sähe es aus, wenn der reguläre Ausdruck z. B. /^(Hauskatze|Die Wildkatze|Raubkatze)$/ lauten würde. Hier wäre natürlich der Wahrheitswert true.

Es können Anker verwendet werden, um die Stellen einzuschränken, an denen nach einem Treffer gesucht werden soll. Dabei werden Wortgrenzen als Positionsmarken eingesetzt. Als Wortgrenze wird das Zeichen \b bezeichnet. Eine Wortgrenze \b ist der Übergang von einem Wort-Zeichen aus der Klasse \w, d. h. Zeichen, die in einem normalen Wort vorkommen (alphanumerische Zeichen), und einem Nicht-Wort-Zeichen \W, d. h. Zeichen, die nicht in einem Wort vorkommen dürfen (Interpunktionszeichen).

An den folgenden zwei Beispielen von "Wild-katze" und "Wildkatze" wird die Wortgrenze \b erläutert:

```
#!/usr/bin/perl -w

$_ = "Wild-katze";
print "Wortgrenze ist: '$&'\n" if /\bWild\b/
or die "Fehler\n";
# Wortgrenze ist: 'Wild'
```

Das Ergebnis der if-Abfrage im ersten Beispiel ist true. Es ist eine Wortgrenze vorhanden, da das Muster /\bWild\b/ mit dem Zielstring "Wild-katze" übereinstimmt, so dass die Ausgabe mit dem gefundenen Muster lautet: "Wortgrenze ist: 'Wild'".

Beim Durchlaufen des Zeigers im Zielstring (Zeichen zwischen den zwei \b-Symbolen) ist eine Übereinstimmung sämtlicher Wort-Zeichen mit dem Muster vorhanden. Nach dem abschließenden \b-Symbol im Muster wird durch das Zeichen "-" im Zielstring – welches nicht zu den Wort-Zeichen zählt – eine Wortgrenze erzielt.

Im zweiten Beispiel steht an der Stelle des Zeichens "-" nun der Buchstabe "k". Dieser zählt aber zur Klasse der Wort-Zeichen \w. Es findet an dieser Stelle somit kein Übergang zu der Klasse der Nicht-Wort-Zeichen \W statt. Es ist also keine Wortgrenze vorhanden, was in der if-Abfrage false bedeutet. Die Funktion die() tritt in Aktion, so dass der String "Fehler" ausgegeben und das Programm beendet wird:

```perl
#!/usr/bin/perl -w

$_ = "Wildkatze";
print "Wortgrenze ist: '$&'\n"
if /\bWild\b/ or die "Fehler\n";
# Fehler
```

In der folgenden Tabelle sind nochmals die entsprechenden Anker aufgeführt.

Tabelle 13.6b: Anker

Anker	Bedeutung
\b	Wortgrenze (Übergang von \w zu \W)
\B	Keine Wort-Grenze (Gegenteil von \b)
^	Anfang des Strings (wenn der Modifizierer /m gesetzt ist
$	Ende des Strings (wenn der Modifizierer /m gesetzt ist
\A	Anfang eines Strings
\z	Ende eines Strings
\Z	Ende eines Strings oder Zeile

13.7   Zeichenwiederholung mit Quantifizierer

Eine besondere Art von regulären Ausdrücken ist die Zeichenwiederholung. Diese Art der Wiederholung wird als Quantifizierer bezeichnet. Mit dem Quantifizierer können Sie angeben, wie oft ein Zeichen oder Zeichenmuster wiederholt werden soll. Als Quantifizierer stehen die bereits oben genannten Metazeichen (ohne Backslash) ?, *, und + zur Verfügung. Sie können diese Metazeichen auch in Zeichenklassen – wie im nächsten Abschnitt dargestellt – verwenden.

Als Einführungsbeispiel wird das Muster für eine Integer-Zahl dargestellt:

```perl
#!/usr/bin/perl -w

$_ = -12345;               # Integer-Zahl
print "Integer-Zahl: '$&'\n"
if /^[+-]?\d+$/ or die "Fehler\n";
```

```
# Integer-Zahl: '-12345'
```

Die Ausgabe ist:

```
Integer-Zahl: '-12345'
```

Zunächst wird der Anfang des Strings ^ und die Zeichenklasse [+-]? dahingehend untersucht, ob null- oder einmal ein Vorzeichen vorhanden ist. Das (eine) Minuszeichen vor 12345 erfüllt die Bedingung. Anschließend wird durch das Metazeichen \d und den Quantifizierer + signalisiert, dass es sich um mindestens eine oder um beliebig viele Ziffern aus der Zeichenklasse [0-9] handelt. Das Ende des Strings wird durch das Metazeichen $ gekennzeichnet. Das Muster stimmt mit dem Zielstring des obigen Beispiels überein.

Es wird nun auf die verschiedenen Quantifizierer ausführlicher eingegangen.

13.7.1 Das Metazeichen ?

Im folgenden Programm können Sie das Zeichen vor einem Fragezeichen entweder berücksichtigen oder nicht. Statt des Fragezeichens können Sie auch das Äquivalent {0,1}, d. h. die Instanz **null** oder **einmal** verwenden.

Zunächst überprüft Perl, ob bis zum Zeichen vor dem Fragezeichen eine Übereinstimmung vorhanden ist. Ohne Backtracking wird das Zeichen vor dem gierigen Fragezeichen mit dem Zielstring verglichen. Anschließend wird überprüft, ob der Rest mit dem Zielstring identisch ist:

```
#!/usr/bin/perl -w

$_ = "Eine Katze";
print "Ergebnis1: '$&'\n" if /Katz?e/ or die "Fehler\n";
print "Ergebnis2: '$&'\n" if /Katz{0,1}e/  or die "Fehler\n";
# Ergebnis1: 'Katze'
# Ergebnis2: 'Katze'
```

Beide regulären Ausdrücke /Katz?e/ bzw. /Katz{0,1}e/ ergeben eine Übereinstimmung mit dem Zielstring, d. h. es ist ein Matching des ganzen regulären Ausdrucks erzielt worden.

Im anderen Fall, wenn das entsprechende Zeichen vor dem Fragezeichen nicht im Zielstring vorhanden ist, erfolgt ein Backtracking, d. h. es wird bis zum Zeichen vor dem Fragezeichen zurückgegangen. Danach wird ein neuer Weg eingeschlagen und alle Zeichen nach dem Fragezeichen mit dem Zielstring überprüft:

```
#!/usr/bin/perl -w

$_ = "Eine Kate";
print "Ergebnis1: '$&'\n" if /Katz?e/ or die "Fehler\n";
```

```
print "Ergebnis2: '$&'\n" if /Katz{0,1}e/  or die "Fehler\n";
# Ergebnis1: 'Kate'
# Ergebnis2: 'Kate'
```

Im obigen Beispiel kann der Buchstabe "z" berücksichtigt oder nicht berücksichtigt werden und ist somit optional.

Ebenso können Sie auch eine Gruppierung, d. h. eine Kombination von Zeichen in runden Klammern, vor das Fragezeichen setzen:

```
#!/usr/bin/perl -w
$_ = "Es gibt Katzen";
print "Ergebnis: '$&'\n"
if /Katzen(jammer)?/ or die "Fehler\n";
# Ergebnis: 'Katzen'

$_ = "Es gibt Katzenjammer";
print "Ergebnis: '$&'\n"
if /Katzen(jammer){0,1}/ or die "Fehler\n";
# Ergebnis: 'Katzenjammer'
```

In den beiden obigen Beispielen ist die optionale Zeichenfolge (jammer) als Gruppierung in Klammern gesetzt. Der Wahrheitswert ist dann true, wenn im String das Wort "jammer" 0-mal bzw. 1-mal enthalten ist. Das Ergebnis wird jeweils mit der Spezial-Variablen $& ausgegeben.

13.7.2   Das Metazeichen *

Ihren regulären Ausdruck können Sie auch mit Hilfe des Metazeichens * aufbauen. Im Gegensatz zum ?, wo keine oder nur eine Instanz des vorangehenden Zeichens erlaubt ist, können Sie mit dem Metazeichen * **keine** oder **beliebig** viele Zeichen verwenden. Als Äquivalent steht hier {0,} zur Verfügung.

Die Ausdrücke mit den Metazeichen * und + verhalten sich gierig (greedy). Ein so aufgebauter Ausdruck soll auf so viele Zeichen wie möglich passen:

```
#!/usr/bin/perl -w

$_ = "Eine Katzzze";
print "Ergebnis: '$&'\n" if /Katz*e/ or die "Fehler\n";
# Ergebnis: 'Katzzze'
print "Ergebnis: '$&'\n" if /Katz{0,}e/ or die "Fehler\n";
# Ergebnis: 'Katzzze'
```

Das Stern-Zeichen im Muster bewirkt, dass Sie das davor stehende Zeichen – hier den Kleinbuchstaben "z" – **nullmal** oder **beliebig** oft im Zielstring einsetzen können. Somit würde auch bei einer Zeichenkombination im Zielstring $_ = "Eine Kate" mit der `if`-Abfrage bei gleichem Muster `/Katz*e/` eine Übereinstimmung ergeben und der Wahrheitswert `true` lauten.

Das Stern-Zeichen wird hauptsächlich in Verbindung mit dem Punkt-Zeichen eingesetzt. Die Kombination Punkt- mit Stern-Zeichen besagt, dass Sie für den Punkt beliebige Zeichen und für den Stern eine unbegrenzte Vielzahl dieser beliebigen Zeichen verwenden können:

```perl
#!/usr/bin/perl -w

$_ = "Ein Katzenauge";
print "Ergebnis: '$&'\n" if /Kat.*/ or die "Fehler\n";
# Ergebnis: 'Katzenauge'
print "Ergebnis: '$&'\n" if /Kat.{0,}/ or die "Fehler\n";
# Ergebnis: 'Katzenauge'
```

Der reguläre Ausdruck mit dem Muster `/Kat.*/` bedeutet, dass ein beliebiges Zeichen beliebig oft vorhanden sein kann. Somit stimmt das Muster mit der Zeichenfolge "Katzenauge" des Zielstrings überein.

13.7.3   Das Metazeichen +

Dieses Metazeichen ist bis auf die Anzahl der Wiederholungen in seiner Arbeitsweise mit dem Stern-Zeichen identisch. Das Zeichen bzw. die Zeichenfolge kann **einmal** oder **beliebig** oft vorkommen. Als Äquivalent gilt eine folgende geschweifte Klammer {1,}:

```perl
#!/usr/bin/perl -w

$_ = "Ein Katzzzzzenauge";
print "Ergebnis: '$&'\n" if /Katz+e/ or die "Fehler\n";
# Ergebnis: 'Katzzzze'
print "Ergebnis: '$&'\n" if /Katzzzz{1,}e/ or die "Fehler\n";
# Ergebnis: 'Katzzzze'
```

Hier ist eine Übereinstimmung des Musters mit dem Substring gegeben, und zwar "Katze" mit einem bis zu beliebig oft geschriebenem "z".

Möchten Sie genau das Gegenteil bewirken, d. h. die minimalste Lösung einer Übereinstimmung finden, setzen Sie hinter die Quantifizierer ein ? mit der Wirkung {0,1} **einmal** oder **keinmal**, wie es die folgenden Zeilen zeigen:

```perl
#!/usr/bin/perl -w

$_ = "Katzzzzzenauge";
print "Ergebnis: '$&'\n" if /z+/ or die "Fehler\n";   # gierig
# Ergebnis: 'zzzzz'
```

```
print "Ergebnis: '$&'\n" if /z+?/ or die "Fehler\n"; # minimal
# Ergebnis: 'z'
print "Ergebnis: '$&'\n" if /z*?/ or die "Fehler\n"; # minimal
# Ergebnis: ' '
print "Ergebnis: '$&'\n" if /z*?e/ or die "Fehler\n";# /z*e/
# Ergebnis: 'zzzzze'
```

In der ersten print-Anweisung wird bei der (gierigen) Mustersuche /z+/ die größtmögliche Übereinstimmung, d. h. das Maximum der Zeichen "z" (fünf an der Zahl), ausgegeben.

Die nächste print-Anweisung liefert bei der Mustersuche /z+?/ durch die Angabe des Fragezeichens dagegen die kleinstmögliche Übereinstimmung. Ein Minimum des Quantifizierers +, d. h. $\{1,\}$, ist aber mindestens einmal. Das bedeutet, das Zeichen "z" ist einmal vorhanden.

Die folgende print-Anweisung liefert bei der Mustersuche /z*?/ ebenfalls die kleinstmögliche Übereinstimmung. Ein Minimum des Quantifizierers *, d. h. $\{0,\}$, kann somit auch keinmal bedeuten. Das heißt, das Minimum ist ein leerer String. Hier ist aber Vorsicht angebracht, wie es die letzte print-Anweisung zeigt.

In der letzen print-Anweisung mit dem Muster /z*?e/ wird kein leerer String als Ergebnis geliefert. Durch das Fragezeichen als Quantifizierer ?, d. h. $\{0,1\}$, wird beim Muster /z*?e/ jetzt die Zeichenfolge als einmal vorhanden ausgewertet. Dies führt zum gleichen Ergebnis wie bei den Mustern /z*e/ oder /z+e/, nämlich "zzzzze".

Möchten Sie die Anzahl von Zeichenwiederholungen und somit deren Übereinstimmung begrenzen, können Sie die Wiederholungen von Zeichen und Zeichengruppen in geschweifte Klammern setzen, beispielsweise $\{n,m\}$ (wobei n bzw. m Ganzzahlen sind). Diese Form bedeutet, dass das Muster wenigstens n-mal (als Untergrenze) und höchstens m-mal (als Obergrenze) vorkommen darf:

```
#!/usr/bin/perl -w

$_ = "Katzzzzzenauge";
print "Ergebnis: '$&'\n" if /z{2,4}/ or die "Fehler\n";
# Ergebnis: 'zzzz'
```

In diesem Beispiel wird als gefundenes Muster (mit der Obergrenze 4) viermal das "z"-Zeichen ausgegeben. Mit dem Fragezeichen erhalten Sie wieder eine minimale Anzahl:

```
#!/usr/bin/perl -w

$_ = "Katzzzzzenauge";
print "Ergebnis: '$&'\n" if /z{2,4}?/ or die "Fehler\n";
# Ergebnis: 'zz'
```

Es werden zwei passende "z"-Buchstaben ausgegeben.

Bei der Abfrage eines Musters, z. B. /z{6,20}/, ist weder im minimalen noch im maximalen Bereich eine Übereinstimmung mit "Katzzzzzenauge" vorhanden.

Bei der Form {n,m} kann das n durch eine Ganzzahl, und zwar mit oder ohne Komma, dargestellt werden.

Wenn eine Übereinstimmung erzielt werden soll, muss beim Muster /z{2}/ "z" zweimal im Zielstring vorkommen:

```
#!/usr/bin/perl -w
$_ = "Katzzzzzenauge";
print "Ergebnis: '$&' \n" if /z{2}/ or die "Fehler\n";
# Ergebnis: 'zz'
```

Auch ein Fragezeichen im Muster /z{2}?/ bringt genau zweimal 'zz' als Ergebnis. Etwas anders ist es, wenn Sie im Muster /z{2,}/ ein Komma setzen. Dies bedeutet, dass ein "z" mindestens zweimal, aber auch mehrmals vorkommen darf:

```
#!/usr/bin/perl -w

$_ = "Katzzzzzenauge";
print "Ergebnis: '$&' \n" if /z{2,}/ or die "Fehler\n";
# Ergebnis: 'zzzzz'
```

Diese maximale Übereinstimmung können Sie wieder auf die minimale Anzahl (zweimal 'zz') bringen, wenn Sie das Fragezeichen im Muster /z{2,}?/ verwenden.

Mit dem Quantifizierer können auch bestimmte Wort- und Zahlenlängen ausgegeben werden. Der Einsatz von \w bedeutet, dass Sie Zeichen aus der Klasse [a-zA-Z0-9_] als Mustervergleich verwenden können. Es werden die Modifizierer g zur globalen Suche und i zum Ignorieren der Groß- und Kleinschreibung eingesetzt:

```
#!/usr/bin/perl -w

$_ = "ABC die Katze lief im Schnee";
while(/\w{4,}/gi) {
        print "'$&' ";               # 'Katze' 'lief' 'Schnee'
}
```

Mit diesem Programm werden alle Zeichenfolgen ausgegeben, die mindestens aus vier Buchstaben bestehen, egal ob Groß- oder Kleinbuchstaben. Dadurch wird die Zeichenfolge 'Katze' 'lief' 'Schnee' als gefundenes Muster ausgegeben.

Im anschließenden Programm können Sie z. B. alle Zahlen herausfinden, die mindestens aus drei oder mehr Ziffern bestehen. Die Nachkommastellen sind auf zwei Stellen beschränkt, da sie sonst ebenfalls erkannt werden:

```
#!/usr/bin/perl -w
```

```
$_ = "1.11 230.23 45.45 670.67 8900.89";

while(/\w{3,}/g) {
     print "'$&' ";                    # '230' '670' '8900'
}
```

Es werden sämtliche Zahlen, die aus mindesten drei Ziffern (vor dem Punkt) bestehen, aus-gegeben.

Statt des Symbols \w können Sie auch das Symbol \d für Ziffern aus der Klasse [0-9] verwenden.

In folgender Tabelle werden die Quantifizierer und ihre Bedeutung aufgelistet.

Tabelle 18.7: Quantifizierer

Quantifizierer (gierige Version)	Quantifizierer (nicht gierige Version)	Bedeutung
*	*?	Keinmal oder beliebig oft
+	+?	Einmal oder beliebig oft
?	??	Einmal oder keinmal
{n}	{n}?	Genau n-mal
{n,}	{n,}?	Mindestens n-mal
{n,m}	{n,m}?	n-mal bis m-mal

Es entspricht

- der Ausdruck des Quantifizierers * dem Ausdruck {0,}, somit {0,unendlich},
- der Ausdruck des Quantifizierers + dem Ausdruck{1,unendlich}, somit {1,},
- der Ausdruck des Quantifizierers ? dem Ausdruck {0,1},
- der Ausdruck des Quantifizierers {n} dem Ausdruck {n,n},
- der Ausdruck des Quantifizierers {n,} dem Ausdruck {n,unendlich}.

Der Ausdruck {,n} existiert nicht.

Diese Formen von Quantifizierern sind immer bestrebt, die maximale Anzahl der Treffer im Suchtext zu finden, d. h. es sind gierige Varianten.

Zu jedem gierigen Quantifizierer gibt es auch, wie Sie gesehen haben, eine genügsame Vari-ante, die jeweils durch ein angehängtes Fragezeichen entsteht.

Es entspricht

- der Ausdruck des Quantifizierers *? dem Ausdruck {0,unendlich},
- der Ausdruck des Quantifizierers +? dem Ausdruck {1,unendlich},
- der Ausdruck des Quantifizierers ?? dem Ausdruck {0,1},

- der Ausdruck des Quantifizierers {n}? dem Ausdruck {n,n}?, {n,n}, {n},
- der Ausdruck des Quantifizierers {n,}? dem Ausdruck {n,unendlich}?,
- der Ausdruck des Quantifizierers {n,m}? dem Ausdruck {n}, höchstens {m}.

13.8 Gruppierung von Ausdrücken

Bei den bisher aufgeführten Beispielen wirkte die entsprechende Anweisung immer nur auf das eine davor stehende Zeichen. Durch Klammerung können Sie längere Ausdrücke mehrfach suchen.

Das nächste Beispiel zeigt, wie Sie längere Ausdrücke, z. B. eine mehrmalige "tz" Folge, überprüfen können:

```perl
#!/usr/bin/perl -w

$_ = "ABC die Katztztze lief im Schnee";
print "Ergebnis: '$&' \n" if /(tz){2,3}/ or die "Fehler\n";
# Ergebnis: 'tztztz'
print "Ergebnis: '$&' \n" if /tz{2,3}/ or die "Fehler\n";
# Fehler
```

In den obigen Zeilen liefert die erste if-Abfrage den Wahrheitswert true. Die if-Abfrage erzeugt durch die Gruppierung (tz) im Muster /(tz){2,3}/ eine Ausgabe "tztztz", die aber gierig ist. Um eine minimale passende Übereinstimmung zu erhalten, könnten Sie wieder das Fragezeichen im Muster /(tz){2, 3}?/ verwenden. Als Ergebnis würde die Untergrenze mit 'tztz' als Übereinstimmung ausgegeben.

Im Anschluss liefert die nächste if-Abfrage den Wahrheitswert false, und die Ausgabe "Fehler". Das Programm wird beendet, da es im Zielstring mindestens "Kattzze" bzw. "Katttzzze" heißen müsste. Die Folge {2,3} bezieht sich auf die vorliegenden Zeichen "tz". Das bedeutet, dass zweimal "tt", zweimal "zz" bzw. dreimal "ttt" und dreimal "zzz" im Substring vorhanden sein müssten.

Des Weiteren gibt es für die einzelnen Musterbestandteile entsprechende Vorrangsstufen (Klammer zuerst, dann Häufigkeiten vor Anker und anschließend Alternativen); diese sind in der folgenden Tabelle aufgeführt.

Tabelle 13.8: Vorrangsstufen

Operator	Bedeutung
( )	Klammer
? + * {n, m}	Wiederholungen
^ $ \A \Z	Folgen und Anker
|	Alternative

13.9   Gruppierung und numerische Rückverweise

Manchmal möchten Sie den durch das Matching gefundenen Teilausdruck weiter verarbeiten. Mithilfe der Klammerung können Sie übereinstimmende Teilausdrücke speziellen numerischen Variablen (internen Variablen) zuführen. Perl bietet Ihnen zwei Schreibweisen für numerische Rückverweise an.

Bei der ersten Schreibweise enthalten die numerischen Dollar-Spezial-Variablen $1, $2 usw. Werte, die von der ersten, zweiten Klammer etc. durch das passende Muster spezifiziert wurden. So wird z. B. der erste Teilausdruck, der mit seinem Muster auf die erste Klammer passt, der Spezial-Variablen $1 zugewiesen, der zweite Teilausdruck, der auf die zweite Klammer passt, der Spezial-Variablen $2 zugewiesen usw.

Bei der zweiten Schreibweise enthalten die Backslash-Spezial-Variablen \1 \2 usw. ebenfalls Werte, die durch das passende Muster in der ersten, zweiten Klammer usw. spezifiziert wurden. Mit dieser Schreibweise ist es möglich, schon innerhalb des regulären Ausdrucks auf die vorher im String gefundenen Werte zuzugreifen. Obwohl ihre Zuordnung identisch mit der Dollar-Spezial-Variablen ist, dürfen Sie die Backslash-Spezial-Variablen nur innerhalb des Suchmusters und die Dollar-Spezial-Variablen nur außerhalb verwenden.

Bei beiden Schreibweisen ist die Anzahl der Rückbezüge unbegrenzt.

In den folgenden Beispielen sehen Sie, wie eine Gruppierung zur Speicherung von Spezial-Variablen eingesetzt wird. Dabei werden neben den gefundenen Spezial-Variablen noch die Werte des Musters, die vor bzw. nach diesen Spezial-Variablen stehen, ausgegeben:

```
#!/usr/bin/perl -w

$_ = "ABC die Katze lief im Schnee";
print "\$`: $`\n\$1: $1\n\$2: $2\n\$3: $3\n\$4: $4\n\$': $'\n"
if /(die K([aeiou])tz(\w+))\s(.{4})/ or die "Fehler\n";
```

Als Ausgabe erscheint:

```
$`: ABC
$1: die Katze
$2: a
$3: e
$4: lief
$': im Schnee
```

Im obigen Beispiel sind die Teilmuster in ihren Klammern verschachtelt worden. Da die Abfolge von außen nach innen und von links nach rechts erfolgt, wird als erstes Teilmuster, d. h. als erste umfassende Klammer, die Gruppierung "die Katze" gefunden und der Spezial-Variablen $1 zugewiesen. Zum Teilstring "die Katze" passt in der verschachtelten Gruppierung aus der Klasse von Vokalen [aeiou] nur das einzelne Zeichen "a" (in der ersten inneren Klammer K([aeiou])), welches der Spezial-Variablen $2 zugewiesen wird.

Anschließend wird für \w+ nach mindestens einem alphanumerischen Zeichen gesucht und der gefundene Buchstabe "e" wird der Spezial-Variablen $3 zugewiesen. Nach dem Whitespace-Zeichen \s werden mit der Gruppierung (.{4}) genau vier Zeichen gefunden, nämlich "lief", die der Spezial-Variablen $4 zugewiesen werden.

Außerdem werden noch Werte vor und nach dem gefundenen Muster ausgegeben. Die Spezial-Variable $` enthält die Zeichenkette vor dem gefundenen Muster, nämlich "ABC". Die Spezial-Variable $' enthält die Zeichenkette, die hinter dem gefundenen Muster steht, und zwar "im Schnee".

Bei jedem Matching belegt Perl, wie Sie gesehen haben, weitere Spezial-Variablen. Die Variablen $&, $`, $' und $+ können im Perl-Programm nur gelesen, aber nicht verändert werden:

- Die Variable $& ist identisch mit der Variablen $MATCH und speichert den Treffer der relevanten Mustersuche.
- Die Variable $` ist identisch mit der Variablen $PREMATCH und speichert den Teil des Suchtexts, der bei der relevanten Mustersuche vor dem Treffer stand.
- Die Variable $' ist identisch mit der Variablen $POSTMATCH und speichert den Teil des Suchtexts, der bei der relevanten Mustersuche nach dem Treffer stand.
- Die Variable $+ ist identisch mit der Variablen $LAST_PAREN_MATCH und speichert den letzten Treffer der passenden relevanten Mustersuche.

In einem weiteren Beispiel werden die Backslash-Spezial-Variablen zur Suche von doppelten Wörtern in einem Text verwendet:

```
#!/usr/bin/perl -w

$_ = "Es gibt solche und solche Katzen";
print "Doppelte Woerter sind: '$&'\n"
if (/\b(\w+)\s.*?\1\b/) or die "Fehler\n";
```

Die Ausgabe ist:

```
Doppelte Woerter sind: 'solche und solche'
```

Der reguläre Ausdruck sucht nach Zeichenketten, an deren Anfang und Ende ein Wort steht. Mit dem klassischen Muster (\w+) ist eine Musterdefinition mit mindestens einem Wortzeichen gemeint. Diese Musterdefinition ergibt somit das Wort "solche", das in der ersten Klammer gefunden wurde. Gefolgt wird dieses Wort von dem Whitespace \s, das der Zeichenklasse [\t\n\r\f] entspricht. Im Anschluss daran soll mit .*? eine möglichst kurze beliebige Zeichenkette gefunden werden. Damit das Muster aber den Wahrheitswert true liefert, müssen hier alle Zeichen zwischen der Klammer und der Backslash-Spezial-Variablen \1 gefunden werden. Dies ist durch die Zeichenfolge "und" gewährleistet. Der gefundene Teilstring lautet also "solche und solche". Wie Sie sehen, stimmt der Inhalt der ersten Klammer (\w+) mit der ersten Backslash-Spezial-Variablen \1 überein.

13.10   Zeichenklassen

Wie im vorherigen Abschnitt ausgeführt, können Sie bei der Arbeit mit regulären Ausdrücken auf verschiedene Symbole zurückgreifen, die für einzelne Zeichenklassen stehen. Eine Zeichenklasse wird durch eckige Klammern symbolisiert, in denen die zu der Klasse gehörenden Zeichen enthalten sind.

Wenn Sie die Reihenfolge der Zeichen kennen, können Sie mit einem Bindestrich auch die Zeichenbereiche angeben; so entspricht die Zeichenklasse [1-4] der Zeichenklasse [1234].

Berücksichtigen Sie, dass Sie statt der eckigen Klammern, z. B. [0-9a-zA-Z_], für alle zulässigen Zeichen wie Zahlen, Buchstaben und Unterstriche auch das entsprechende Symbol \w für Wortzeichen verwenden können.

Die meisten Zeichenklassen gibt es auch in der negierten Form. Somit gilt z. B. \W als negierte Klasse zu den Wortzeichen \w. Somit ergibt \W als äquivalente Zeichenklasse in eckigen Klammern ausgedrückt [^0-9a-zA-Z_]. Berücksichtigen Sie ferner, dass Perl versucht, bei Zeichenklassen den frühesten Treffer zu landen. So findet das Muster /[pKT]atzen/ im String "patzen Katzen mit ihren Tatzen?" zuerst "patzen", obwohl "Katzen" ebenfalls richtig wäre.

Weiterhin können Sie in eckigen Klammern eine bestimmte Auswahl von Zeichen definieren:

[aeiou] Die Zeichen stehen stellvertretend für die Vokal-Zeichen als Kleinbuchstaben a, e, i, o und u.

[^aeiou] Die Zeichen stehen **nicht** stellvertretend für die Zeichen a, e, i, o und u.

Durch einen Bindestrich können – wie bereits erwähnt – Bereiche und Ausschnitte definiert werden. Auch hier können Sie negierte Aussagen treffen:

[0-9A-Z] Es sind die Zahlzeichen 0, 1, 2...9 und die Großbuchstaben A-Z gemeint.

[^0-9A-Z] Hier sind alle Zeichen **außer** 0, 1, 2...9 und die Großbuchstaben A-Z gemeint.

Beachten Sie, dass es in den obigen Beispielen keinen Trenner für die einzelnen Listen gibt; wenn Sie [a e i o u] schreiben, gehört auch das Leerzeichen mit zur Zeichenklasse.

In der nachstehenden Tabelle werden die Äquivalenzen zu den Zeichenklassen dargestellt.

Tabelle 13.10a: Äquivalente Zeichenklassen

Darstellung	Klasse	Äquivalenz	Äquivalenz
Ziffern	\d	äquivalent zu [0-9]	und zu [^\D]
Keine Ziffern	\D	äquivalent zu [^0-9]	und zu [^\d]
Buchstaben und Ziffern	\w	äquivalent zu [a-zA-Z0-9_]	und zu [^\W]
Keine Buchstaben und Ziffern	\W	äquivalent zu [^a-zA-Z0-9_]	und zu [^\w]
Zwischenräume	\s	äquivalent zu [\n\t\r\f]	und zu [^\S]
Keine Zwischen-räume	\S	äquivalent zu [^ \n\t\r\f]	und zu [^\s]

In einem Beispiel werden sämtliche Elemente einer Liste auf Übereinstimmung überprüft. Ist eine Übereinstimmung der Array-Elemente mit der Zeichenklasse vorhanden, wird das entsprechende Array-Element ausgegeben:

```perl
#!/usr/bin/perl -w

@array = qw(patzen Katzen Tatzen schwatzen);
foreach (@array) {
        print "'$&'\n" if /[KT]atzen/;
}
```

Die Ausgabe ist:

```
'Katzen'
'Tatzen'
```

Im obigen Beispiel wird innerhalb der foreach-Schleife der if-Modifikator verwendet. Die einzelnen Array-Elemente werden der Spezial-Variable $_ zugewiesen. Durch ihren Einsatz kann der Matching-Operator =~ weggelassen und ein kurzer Ausdruck geschrieben werden. Nur wenn das Muster mit dem Array-Element übereinstimmt, wird es ausgegeben. Dies sind die Array-Elemente "Katzen" und "Tatzen". Ihre Anfangsbuchstaben entsprechen der Zeichenklasse [KT].

In folgender Tabelle sind die entsprechenden Zeichenklassen aufgelistet.

Tabelle 13.10b: Zeichenklasse

Symbol	Äquivalente Zeichenklasse	Bedeutung
`[...]`		Zeichenklasse
`[^...]`		Negative Zeichenklasse
`\w`	`[0-9°-zA-Z_]`	Wort-Zeichen, alphanumerische Zeichen und Unterstrich
`\W`	`[^0-9a-zA-Z_]`	Alle Zeichen außer Wort-Zeichen
`\d`	`[0-9]`	Alle Ziffern
`\D`	`[^0-9]`	Alle Zeichen, außer Ziffern
`\s`	`[ \t\n\r\f]`	Whitespace-Zeichen (Leerzeichen, Tabulator, Neue Zeile, Wagenrücklauf, Blattvorschub)
`\S`	`[^ \t\n\r\f]`	Alle Zeichen außer Whitespace-Zeichen

13.11   Erweiterte reguläre Ausdrücke

Die Syntax für erweiterte reguläre Ausdrücke besteht aus runden Klammern mit einem Fragezeichen an der ersten Stelle. Das Zeichen nach dem Fragezeichen bestimmt die Funktion der Erweiterung (Assertion). Als Erweiterungen sind die Assertionsmechanismen (lookahead-, lookbehind-Assertion) gemeint.

Um die Erweiterungen zu nutzen, müssen Sie den Modifizierer x angeben. Mit ihm können Sie Ihre komplexen regulären Ausdrücke wesentlich übersichtlicher auf mehrere Zeilen verteilt darstellen. Sie können auch entsprechende Kommentare in Ihre regulären Ausdrücke einbauen, ohne den Sinn zu verändern:

```perl
#!/usr/bin/perl -w

$_ = " ABC die, Katze lief, im Schnee";
print "\$1: $1\n\$2: $2\n\$3: $3\n"
if /
        (.*)    # $1
        ,       # Trennzeichen
        (.*)    # $2
        ,       # Trennzeichen
        (.*)    # $3
 /x or die "Fehler\n";
```

Die Ausgabe ist:

```
$1:  ABC die
$2:  Katze lief
$3:  im Schnee
```

Im obigen Beispiel sind durch den Modifizierer x entsprechende Muster und Kommentare über mehrere Zeilen verteilt worden. Das erste Teilmuster (. *), bestehend aus einem beliebigen Zeichen, welches **nullmal** oder **mehrmals** vorkommen kann, wird in der Spezial-Variablen $1 gespeichert. Nach dem Komma als Trennzeichen wird das zweite Teilmuster in der Spezial-Variablen $2 gespeichert, nach dem weiteren Trennzeichen das letzte Teilmuster in der Spezial-Variablen $3. Diese Spezial-Variablen werden bei Übereinstimmung ausgegeben.

Möchten Sie eine Zuweisung z. B. an die Dollar-Spezial-Variable $2 verhindern, setzen Sie nach der öffnenden Klammer ? : ein.

Damit Sie die in folgender Tabelle aufgelisteten Ausdrücke verwenden können, muss der Modifizierer x angegeben werden.

Weitere Erweiterungen sind:

(? #Kommentar)   Ein Kommentar. Hierbei wird der Text ignoriert.

(? =Ausdruck)   Stellt fest, ob als nächstes der Ausdruck passen würde.

(? ! Ausdruck)   Stellt fest, ob als nächstes der Ausdruck nicht passen würde.

(? <=Ausdruck)   Stellt fest, ob der Ausdruck vorher gepasst hätte.

(? < ! Ausdruck)   Stellt fest, ob der Ausdruck vorher nicht gepasst hätte.

13.12   Transliteration

Möchten Sie ein bestimmtes Zeichen durch ein anderes ersetzen, verwenden Sie den Transliterations-Operator `tr` mit der Syntax: $string =~ tr/Suchliste/Ersetzungsliste/[Optionen] bzw. $string =~ y/Suchliste/Ersetzungsliste/[Optionen]. Diese Operation verwendet zwar nicht das Patternmatching, ähnelt aber mit ihrer Methode der Textbearbeitung und in ihrer Form den regulären Ausdrücken. Wenn Sie die Spezial-Variable $_ verwenden, können Sie den Matching-Operator =~ weglassen.

Bei der Transliteration handelt es sich um Zeichen, nach denen in einer Liste gesucht werden soll. Jedes Zeichen dieser Liste wird durch das korrespondierende Zeichen in der Ersetzungsliste ersetzt. Die Aktion läuft wie folg ab:

Wenn z. B. in der Variablen $string ein Zeichen gefunden wird, das in der Suchliste vorkommt, wird es mit dem Zeichen ersetzt, das an derselben Position in der Ersetzungsliste steht.

Als Trennsymbole zwischen der Such- und Ersetzungsliste stehen Schrägstriche. Sie können auch anstelle der Schrägstriche in der Ersetzungsliste eigene Arten von Klammerung vornehmen, wie z. B. `tr[a-z] [A-Z]` oder `tr <a-z> \A-Z\`. Ist die Ersetzungsliste leer, wird die Suchliste in die Ersetzungsliste kopiert und Sie erhalten die Anzahl der in der Suchliste stehenden Zeichen.

Im folgenden Beispiel wird im `$string` das Zeichen "K" durch "T" ersetzt:

```perl
#!/usr/bin/perl -w

$string = "Katzen und nochmals Katzen";
$string =~ tr/K/T/;
print "$string\n";          # Tatzen und nochmals Tatzen
```

Als Ergebnis wird der modifizierte `$string` "Tatzen und nochmals Tatzen" ausgegeben.

Natürlich können Sie wieder die Spezial-Variable `$_` einsetzen. Beim Wort "Katzenjammer" soll der Buchstabe "j" durch "k" ersetzt werden:

```perl
#!/usr/bin/perl -w

$_ = "Katzenjammer";
print if tr/j/k/ or die "Fehler\n";          # Katzenkammer
```

In diesem Beispiel bearbeitet der Transliterations-Operator den Wert der Spezial-Variablen `$_`. Hier wird das Zeichen "j" durch "k" ersetzt, so dass das Ergebnis "Katzenkammer" ausgegeben wird. Natürlich leistet der Operator `y///` das Gleiche.

Eine Klasse von Zeichen, in eckige Klammern gesetzt, können auch ersetzt werden. So sollen im folgenden Programm alle Kleinbuchstaben des Bereichs `[a-e]` ersetzt werden durch entsprechende Zahlen des Zahlenbereichs `[1-5]`:

```perl
#!/usr/bin/perl -w

$string = "Katzenjammer";
$string =~ tr/[a-e]/[1-5]/;
print "$string\n";          # K1tz5nj1mm5r
```

Da vom Bereich `[a-e]` nur die Buchstaben "a" und "e" vorhanden sind, tritt auch nur an der Stelle des Kleinbuchstabens "a" die Zahl 1. Der Kleinbuchstabe "e" wird durch die Zahl 5 ersetzt.

Als Ergebnis wird "K1tz5nj1mm5r" ausgegeben.

Hier stimmen Anzahl der Zeichen von Such- und Ersetzungsliste überein. Ist dies nicht der Fall, d. h. sind in der Ersetzungsliste weniger Zeichen vorhanden als in der Suchliste, wird das letzte Zeichen der Ersetzungsliste solange vervielfacht, bis beide Listen übereinstimmen. Im folgenden Programm besteht die Klasse der Suchliste aus [ae]. Die Ersetzungsliste soll nur aus einem Zeichen, nämlich der Zahl 1 bestehen:

```perl
#!/usr/bin/perl -w

$string = "Katzenjammer";
$string =~ tr/[ae]/1/;          # entspricht /ae/11/
print "$string\n";              # K1tz1nj1mm1r
```

Hier wird die Zahl 1 in der Ersetzungsliste solange vervielfacht, bis beide Listen hinsichtlich Anzahl übereinstimmen. Die Zahl 1 in der Ersetzungsliste wird zu 11 vervielfacht, so dass eine längengleiche Liste von Zeichen bezüglich Suchliste entsteht:

```perl
$string =~ tr/[ae]/[11]/;
```

Ist die Anzahl von Zeichen in der Ersetzungsliste größer als die in der Suchliste, werden nur die benötigten Zeichen (von links beginnend) aus der Ersetzungsliste berücksichtigt und in der Suchliste ersetzt:

```perl
#!/usr/bin/perl -w

$string = "Katzenjammer";
$string =~ tr/[ae]/[1-5]/;
print "$string\n";
```

Hier wird anstelle des Kleinbuchstabens "a" die Zahl 1 und anstelle des Kleinbuchstabens "e" die Zahl 2 gesetzt, so dass die Ausgabe lautet: "K1tz2nj1mm2r".

Wird keine Ersetzungsliste angegeben, wird – wie bereits beschrieben – die Suchliste kopiert:

```perl
#!/usr/bin/perl -w

$string = "Katzenjammer";
$anzahl = $string =~ tr/[ae]//;
# entspricht $anzahl = tr/[ae]//;
print "Anzahl: $anzahl $string\n";
# Anzahl:4 Katzenjammer
```

Im obigen Beispiel enthält die Variable $string den Inhalt der kopierten Suchliste "Katzenjammer". Die Variable $anzahl enthält als Rückgabewert den Wert 4 als Anzahl für die Ersetzungsoperationen.

Im anschließenden Beispiel wird die bekannte ROT13-Verschlüsselung durchgeführt. Dabei werden alle Zeichen der ersten Alphabethälfte in solche der zweiten verwandelt und umgekehrt (sie werden sozusagen um 13 Zeichenwerte rotiert, so dass "A" durch "N" und "b" durch "o" usw. ersetzt wird und umgekehrt):

```perl
#!/usr/bin/perl -w

$rot13 = "Auch das funktioniert";
$rot13 =~ tr/a-zA-Z/n-za-mN-ZA-M/;
print "\$rot13: $rot13\n";
```

Die Ausgabe ist:

```
$rot13: Nhpu qnf shaxgvbavreg
```

Das ROT13-Prinzip wird manchmal in den Newsgroups angewendet, um auf höfliche Weise unangenehme Dinge zu sagen.

In den folgenden Beispielen können Sie durch entsprechende Optionen die Transliteration beeinflussen. Als Optionen können Sie folgende Buchstaben einsetzen:

- Die Option c: verwendet das Komplement der Suchliste.
- Die Option d: löscht alle in der Suchliste gefundenen Zeichen, die kein direktes Gegenstück in der Ersetzungsliste haben.
- Die Option s: transferiert aufeinander folgende identische Zeichen aus der Suchliste zu einem einzelnen Zeichen.

Komplement

In diesem Beispiel wird das Komplement der Suchliste dargestellt:

```perl
#!/usr/bin/perl -w

$string = "Käaötüzäe";
$string =~ tr/A-Za-z/_/c;
print "$string\n";                    # K_a_t_z_e
```

Die Option c bedeutet, dass alle Zeichen außer den Buchstaben von "A" bis "Z" oder "a" bis "z" durch den Unterstrich "_" ersetzt werden.

Die Ausgabe ist:

```
K_a_t_z_e
```

Löschen

Hier sollen alle in der Suchliste gefundenen Zeichen gelöscht werden:

```perl
#!/usr/bin/perl -w

$string = "Käaötüzäe";
$string =~ tr/äöü/_/d;
print "$string\n";                        # K_atz_e
```

In diesem Beispiel wird anstelle des Umlauts "ä" der Unterstrich "_" gesetzt. Anschließend werden die restlichen Umlaute "ö" und "ü" gelöscht.

Die Ausgabe ist:

```
K_atz_e
```

Entfernen aller mehrfachen Zeichen

Als letzte Option sollen aufeinander folgende Zeichen durch ein Zeichen, das nur einmal erscheint, ersetzt werden:

```perl
#!/usr/bin/perl -w

$string = "Katzenjammer";
$string =~ tr/m/z/s;
print "$string\n";                # Katzenjazer
```

Der Buchstabe "m" wird durch den Buchstaben "z" ersetzt. Ohne die Option s würde das die Ausgabe "Katzenjazzer" ergeben. Mit der Option s werden die aufeinander folgenden Zeichen "zz" durch das gleiche Zeichen, aber nur einmal ersetzt.

Somit lautet die Ausgabe:

```
Katzenjazer
```

In der folgenden Tabelle sind nochmals die Optionen aufgeführt.

Tabelle 13.12: Optionen

Optionen	Bedeutung
c	Komplement der Suchliste
d	Entfernt nicht ersetzte Zeichen
s	Keine Duplikate erzeugen
U	Konvertiert von/nach UTF-8
C	Konvertiert von/nach 8-Bit-Zeichen

13.13 Substitution

Möchten Sie nicht nur einzelne Zeichen wie beim Transliterationsoperator `tr///`, sondern Texte ersetzen, können Sie dies mit dem Substitutionsoperator und der Syntax **s/Muster/Ersetzung/** [Optionen] erzielen. Anders als bei der vorangegangenen Mustersuche dürfen Sie das Operator-Symbol s nicht weglassen.

Bei Verwendung eines Musters als regulären Ausdruck wird bei Übereinstimmung eine Ersetzung im vorgegebenen String erzielt. Dabei wird wie beim Matching-Operator m die String-Variable (oder Suchvariable) nach einer zum Muster passenden Zeichenkette durchsucht. Ist dabei eine Übereinstimmung vorhanden, wird an deren Stelle die entsprechende Ersetzung vorgenommen. Die Textersetzung arbeitet im skalaren Kontext. Mit dieser Methode können Sie unter Verwendung von Mustern Substitutionen im String vornehmen.

Statt durch Transliteration wird jetzt "K" durch "T" mittels Substitution ersetzt:

```
#!/usr/bin/perl -w


($string = "Katzen und nochmals Katzen") =~ s/K/T/g;
print "$string\n";       # Tatzen und nochmals Tatzen
```

Die Ausgabe ist:

```
Tatzen und nochmals Tatzen
```

In den nächsten zwei Beispielen wird der Suchtext als Suchvariable auf unterschiedliche Weise behandelt.

Im ersten Beispiel behält die Variable $string den Ursprungstext, während die Variable

$kopie den geänderten Wert besitzt:

```
#!/usr/bin/perl -w

$string = "Katzen und nochmals Katzen";
($kopie = $string) =~ s/K/T/g;
print "$kopie\n";        # Tatzen und nochmals Tatzen
print "$string\n";       # Katzen und nochmals Katzen
```

Die Variable $kopie erhält eine Kopie der Variablen $string und wird zur Suchvariablen der Textersetzung.

Ganz anders verhält sich das zweite Beispiel. Hier enthält $string als Suchvariable den geänderten Text, während $anzahl das Ergebnis der Ersetzungen enthält:

```
#!/usr/bin/perl -w

$string = "Katzen und nochmals Katzen";
$anzahl = $string =~ s/K/T/g;
print "$anzahl\n";        # 2
print "$string\n";        # Tatzen und nochmals Tatzen
```

In obigen Beispiel erhält $anzahl die Anzahl der Treffer und damit die Anzahl der Ersetzungen, nämlich 2, zurückgeliefert. Wenn Sie keine Option g angeben, erhalten Sie den Wert 1 und als Ersetzung wird nur einmal der erste Treffer "Katzen" zu "Tatzen" ersetzt.

Sie können auch wieder die Spezial-Variable $_ einsetzen. In diesem Fall benötigen Sie keinen match-Operator:

```
#!/usr/bin/perl -w

$_ = "Katzen und nochmals Katzen";
print if s/K/T/g or die "Fehler\n";
```

Auch hier wird "Tatzen und nochmals Tatzen" ausgegeben.

Ferner haben die Optionen g, i, m, o, s und x die gleiche Bedeutung wie beim m-Operator. Die Option e evaluiert den Ersetzungsstring. Es wird zunächst der Programmcode interpretiert und abgearbeitet, bevor dessen Wert den gefundenen Bereich ersetzt.

Im folgenden Programm werden die Wörter verdoppelt:

```
#!/usr/bin/perl -w

$string = "doppelte Katzen";
$string =~ s/(\w+)/$1 x2/eg;
print "$string\n";              # doppeltedoppelte KatzenKatzen
```

Dieses Beispiel erfüllt mit "doppeltedoppelte KatzenKatzen" als Ausgabe die geforderte Bedingung.

Ohne Option e würde als Inhalt der normale Text "doppelte x2 Katzen x2" ausgegeben werden.

In einem weiteren Beispiel soll mittels Substitution eine Vertauschung von Wörtern erfolgen:

```
#!/usr/bin/perl -w

$string = "Anfang Ende";
$string =~ s/^(\w+) (\w+)$/$2 $1/;
print "$string\n";              # Ende Anfang
```

Hier werden Anfang und Ende vertauscht, so dass "Ende Anfang" ausgegeben wird.

Im nächsten Beispiel sollen Wörter in einem Text durch das Wort "Perl" ersetzt werden:

```
#!/usr/bin/perl -w

$string = "Ein Text wird ersetzt";
$string =~ s/\w+/Perl/g;
# Option g ersetzt sämtliche Wörter
print "$string\n";
# Perl Perl Perl Perl
```

Das Muster \w+ (ein regulärer Ausdruck für Wortzeichen) mit Ersetzung "Perl" (Folge von Zeichen) wird anstelle des "gematchten" Musters in der Variablen $string ersetzt. Mit der Option g wird ein globales Ersetzen aller Vorkommen des Musters erzielt.

Die Ausgabe ist:

```
Perl Perl Perl Perl
```

In einem weiteren Beispiel soll bei Eingabe in alter Rechtschreibung die neue Rechtschreibung ausgegeben werden. Dabei ist im Hash %schreib eine beschränkte Anzahl von Schlüssel-Wert-Paaren – als beliebige Auswahl von alter und neuer Rechtschreibung – dargestellt worden.

Mit der Funktion exist() (gibt true zurück, wenn der angegebene Hashschlüssel existiert) wird überprüft, ob die Eingabe, d. h. alte Rechtschreibung, als Schlüssel im Hash vorhanden ist. Ist dies nicht der Fall, wird durch die Funktion die() der String "Fehler" ausgegeben und das Programm beendet.

Ist der Schlüssel existent, d. h. ist die alte Darstellung der Rechtschreibung im Hash vorhanden, wird mittels Substitution die alte Rechtschreibung im String $ein durch die neue Rechtschreibung ersetzt und ausgegeben:

```
#!/usr/bin/perl -w

%schreibneu = ('After-Shave' => 'Aftershave',      # alt neu
'Bonbonniere'    => 'Bonboniere',                   # alt neu
'Corned beef'    => 'Cornedbeef',                   # alt neu
'Diktaphon'      => 'Diktafon',                     # alt neu
'fritieren'      => 'frittieren',                   # alt neu
'Gewinnummer'    => 'Gewinnnummer',                 # alt neu
'hellicht'       => 'helllicht',                    # alt neu
'Mop'            => 'Mopp',                          # alt neu
'Numerierung'    => 'Nummerierung',                 # alt neu
'Portemonnaie'   => 'Portmonee',                    # alt neu
'Schiffahrt'     => 'Schifffahrt',                  # alt neu
'Zierat'         => 'Zierrat',                       # alt neu
);
```

```
# Eingabe
print "Eingabe in alter Rechtschreibung\n";
$ein = <STDIN>;
chomp($ein);                                        # z. B. Schiffahrt

# ist die Eingabe als Schlüssel im Hash vorhanden?
print "Alte Rechtschreibung: $ein \n"      # Schiffahrt
if exists $schreibneu{"$ein"} or die "Fehler\n";

# Ausgabe in neuer Rechtschreibung
print "Neue Rechtschreibung: $ein\n"       # Schifffahrt
if $ein =~ s/\b$ein\b/$schreibneu{$ein}/g;
```

Das obige Programm läuft wie folgt ab: Wenn Sie nach der Aufforderung "Eingabe in alter Rechtschreibung" z. B. "Schiffahrt" eingeben, wird, wenn sich dieses Wort als Schlüssel im Hash befindet, zunächst in alter Rechtschreibung ausgegeben.

Ist der Schlüssel nicht vorhanden, d. h. existiert das Wort in alter Rechtschreibung nicht, gibt die Funktion die() als Ausgabe "Fehler" aus und beendet das Programm.

In den nächsten Zeilen wird eine Ersetzung in neuer Rechtschreibung vorgenommen. Das entsprechende Wort, "Schifffahrt", wird ausgegeben.

Die beiden Ausgaben lauten:

```
Alte Rechtschreibung: Schiffahrt
Neue Rechtschreibung: Schifffahrt
```

Möchten Sie weitere Kombinationen von alter und neuer Rechtschreibung verwenden, brauchen Sie nur die jeweiligen Hashwerte erweitern.

13.14   Verwendete Funktionen

In der folgenden Tabelle werden die wichtigsten Funktionen aus diesem Kapitel nochmals erläutert.

Tabelle 13.14: Verwendete Funktionen

Funktion	Bedeutung
die()	Gibt den Fehler auf STDERR aus und verlässt das Perl-Skript
exists()	Gibt true zurück, wenn der Hashschlüssel existiert
shift()	Entfernt das erste Element aus der Liste

Anhang

Literaturverzeichnis

Tom Christiansen & Nathan Torkinton, Perl Cookbook, O'REILLY, 1998

Wolfgang Dehnhardt, Skriptsprachen für dynamische Webauftritte, HANSER, 2001

Jeffrey E. F. Friedl, Mastering Regular Expressions, O'REILLY, 1997

Scott Guelich, Shishir Gundavaram & Gunther Birznicks, CGI Programming with Perl, O'REILLY, 2000

Joseph N. Hall, Randal L. Schwartz, Effective Perl Programming, ADDISON-WESLEY, 1998

Farid Hajji, Perl Einführung, Anwendungen, Referenz, ADDISON-WESLEY, 2.Aufl. 2000

Andrew L. Johnson, Perl der Einstieg, Galileo Computing, 2001

Rainer Krienke, Programmieren in Perl, HANSER, UNIX easy, 1998

Laura Lemay, Perl in 21 Tagen, Markt&Technik, 1999

Steve Lidie & Nancy Walsh, Mastering Perl/Tk, O'REILLY, 2001

Dirk Louis, Jetzt lerne ich Perl, Markt&Technik, 2000

Udo Müller, Perl GE-PACKT, mitp, 2001

Jon Orwant, Jarkko Hietaniemi & John Macdonald, Mastering Algorithms with Perl, O'REILLY, 1999

Nate Patwardhan, Clay Irving, Programming with Perl Modules, O'REILLY, 1999

Ehrhard Petter, Perl 5 Grundlagen für Programmierer, bhv, 1998

Dennis Schaaf, Perl, bhv, 2000

Michael Schilli, Go To Perl 5, ADDISON-WESLEY, 1998

Randal L. Schwartz & Tom Phoenix, Learning Perl, O'REILLY, 2001

Sriram Srinivasan, Advanced Perl Programming, O'REILLY, 1997

Rolf D. Stoll, Gudrun Anna Leierer, Perl/CGI, DATA BECKER, 2000

Ernst Tugendhat, Ursula Wolf, Logisch-semantische Propädeutik, Reclam, 1993

Larry Wall, Tom Christiansen & Jon Orvant, Programming Perl, O'REILLY, 2000

Weitere Hilfsmittel

Perl-Webseiten	*http://www.perl.com*
	http://www.perl.com/latest.html
	http://www.perl.org
	http://www.activeware.com
Perl-Journal	*http://www.tpj.com*
Perl-Compiler	*http://www.demobuilder.com*
ActiveState	*http://www.activestate.com*
Downloadseite	*http://www.activestate.com/ActivePerl/download.htm*
Perldistribution	*http://www.activestate.com/Products/ActivePerl*
CPAN	*http://www.cpan.org*
CPAN-Module	*http://www.perl.com/CPAN/modules/01modules.index.html*
Weitere Versionen	*http://www.perl.com/CPAN/ports/*
Embedded Perl	*http://www.engelschall.com/sw/eperl/*
Perl-FAQs	*http://www.perl.com/perl.faq*
	http://www.computer-mentors.co.uk/
	*http://www.end.contsw.com/people/evangelo/Perl_for_Win32_*
	FAQ.html
RFCs	*http://www.isi.edu/rfc-editor/catagories/rfc-standard.html*

Weitere Adressen

Webseite N. Halls	*http://www.effectiveperl.com*
Webseite R. Schwartz	*http://www.stonehenge.com.merlyn*
Webseite M. Beattie	*http://users.ox.ac.uk/~mbeattie/perl.html*
MacPerl	*http://www.macperl.com*
CGI-Beschreibung	*http://hoohoo.ncsa.uiuc.edu/cgi*

CGI für C/C++	*http://www.boutell.com/cgic/*
CGI für Python	*http://www.python.org*
CGI-Bibliothek	*http://www.bio.cam.ac.uk/web/form.html*
Datenbankmodule	*http://www.jcc.com/sql_stnd.html*
	http://w3.one.net/~jhoffman/sqltut.htm
SQL-Minidatenbank	*http://Hughes.com.au.*

WWW-Server

NCA-Server	*http://hoohoo.ncsa.uiuc.edu/docs/Overview.html*
Apache-Server	*http://www.apache.org*
CERN-Server	*http://www.w3.org/hypertext/WWW/Daemon/Status.html*
HTML	*http://www.w3.org./hypertext/WWW/MarkUp/*
Netsite-Server	*http://home.netscape.com*
WebStar-Server	*http://biap.com/*

Newsgruppen

Basics Usenet	*http://groups.google.com/googlegroups/basics.html*
Tips	*http://www.netaxs.com*
Perl-Fragen	*news:comp.lang.perl.misc*
	news:de.comp.lang.perl.misc
Perlmodule	*new:comp.lang.perl.modules*
CGI-Fragen	*news:comp.infosystems.www.authoring.cgi*
	news:de.comp.lang.perl.cgi
Perl/Tk-Fragen	*news:comp.lang.perl.tk*

Stichwortverzeichnis